À ma petite Valentine,
pour que tu saches qui j'ai été
quand tu seras grande.

INTRODUCTION

Paris, le 16 décembre 2009

Raconter ma vie. La belle affaire. Mais qui cela peut-il bien intéresser ? Ou plutôt, qu'ai-je donc à raconter qui puisse éveiller ne serait-ce qu'un minimum l'attention d'un lecteur ? À l'arrière du taxi qui me conduit à Paris, je n'ai pas de réponse à ces questions. Moi qui ne lis jamais, ou si peu, je peine à penser que quelqu'un puisse plonger son nez dans un bouquin pour découvrir mon histoire. Celle-ci n'a rien de fantastique ni d'épique. Enfin, je ne le crois pas.

Comme je le dis souvent, je suis devenu un peu par hasard pilote de rallyes et je me suis accroché parce que je ne savais rien faire d'autre. C'est peut-être un poil exagéré. L'affirmation engendre d'ailleurs immanquablement des sourires entendus ou des hochements de tête réprobateurs. Dans mon équipe, chez Citroën, beaucoup sont convaincus du contraire. On m'a même rapporté que l'un des ingénieurs a prétendu, un jour, que si je n'avais pas quitté prématurément les bancs de l'école, en première scientifique, j'aurais eu les capacités pour mener à bien des études, que ce soit en chimie, en physique ou en mécanique des fluides, allez savoir. Je suis plus que dubitatif. Cette perspective n'aurait assurément pas déplu à ma mère, ex-professeur de mathématiques qui s'est arraché les cheveux quand elle m'a vu tourner le dos aux sciences et claquer la porte du lycée.

En fait, j'ai opté pour la voie qui me semblait être la plus facile, celle pour laquelle je n'ai pas eu à fournir d'efforts surhumains. Je ne dis pas que pour devenir sextuple champion du monde, tout s'est fait dans la simplicité. J'ai quand même dû travailler dur, répéter inlassablement mes gammes, consentir à certains sacrifices, m'en remettre à la Providence quand je n'étais encore qu'un espoir sans un rond en poche, au fond du trou. Mais mon métier, celui pour lequel on me paye, c'est de rouler dans une voiture de course. Juste de rouler. Quand je pense à mes copains d'enfance qui triment sur les chantiers ou en usine, je me dis que je suis un sacré privilégié. Jamais je ne pourrai, même dans un jour de grande lassitude, me plaindre.

Ces derniers jours, les motifs de bougonnement ne manquent pourtant pas. À vrai dire, depuis fin novembre et ma victoire au pays de Galles, je n'ai plus un jour de répit. Je suis engagé dans un marathon d'honneurs et de civilités qui se révèle plus éreintant pour moi qu'une longue spéciale disputée sur la caillasse et sous le cagnard en plein été grec. Les ors des palais, ce n'est pas exactement ma tasse de thé. Mais cela fait aussi partie du métier. Donc je les aborde sans trop rechigner. Le gros morceau est derrière moi. À savoir l'incontournable *Prize Giving Gala* de la Fédération internationale, auquel j'ai été convié pour la septième fois de suite en compagnie de mon équipier Daniel Elena et de nos épouses respectives. À cette occasion, une fois l'an, la grande famille du sport automobile se retrouve à Monaco, en présence du prince Albert. J'ai donc pris la pose aux côtés des autres lauréats de l'année, Jenson Button – le champion britannique de F1 – en tête. En habitués des lieux, avec Daniel, on s'autorise une petite entorse aux codes vestimentaires de cette grand-messe convenue : va pour le costume deux-pièces noir et la chemise blanche, mais pas pour le nœud papillon. En 2003, pour ma première apparition, j'avais vraiment l'air d'un pingouin !

Après une séance d'essais sur circuit avec Peugeot, la fête annuelle avec les membres de mon fan-club – qui soufflait ses dix bougies – à Haguenau, puis un aller-retour express à Montréal pour un tournage de pub, j'ai passé une dernière journée dans l'usine de Citroën Racing à Satory. Toute cette agitation est assez épuisante. Je me réjouis à l'idée de regagner mes pénates, sur les bords du lac Léman, pour pouvoir enfin goûter à quelques jours de repos. J'ai vraiment hâte de savourer les fêtes de fin d'année en famille et entre amis. Me ressourcer. Un dernier crochet par Paris, où j'ai rendez-vous avec mon futur éditeur, retardera juste de quelques heures mon retour au bercail, auprès de Séverine et de ma petite Valentine. Paris. C'est une ville que j'apprécie, à la seule condition que mon séjour y soit expéditif.

Un éditeur… J'ai fini par me laisser convaincre de la pertinence de m'engager sur le chemin sinueux de l'introspection et de me livrer à cœur ouvert. La démarche ne m'avait jusque-là guère emballé. Je dois dire que l'exemple de Guy Fréquelin, mon ex-patron, m'a refroidi. Du jour où il est parti à la retraite, voilà trois ans, Guy s'est consacré à la rédaction de ses mémoires. Il y a passé des heures et des heures, des semaines et des mois. Avec la même rigueur acharnée et le souci du plus petit détail – quand je dis détail, ça se joue à la virgule près – dont il avait fait preuve durant des années à la tête de Citroën Sport, il s'est lancé dans ce travail de titan. Je ne me voyais pas, mais alors pas du tout, lui emboîter le pas. Ces dernières années, les demandes de biographie ont pourtant afflué sur mon bureau. Poliment, je les ai toutes déclinées. Je n'en ai pas le temps, pas l'envie, pas les dispositions d'esprit. Surtout, je ne considère pas que ma vie sorte tant que ça de l'ordinaire. Pour un peu, je la jugerais presque banale. Je n'ai pas le même parcours que la majorité des sportifs de haut niveau, préparés à devenir des champions dès le berceau. Personne ne m'a poussé à embrasser la carrière de pilote. Je n'ai pas baigné dans ce milieu-là. Je ne suis passé par aucun centre de formation, aucune académie qui forme les futurs pros. Dans ma discipline, contrairement au foot ou au tennis, ça n'existe pas.

Jusqu'à l'âge de vingt-deux ans, rien ne me prédisposait à faire du rallye, une discipline dont j'ignorais encore tout. Je menais une vie normale. Je vivais avec ma petite amie, je passais beaucoup de temps avec mes potes, à me coucher tard et à me lever tôt en traînant les pieds pour partir au boulot. Tirer des câbles électriques sur des bâtiments en construction ou installer des tableaux de dérivation, ce n'est pas le truc le plus excitant du monde. Certes, j'avais un sérieux penchant pour la vitesse. Le jour de mes dix-huit ans, ou presque, j'avais mis le contact. J'impressionnais mon entourage. Je faisais le con dans les ronds-points ou les champs autour de chez moi, à Oberhoffen-sur-Moder. J'inquiétais le voisinage et affolais la maréchaussée. Mais de là à imaginer que cette passion deviendrait un jour ma profession… À vrai dire, je n'ai jamais vraiment eu le temps de me retourner sur mon passé. En fait, je suis constamment plongé dans l'action, celle d'aujourd'hui et de maintenant. Hier ne m'intéresse plus et demain est un autre jour.

Je m'extirpe du taxi tout en bas des Champs-Élysées. L'ambiance de Noël a gagné la capitale. Je ne m'attarde pas sur les décorations. Le froid est piquant. Je rejoins Sébastien Keller. Journaliste de « chez moi », comme j'ai l'habitude de le préciser puisqu'il est alsacien, il me suit depuis mes débuts en Mondial. À force de l'entendre me bassiner avec son projet de livre, j'ai fini par céder. Avec lui, j'évolue sur un terrain de confiance. Quitte à se lancer, autant se donner les moyens pour parvenir à un résultat abouti. Mais la tâche s'annonce ardue. Même avec mes proches, même avec ma mère, je peine à m'extérioriser. Je suis plutôt du genre réservé. Parfois, mon comportement m'a fait passer pour un individualiste. Je ne pense pas que ce soit le cas. Aux gens que je ne connais pas, je n'ai simplement pas grand-chose à raconter. Si ce n'est strictement rien. Voilà tout.

Dans mon esprit, je ne sais toujours pas exactement ce qui pourra intéresser le lecteur. Je ne suis pas un *people*, je ne mène pas une existence glamour, ma vie ne s'étale pas dans les magazines, je ne cours pas les plateaux de télé pour montrer ma tête. Et quand je suis obligé d'y aller, je le fais souvent à reculons. Je n'ai pas forgé mon caractère de compétiteur sur le socle d'une enfance malheureuse, ni pour m'extirper de la misère. Je ne me suis pas non plus brûlé les ailes aux lumières de la célébrité ou de la notoriété. Je n'ai pas sombré dans les affres du dopage ou de je ne sais quoi avant de revenir plus fort. Je l'ai déjà dit : je ne fais que piloter. Avec plaisir, toujours et encore.

En m'engouffrant dans la bouche de métro des Champs en compagnie de Sébastien Keller, je me demande ce que l'éditeur pourra bien exiger de moi. Dans la rame bondée, je me sens anonyme parmi les anonymes. C'est à la fois oppressant et reposant. Le rendez-vous est fixé rue de Rivoli, au bar du Meurice. Aucun de nous deux n'a pensé à repérer l'endroit. Va pour la station Louvre-Rivoli. Dommage, l'hôtel de luxe où je ne suis jamais descendu donne sur le jardin des Tuileries, soit un bon kilomètre et deux arrêts plus haut. À grandes enjambées, on remonte l'artère, histoire de ne pas trop se mettre en retard. Même si je ne suis jamais à l'heure, dépasser le quart d'heure syndical n'est pas très respectueux. Je tire ma valise à roulettes et presse le pas. Devant la façade, le portier me reconnaît et me salue avec tact et déférence puis s'empresse de me débarrasser de mes effets. Cet homme connaît son boulot. Je lui réponds par un sourire courtois.

Engoncé dans le fauteuil moelleux, j'écoute avec attention les explications de nos deux interlocuteurs. Une phrase en particulier retient mon attention : « Il faut considérer votre livre comme un objet qui va faire irruption dans le salon d'un foyer. La personne qui l'aura entre les mains ne regardera pas la télé ni n'écoutera la radio. Elle sera plongée dans votre vie et voudra savoir qui vous êtes en réalité. » Qui je suis ? En voilà, une drôle de question. Ma courte méditation est interrompue par une autre interrogation : « En fait, que voulez-vous dire aux gens qui vous liront ? » J'hésite, je tergiverse, je ne sais pas quoi répondre. Je ne me suis encore jamais posé la question. Dans l'habitacle de ma voiture de course, je dois être le meilleur. Tout le monde n'a de cesse de me le répéter, en tout cas. Mais là, hors de ma carapace vrombissante, sorti de ma combinaison, loin de mon monde à moi, je suis mis à nu, vulnérable, sans voix. Je feuillette machinalement la dernière autobiographie de la maison, un pavé de plus de trois cents pages sur une joueuse de tennis qui doit visiblement avoir un message à transmettre. Je ne me sens pas de taille. Et je glisse, nerveusement : « Écoutez, moi, je ne pourrai jamais noircir autant de papier. » Personne ne s'en émeut. On veut me laisser le temps, moi qui en ai si peu, de mûrir le projet. J'accepte. Je demande à Sébastien ce qu'il en pense. Il est emballé.

À nouveau seul dans mon taxi, je file dans la froide nuit de décembre vers l'aéroport du Bourget, où m'attend mon habituel pilote de jet privé. C'est lui qui m'a proposé de me ramener, pour ne pas rentrer sur Genève à vide, alors que j'avais prévu de prendre un vol régulier. Je consulte les messages sur mon BlackBerry, mon fidèle et souvent unique compagnon de voyage. Dans un peu plus d'une heure, je serai enfin à la maison. Valentine, après avoir fait un peu la tête comme à chacune de mes absences prolongées, finira par me sauter dans les bras et crier avec enthousiasme : « Papa ! »

Finalement, c'est peut-être pour elle que j'ai envie de me lancer dans cette aventure en terre inconnue. Dans quelques années, quand elle sera en âge de lire et que je me serai retiré de la compétition, elle aura un petit aperçu de ce qu'a été la vie de son père. La vie de celui qui n'a jamais rêvé de devenir champion, mais qui a dû être rattrapé, quelque part et sans le vouloir, par un destin doré.

– 1 –

LA LEÇON

Tout est allé très vite pour moi. Si vite que je n'ai même pas vraiment eu le temps de mesurer ni le chemin parcouru depuis mes débuts, ni l'enjeu qui m'attend, lors de ce week-end bruineux de novembre 2003, au fin fond du pays de Galles. Il y a trois ans, je n'étais encore personne. Un espoir du sport auto, oui, mais un espoir sans boulot et sans perspective d'avenir concrète. Et là, dans la forêt de Brechfa livrée aux frimas de l'automne britannique, je m'apprête à engager l'ultime combat, le plus intense et incertain de tous, le plus grisant aussi. Je suis au seuil de la consécration. À seulement vingt-neuf ans, au terme de ma toute première saison complète avec Citroën, j'ai l'occasion de décrocher la couronne de champion du monde !

J'ai du mal à réaliser. Mieux vaut de toute façon ne pas y penser. Cela donne le vertige. Le rallye gallois est suffisamment difficile en soi pour ne pas s'éparpiller. Les destins de champion se font et se défont généralement ici. Lors de la dernière course de l'année, plus personne ne peut tricher ni se cacher. À des vitesses si élevées, le moindre écart de conduite ne pardonne pas. La plus petite erreur se paye comptant. Au coin du bois, il y a toujours une souche ou un tronc qui se dresse sur une trajectoire trop large. L'arrêt est brutal. Définitif, souvent.

Pourtant, il faut se dépouiller, se livrer sans calcul ni retenue. Pour rattraper le temps perdu au cours de la saison, la prise de risques devient maximale. À moins qu'il ne faille serrer les fesses en espérant défendre jusqu'au bout sa position que d'autres convoitent avec avidité. Rien n'est jamais durablement acquis, tout reste envisageable jusqu'au dernier mètre de course. La sentence, implacable, finit toujours par tomber. Du bon ou du mauvais côté, c'est selon.

Faire abstraction du contexte n'est pourtant pas évident. Mes proches croient en moi. Ils voient déjà mon nom au sommet de l'affiche. N'ai-je pas franchi toutes les étapes sans trébucher depuis mes débuts ? Mes parents, qui n'ont pas fait le déplacement, savent que je suis capable de relever le défi. Ils m'ont soutenu et encouragé tout au long de mon ascension sportive. Séverine, ma copine, ne l'évoque qu'à demi-mot, mais elle est persuadée que ma quête de couronne mondiale n'a rien de farfelu. Quelques copains d'enfance ont aussi traversé la Manche, en puisant dans leurs maigres économies et leur stock de congés. Tous ne sont pas encore arrivés. Certains sont en route. Aucun d'entre eux ne devra être déçu du voyage. Sait-on jamais, mon heure de gloire va peut-être sonner… Rien que pour eux, je veux être à la hauteur de l'événement.

En cette première journée de course, vendredi au petit matin, je ne suis toutefois pas en mesure de rêver. Déjà, le cadre incite à la retenue. Le soleil ne s'est même pas encore levé sur le pays de Galles. Peut-être ne le verra-t-on jamais, tant le plafond semble bas. Je distingue à peine le ruban de terre ocre qui serpente devant mes yeux et sur lequel je vais m'élancer furieusement dans quelques instants.

Décidément, ce pays est d'une tristesse affligeante. Même en plein jour, tout est gris, blafard et maussade. C'est toujours la même chose, ici. Quand il ne pleut pas, les nappes de brouillard recouvrent les forêts et les vallons. Et si, par chance, la brume se dissipe un tant soit peu, c'est que la nuit commence déjà à tomber.

Il faudrait peut-être venir au printemps ou en été, pour découvrir le paysage sous un autre jour. Les terrasses de Cardiff doivent être animées, les activités de plein air, dans le parc naturel au-dessus de Swansea et de Llanelli, trépidantes. Il me semble quand même que la notion de belle saison reste toute relative sous ces latitudes humides. Quoi qu'il en soit, je ne connais le coin qu'en automne : les arbres ont des tons roussâtres, leurs feuilles volent au vent et tapissent d'un manteau glissant les chemins de terre boueux. C'est l'époque du *Wales Rally*, la seule qui m'intéresse, au demeurant.

Calé dans le baquet de ma voiture de course, au côté de Daniel Elena, mon copilote, je me concentre sur ma tâche au moment de me présenter sur la ligne de départ. Il n'est pas encore 8 heures, mais tous mes sens sont déjà en éveil. D'habitude, à l'aube, je me traîne chez moi comme un escargot, quand je ne suis pas paisiblement couché au fond de mon lit. Ici, je suis à l'affût, combatif, prêt à en découdre durant trois jours, sans la moindre contrainte ni réserve.

Je commence à connaître l'atmosphère particulière de ce rallye, à en mesurer toute la difficulté et même à l'apprécier. Quatre ans que je reviens dans cet authentique enfer sur terre : l'épreuve est toujours aussi ardue, mais je me surprends à y trouver peu à peu du plaisir. Les deux premières fois, ça ne comptait pas vraiment. Je n'étais encore qu'un débutant, installé au volant d'une petite auto. Certes, je m'étais imposé dans ma catégorie, mais à mes yeux, ces succès n'avaient pas une grande signification. Personne ne peut réellement juger du potentiel d'un pilote avant de l'avoir vu à l'œuvre en WRC, les *World Rally Cars*, engins puissants utilisés au plus haut niveau de ma discipline. Or l'an dernier, j'ai franchi le pas avec une certaine réussite. J'étais dans le coup, autour de la cinquième place, je prenais petit à petit confiance. Las, la mécanique de ma Xsara m'a trahi. J'ai dû abandonner à quelques kilomètres du but. Mais en l'espace d'un an, mon expérience s'est étoffée, la voiture a gagné en performance et en fiabilité. Je me sens désormais capable de la maîtriser pleinement, d'utiliser au maximum son potentiel. Je suis convaincu de pouvoir gagner.

J'ai accumulé en tout cas suffisamment de points lors des treize rallyes précédents, depuis ma victoire inaugurale en janvier au Monte-Carlo, pour avoir le droit d'y croire. Je suis même leader du classement à l'orée de cette dernière manche. Pour un point – autant dire rien – je devance Petter Solberg, mon rival norvégien. C'est un adversaire de taille. L'an dernier, il s'est imposé ici même, à Margam Park. S'il récidive ce week-end, il sera champion. Logiquement, c'est lui le favori. Mais je veux lui faire comprendre une chose : il n'aura pas la vie facile. Je m'accrocherai, je me battrai comme un mort de faim. Pour marquer les esprits, je prévois d'ailleurs de frapper un grand coup d'entrée de jeu. La première épreuve chronométrée du jour, une « spéciale » d'une vingtaine de kilomètres à travers bois par luminosité réduite, se prête parfaitement à l'exécution de mon plan. Dans Brechfa, je suis le premier à m'élancer sur la route. J'attaque, j'avale les difficultés, j'évite les pièges, je glisse, je vole. Petter Solberg et les autres s'élancent à leur tour, à intervalles réguliers, toutes les deux minutes. Ils tentent aussi d'allier efficacité et rapidité. Je me concentre exclusivement sur mon pilotage sans me soucier de leurs temps de passage. Vingt minutes d'efforts et d'application plus tard, je coupe la ligne d'arrivée de la « spéciale », espérant avoir placé la barre très haut. En comparant leur temps au mien, j'espère que mes rivaux se diront que ce petit Français est décidément coriace. J'espère même qu'ils accuseront le coup. Ils auront certes encore trois jours de course et seize « spéciales » devant eux pour inverser la tendance. Mais s'ils veulent aller me chercher, ils devront sortir le grand jeu.

Ma tactique fonctionne à merveille. Personne n'est allé plus vite que moi dans Brechfa. Je pose les premiers jalons de mon week-end que j'espère fructueux : je suis en tête du rallye. Je récidive dans la foulée. Les quelque trente kilomètres avalés goulûment dans Trawscoed me permettent de consolider ma position, avec une poignée de secondes d'avance sur Petter Solberg. Je suis presque surpris. Il n'est pas encore 9 heures lors de cette première matinée de course et je suis virtuellement champion du monde ! Je ne m'enflamme pas. Je sais que le rallye ne fait que commencer. Le chemin est encore long et parsemé d'embûches. Je suis bien en jambes, disposé à poursuivre mon effort. J'ai les crocs.

*
* *

J'aurais dû me douter que tout ne serait pas si simple. Car ce week-end-là, les enjeux sont doubles et complexes. Deux titres de champion du monde sont en jeu : celui des pilotes et celui des constructeurs. Le premier me concerne au plus haut degré. Il vient récompenser le talent individuel, la régularité et la performance sur l'ensemble de la saison. À chaque rallye, des points sont attribués de manière dégressive en fonction du rang occupé à l'arrivée : dix au vainqueur, huit au deuxième, six au troisième, cinq au quatrième, et ainsi de suite jusqu'au huitième. Je sais à quoi m'en tenir. Au pays de Galles, mon seul objectif consiste à devancer Petter Solberg.

Mais il y a un autre aspect que je ne maîtrise pas entièrement. Car pour le titre des constructeurs, c'est la notion collective qui prévaut. Les points récoltés par les deux pilotes les mieux classés, sur les trois d'une même équipe, sont additionnés. Chez Citroën, en cumulant mes résultats et ceux de mes partenaires, Colin McRae et Carlos Sainz, nous sommes également leaders de ce championnat, d'une courte tête devant notre « cousin » de Peugeot.

Or il y a un gros souci : Carlos, le plus expérimenté de nous tous, n'est déjà plus en course. Mon équipier espagnol est sorti de la route dans Trawscoed, la deuxième « spéciale » de la matinée que j'ai remportée. Avant même de prendre le départ de Brechfa, la première « spéciale », il avait été perturbé par une petite caméra embarquée dont un court-circuit avait provoqué un début d'incendie. Il s'est énervé. Il a flanché. Il ne rapportera pas le moindre point à Citroën. Du coup, les données du problème ne sont plus du tout les mêmes.

Ne restent donc que Colin McRae et moi face aux trois pilotes Peugeot. Et comme seuls cinq points nous séparent, la tension croît d'un coup chez nos dirigeants. Nous pouvons toujours espérer remporter les deux titres, mais désormais, la peur de tout perdre devient palpable.

Sur le terrain, pourtant, les « lionnes » de Peugeot ont les griffes élimées. Richard Burns, le pilote anglais, a dû déclarer forfait avant le départ. Personne ne sait alors que les vertiges dont il a été victime quelques jours plus tôt sont les symptômes d'une tumeur incurable au cerveau. Après cette course, je ne l'ai plus jamais revu. Il est mort deux ans plus tard, à l'âge de trente-quatre ans. Quand j'y repense, je me dis que mes petits soucis gallois étaient insignifiants par rapport au drame qui se nouait là. C'est le genre de mauvaise nouvelle qui permet de relativiser. Pourquoi ce gars si jeune, en pleine possession de ses moyens physiques et intellectuels, a-t-il ainsi été foudroyé par la maladie ? Pourquoi lui et pas un autre ?

Mais en ce week-end de novembre, mon esprit n'est pas hanté par ce genre de questions flippantes qui me tarabusteront de temps à autre par la suite. Burns n'est pas sur la ligne de départ, point barre. Cela fait toujours un vainqueur potentiel éliminé, un pilote susceptible de marquer de gros points en moins. L'autre atout majeur de Peugeot se retrouve aussi rapidement hors course. Comme Carlos dans notre camp, Marcus Grönholm a connu des soucis dans la boucle matinale du vendredi. Le double champion du monde finlandais n'a pas pu repartir. Un partout, en quelque sorte… Les derniers espoirs de Peugeot reposent sur les épaules de Freddie Loix et Harri Rovanperä. Eux ne luttent pas pour les premiers rôles. Ils peuvent espérer la jouer « placé » et récupérer quelques points au passage. En fait, Rovanperä finira par abandonner, Loix se contentera des trois petits points dévolus à la sixième place. Mais ça, personne ne pouvait s'en douter sur la ligne de départ.

À l'annonce de la sortie de route de Carlos, je comprends que mon espace de liberté va être réduit. La douce euphorie qui m'habite après mes deux temps canon s'estompe petit à petit. En regagnant le parc de Felindre, endroit marécageux en périphérie de Swansea où sont regroupées toutes les équipes, pour une première assistance mécanique sur ma Xsara, je ne pense pas encore au pire. En fait, je me berce de quelques illusions.

Il est tout juste 10 heures, ce vendredi-là.

– Compte tenu de la situation, on ne peut plus prendre de risques, tu comprends ?

Dans le motor-home qui s'est vidé en un instant, la sentence de Guy Fréquelin, mon directeur sportif, claque comme un coup de fouet. Je suis abasourdi. L'ordre est tombé d'en haut, par la voix de Claude Satinet, le grand patron de Citroën, dès qu'il est descendu de l'avion, à Bristol. Fréquelin l'a encaissé de manière sourde et l'a exécuté. Cela lui a coûté, c'est sûr. Mieux que personne, Guy connaît les attentes d'un pilote. Il l'a été lui-même. Il est passé près d'un titre, lui aussi, l'a laissé filer sur cette fichue terre galloise et n'a plus jamais eu l'occasion de le décrocher. Il n'a pas le droit de me demander un truc comme ça.

Ne plus prendre de risques ? Cela signifie courir prudemment, assurer le sans-faute pour l'équipe, à tout prix… Au prix, même, des quelques précieuses secondes qui me séparent encore du deuxième, Petter Solberg. C'est-à-dire perdre les trois quarts de mes chances pour le titre pilotes. Au côté de Daniel, mon compagnon d'infortune, je fonds en larmes, désarçonné par cette requête insensée. D'habitude, je ne suis pas très expressif. Je garde enfouies en mon for intérieur mes émotions. Je ne verbalise que rarement ce que je ressens. Pas même avec mes parents, encore moins avec mes copains, qui en font d'ailleurs autant. Cette fois, l'injustice est trop criarde. Elle fend la carapace, me bouleverse profondément. Je ne parviens pas à me retenir. Je craque, comme un gosse à qui l'on a confisqué son plus beau jouet ou, pis encore, que l'on a privé de son rêve secret.

À la régulière, j'aurais peut-être perdu contre plus fort que moi. Ce verdict-là, je l'aurais accepté. Mais déposer les armes sans même avoir pu me battre est une conception des choses à laquelle je ne peux pas souscrire. Ce n'est pas dans ma nature. Jusque-là, personne ne m'a jamais demandé de faire une chose pareille. Celui qui s'y serait risqué aurait essuyé une fin de non-recevoir ferme et définitive. Avec sa franchise habituelle et son détachement tout britannique, Colin McRae me conseille d'ailleurs de passer outre aux consignes. L'Écossais sait de quoi il parle. En 1995, avec l'insouciance et la fraîcheur de ses vingt-sept ans, il a remporté son seul titre sans se poser la moindre question. Par la suite, à trois reprises, il a échoué à la deuxième place…

Mais je ne peux pas me permettre de suivre aveuglément les recommandations de Colin, dont l'essentiel de la carrière est derrière lui. La mienne n'en est qu'à ses balbutiements. Ce serait trop bête de tout compromettre en écoutant la seule voix de ma fierté. D'autant que mon contrat est désormais paraphé. Il court sur les deux prochaines années. Un acte de désobéissance ne serait assurément pas du meilleur effet.

Mon employeur a privilégié le titre constructeurs à celui des pilotes. J'ai conscience d'avoir été sacrifié sur l'autel d'une logique d'entreprise qui me dépasse.

Claude Satinet le précisera d'ailleurs sans détour aux médias, plus tard dans la journée : « Au regard de la notoriété actuelle de Sébastien Loeb, on se doit de jouer la carte de la marque. Notre métier est de vendre des voitures et pas seulement en France. » Cela se défend. Qui suis-je, moi, pour fiche par terre les plans marketing de Citroën ?

J'ai essuyé la première véritable gifle de ma vie, d'une force et d'une amplitude jusque-là insoupçonnées. Le coup est venu de là où je m'y attendais le moins. Il émane de mon propre camp. Les consignes sont tombées. Elles font mal.

Je sèche mes larmes et ravale ma colère. Je quitte l'ambiance pesante du motor-home pour boire un café et me remettre au boulot. Sans prendre de risques, c'est désormais entendu. Je repars sur les sentiers gallois et ne sais pas avec qui partager mon insondable peine.

*

* *

Dominique Heintz, l'homme qui m'a mis le pied à l'étrier sept ans plus tôt, comprend mon désarroi. Il l'a d'ailleurs saisi instinctivement, quand il a découvert ma mine défaite ce vendredi-là, au bord du chemin. Il me connaît par cœur, pour avoir initié, encouragé puis accompagné ma progression. En Mondial, Dom' est devenu mon ouvreur attitré. C'est lui qui est chargé de corriger mes notes en passant sur le parcours deux heures avant que je me lance en course.

Au point de rendez-vous prévu, il s'est avancé vers moi. J'ai vu qu'il était dérouté par mon expression de profond dépit. Pour lui éviter des tourments inutiles, je lui ai lâché, des trémolos dans la voix :

– Écoute, je ne serai pas champion du monde cette année.

Voilà. C'est fichu. Le combat est fini avant même d'avoir vraiment débuté. Tout au long des « spéciales » qui s'enchaînent, je concède désormais des secondes par poignées entières. Petter Solberg prend le large, irrémédiablement. Je pointe à huit secondes de lui le vendredi soir, à quarante le samedi. Le titre ne peut plus lui échapper. Il ne le laissera pas filer.

Le temps des regrets peut désormais s'égrener tranquillement. J'ai tout le loisir de ressasser toutes les occasions manquées au cours de l'année, celles qui m'ont empêché d'accumuler de l'avance au classement et de venir au pays de Galles le cœur léger. Car Daniel et moi, nous avons fait pas mal de conneries qui nous ont coûté cher.

*
* *

L'année 2003 a été celle de l'espoir et des victoires, mais aussi celle des tâtonnements et des petites erreurs aux grosses conséquences. En Turquie, fin février, on s'est retrouvés en rade en pleine campagne, sans plus la moindre goutte d'essence dans le réservoir. Les ingénieurs s'étaient plantés dans leurs calculs, et Daniel nous avait perdus sur le parcours de liaison entre deux « spéciales », appelé le « routier » dans le jargon, là où les voitures de course se mêlent à la circulation et roulent à vitesse normale. Il avait confondu deux endroits. On avait bifurqué devant une bicoque et l'on s'était éloignés de la route prévue. Le temps de se rendre compte de notre méprise et de rebrousser chemin, le mal était fait.

Ces deux petites erreurs mises bout à bout nous ont valu un cinglant zéro pointé et nous ont coûté la place de leader au Championnat. On espérait y engranger quelques « gros » points. D'autant que nous avions l'avantage du terrain. L'année précédente, nous avions été les seuls à courir cette manche alors qu'elle n'était pas encore inscrite au calendrier du Mondial. Tu parles d'un avantage…

Après seulement trois rallyes, il n'y avait pas trop lieu de s'inquiéter. J'en avais voulu à Daniel, mais la colère s'était vite estompée. Il était déjà assez accablé comme ça. Après tout, cette mésaventure nous servira de leçon. Passons vite à la suite.

En Corse, à trois étapes du terme, on est aussi repartis sans le moindre point. Sur asphalte, ma surface de prédilection, j'avais pourtant fait mes preuves. Le Monte-Carlo, en janvier, m'avait définitivement révélé. Je l'avais remporté devant Carlos et Colin, les deux références du plateau. Un triplé Citroën lors de l'épreuve d'ouverture, avec qui plus est le p'tit jeune à la première place : je ne pouvais rêver meilleure entame. Au courant de l'été, je m'étais imposé en Allemagne, pour la deuxième année de suite, puis à San Remo.

J'arrive donc sur l'île de Beauté début octobre avec l'encombrante étiquette de favori collée dans le dos. Je suis en pleine confiance, je ne me pose pas de questions. J'ai l'opportunité de reprendre les rênes du Championnat que j'ai lâchées en Turquie huit mois plus tôt.

Les routes de l'arrière-pays ajaccien me vont comme un gant. Je roule sans trop forcer, je suis le plus rapide, je m'installe en tête du rallye. Peut-être me suis-je vu trop beau. Le samedi matin, sur la route du col Saint-Georges détrempée par une averse soudaine, je pars en tête à queue. La voiture termine sa course en équilibre sur un talus, le museau dans le vide et les fesses vers la route. Je perds en une fraction de seconde les dix points de la victoire qui me semblaient promis. C'est entièrement ma faute, même si une erreur de communication entre les ouvreurs et Daniel avait rendu la situation confuse. Je bouillonne intérieurement, j'enrage en silence. Je suis terriblement frustré.

Et pour finir, une semaine plus tard en Catalogne, je laisse encore bêtement filer deux précieux points. Cette fois, la faute en incombe au technicien des pneumatiques Michelin, qui avait omis de nous parler d'un type de gommes qui marchait bien sous la pluie et dans le froid. Les autres équipes les ont chaussées, nous, non. On n'était pas au courant… Gilles Panizzi, le pilote Peugeot, m'a soufflé la victoire dans la dernière épreuve chronométrée, alors que j'avais trente secondes d'avance sur lui. C'est le genre de chose qui n'arrive jamais en temps normal. J'ai attaqué à mort pour essayer de garder ma place sans mettre la bagnole contre un muret ou dans le ravin.

J'avais l'impression que mes pneus étaient en bois. Tu bloques les roues et tu pars en luge. La voiture ne te prévient de rien. Mais il faut quand même que je rallie coûte que coûte l'arrivée, au risque de tout perdre. Dans mon malheur, je suis parvenu à sauver ma deuxième place, que lorgnait Markko Märtin, le pilote Ford. Je crois que je l'ai préservée pour moins d'une seconde…

Sur ce coup-là, Daniel a vraiment flippé. Dans le feu de l'action, énervé comme je l'étais, je n'ai pas eu l'impression de jouer avec le feu.

– T'es dingue, ou quoi, on a failli se mettre une trentaine de fois dehors ! m'a-t-il soufflé, le visage blême, une fois la ligne d'arrivée franchie.

Là encore, je n'en veux à personne. La course est faite d'aléas qu'il faut savoir accepter. Je les accepte d'autant plus facilement que je suis toujours en course pour le titre mondial. Du moins c'est ce que je pensais… avant le couperet gallois.

*
* *

Les mésaventures de ces derniers mois ne font que remuer le couteau dans la plaie. Après avoir passé deux longues journées à courir sans joie et à faire semblant de croire à un miracle, ma pénitence galloise s'achève dimanche en début d'après-midi au pied du château de Margam. Je termine mon rallye à la deuxième place, loin derrière Petter Solberg. Je suis vaincu.

« L'avenir t'appartient », m'a pourtant assuré Guy Fréquelin. Il s'est démené tout au long du week-end pour tenter d'atténuer un tant soit peu ma déception. Mais au moment de poser les pieds sur le podium improvisé, ses paroles n'ont plus aucune signification. Elles sont creuses, vides de sens.

Je me sens infiniment petit. Petit et malheureux comme une pierre, dans ma combinaison blanche et rouge qui fait tache au milieu de cet immense parc où le rouleau vert s'étire à perte de vue. Dans mon dos, l'austère château de Margam et ses drapeaux frappés du dragon rouge qui claquent au vent semblent me toiser d'un œil mauvais.

Je ne ressens que l'âcre goût de la défaite qui se répand insidieusement dans ma bouche. Comme les autres sur le podium, je me surprends pourtant à lever un bras en signe de victoire. On dirait une marionnette dont les gestes sont guidés par un fil invisible. Une victoire ? Je n'ai rien gagné. J'ai échoué dans ma quête de première couronne, ce rêve qui me semblait accessible. Petter Solberg justifie pleinement son surnom de « Hollywood ». Il assure le show. Il fait le pitre, debout sur sa voiture, bondit comme un cabri de loin en loin, enjambe les barrières pour enlacer ses fans ou quiconque se trouvant sur sa route. On ne l'arrête plus. Le temps me paraît suspendu. Ces minutes de folie furieuse semblent durer des heures.

Solberg est né la même année que moi, il va avoir vingt-neuf ans, mais lui est devenu champion du monde. C'est son premier titre. Moi, je ne suis que son dauphin. À mes yeux, la différence est de taille. Sur le podium, je le vois rire à pleines dents. Son caractère exubérant est à l'opposé du mien. Il fanfaronne, en appui sur les épaules de son équipier, le futur retraité Tommi Mäkinen, le Finlandais qui compile quatre titres à lui seul. Leurs deux copilotes plastronnent à leurs côtés. La marée nordique et bleue, celle de Subaru, a tout emporté : mes rêves, mes illusions et, quelque part, mon sentiment d'invincibilité.

J'ai été pris au dépourvu, certes, mais suffisamment en amont pour avoir eu tout le temps de me faire une raison. Du coup, je parviens assez bien à masquer ma détresse. J'éprouve pourtant le besoin de puiser un peu de réconfort et d'énergie dans un regard ami. Derrière la rangée de photographes qui fait barrage, sous le crépitement des flashs, j'aperçois Séverine. Engoncée dans son coupe-vent, ma copine me sourit, timidement. Elle ne veut pas accentuer ma peine. Je devine derrière le masque de circonstance ses yeux embués et rougis. « Je ne pensais pas être autant déçue », a-t-elle fini par souffler, une fois la tension retombée. Mes potes, venus s'embourber au fin fond d'une région qui leur est en tout point inhospitalière, font corps. J'ai l'impression de leur avoir fait faux bond. Il y a quand même plus chouette comme destination que le sud du pays de Galles, entre Swansea et Port Talbot, un week-end de novembre. Mais ils ne voulaient pour rien au monde manquer l'événement. Ma consécration, pensaient-ils. Ils sont tous fatigués, fourbus, navrés, mais ne laissent rien transparaître. Malgré tout, ils sont fiers de moi. Ne suis-je pas vice-champion du monde des rallyes ?

Ce constat ne suffit pas à atténuer ma peine. Sur le moment, je suis démuni. Je serre les dents. Je baisse le regard. J'ai envie de fuir, de quitter ce fichu podium. Je suis d'ailleurs posté tout au bord, prêt à faire un pas pour m'évanouir dans la nature, filer à travers les bois, remonter le fil du temps. Je ne suis plus vraiment concerné par ce qui se joue ici. Cela doit se lire sur mon visage. Mon rictus s'apparente à une grimace de clown triste. Et ce bras imbécile que je garde levé…

Après cet interminable protocole, je me glisse enfin dans ma voiture de course. Je suis encore sonné, plongé dans une sorte de léthargie. Il s'agit de ramener l'auto à Cardiff, lieu où ce cauchemar prendra fin. La capitale galloise ne m'a jamais paru aussi lointaine. Dans l'habitacle de la Xsara, le silence est pesant. D'habitude si animées, les discussions avec Daniel se réduisent au strict minimum. Lui non plus n'est pas d'humeur à causer. Le téléphone que l'on branche sur nos casques pour converser avec nos amis et notre famille lors des longs parcours de liaison reste en veille. Il n'y a rien à dire.

Seul Didier Clément, notre ingénieur attitré, nous joint et s'échine à dérider l'atmosphère. J'apprends que sous l'auvent de Citroën, au parc de Felindre, les membres de l'équipe sont coiffés d'une perruque rouge. Ils savourent leur récompense, le fruit d'une longue saison d'apprentissage et de travail acharné. Tout le monde semble content, même si la joie est contenue. Je devrais l'être aussi. Mais non, je ne le suis pas. Je n'arrive pas à l'être. Pourquoi devrais-je me réjouir béatement alors que je viens peut-être de laisser filer l'occasion de ma vie ? Si ça se trouve, je ne serai plus jamais en mesure de le gagner, ce championnat.

En conférence de presse, en fin d'après-midi, on guette ma rancœur ou tout accès de mauvaise humeur. Peut-être s'attend-on à ce que je me répande en déclarations fracassantes. Ce n'est pas mon genre. Bien au contraire. À ce moment-là, j'en suis sincèrement convaincu : au vu de l'écart de temps qui nous sépare à l'arrivée, je n'aurais pas pu battre Petter Solberg. Je le répète inlassablement. Il n'y a là aucun cynisme de la part de mes employeurs. Mes réactions ne m'ont pas été imposées sous la dictée. Guy Fréquelin loue mon honnêteté intellectuelle. Les plus réticents n'en démordent pas et restent persuadés que la victoire était à ma portée.

*
* *

J'aurais voulu offrir à mes copains une belle fête dans les pubs de Cardiff. L'endroit ne s'y prête certes pas vraiment. La cloche qui indique la dernière tournée retentit toujours trop tôt, c'est désespérant. Et puis, au sortir d'un week-end usant pour les nerfs et le moral, je n'ai pas spécialement envie de jouer au noctambule en goguette.

Avec mes amis, pourtant, je reprends du poil de la bête. Pour la première fois depuis un bail, le rallye n'est plus au cœur des discussions. Ce n'est plus qu'un prétexte pour passer un bon moment entre potes. Leurs galères en terre galloise, des rencontres impromptues avec les policiers et cette fâcheuse tendance à engager constamment leur voiture du mauvais côté de la chaussée, le droit comme en France, me redonnent le sourire. Je suis bien, tranquille, apaisé. On plaisante, on parle de tout et de rien, tant que le sujet qui fâche n'est pas abordé. J'en oublierais presque la boule au ventre qui m'a accompagné tout au long du week-end.

Mais la réalité finit par me rattraper, avec une violence sourde. Je n'aurais peut-être pas dû me risquer à l'habituelle fiesta de fin de rallye. Le bar est soudain pris d'assaut par une cohorte de Norvégiens éméchés, toutes cornes hurlantes. Petter Solberg est leur héros. Il occupe tout l'espace, de la piste de danse au comptoir. Normal, c'est lui, le champion du monde. J'échange quelques mots avec lui, cordialement, sans rancune. J'accepte le verre du vainqueur. Toutefois, l'ambiance ne tarde pas à me peser. Je préfère m'éclipser au bras de Séverine.

Au moment de trouver le sommeil, je me repasse à toute vitesse les images de ce mauvais film. Finalement, ce week-end m'a permis de prendre conscience à mes dépens d'un fait nouveau. Ma vie de jeune pilote fougueux, prêt à en découdre en toutes circonstances sans se soucier des conséquences, est révolue. J'ai basculé dans un autre monde, où mon intérêt propre importe moins que celui de l'entreprise. Cela m'effraye un peu, mais je suis un pilote professionnel, avec les avantages et les inconvénients que cela engendre. Je profite de la logistique, du savoir-faire et des moyens d'un grand constructeur. En échange, je dois être prêt, s'il le faut, à mettre mes ambitions personnelles de côté pour le bien de l'équipe. C'est la première leçon que j'ai apprise – à la dure – ce week-end-là, à Margam Park.

J'y ai aussi compris une donnée essentielle de mon pilotage. En me repassant les événements de ce rallye, je me suis demandé ce qui se serait passé sans les consignes. Aurais-je pu m'imposer ? Je l'ai dit, l'écart entre Solberg et moi m'a paru trop grand, à l'époque, pour être imputable au seul respect des recommandations de prudence. Mon adversaire avait été meilleur, un point c'est tout.

Avec le temps et l'expérience, pourtant, j'ai en partie révisé mon jugement quant à l'issue de cette première saison. Je sais désormais qu'il suffit parfois de sortir un tout petit peu du rythme habituel, d'aborder mentalement les choses de manière différente pour perdre très rapidement beaucoup de temps par rapport à mes rivaux. Ce fut le cas au pays de Galles, mais je le remarque aussi quand je suis tranquillement installé en tête d'un rallye à l'entame de la dernière étape, le dimanche. Je cherche alors à gérer mon avance dans les derniers kilomètres, sans plus prendre le moindre risque. J'ai l'impression d'attaquer dans les « spéciales » alors que je me traîne. Je suis épaté par les temps des autres, que je juge hors de portée. Pourtant, c'est bien moi qui imprimais la cadence les deux jours précédents sans que personne n'ait pu me suivre. En fait, quand je ne suis pas à cent pour cent de mes capacités, je tâtonne, je me cherche, je ne suis plus sûr de rien.

Je sais aujourd'hui que la meilleure façon de rester sur la route, de me sentir à l'aise au volant, consiste encore et toujours à attaquer. Me brider est tout simplement contre-productif. En 2003, les consignes de Guy Fréquelin m'ont peut-être fait basculer dans cet état d'esprit intermédiaire, où je m'enferme dans un faux rythme. Que serait-il advenu si j'avais continué avec l'envie de gagner ? Peut-être en aurais-je un de plus, de titre. Je ne le saurai jamais. Seule certitude : j'ai remporté les deux premières épreuves chronométrées. Le vendredi matin, avant 9 heures, je m'étais hissé en tête du rallye. J'étais alors potentiellement champion du monde, moi, le petit gars parti de rien. Cela n'a pas duré. Cette frustration a peut-être conditionné toute la suite de ma carrière.

*
* *

Sur ce coup-là, j'ai été battu par plus fort que moi. Soit. Si l'avenir m'appartient, comme le dit Fréquelin, il me faudra tout mettre en œuvre pour ne pas revivre une déconvenue aussi cruelle. Je réalise que si la victoire m'échappe en cet automne 2003, en fin de compte ce n'est pas à cause des consignes ou des quelques secondes concédées à Petter Solberg par prudence, mais bien à cause des points bêtement perdus au cours de l'année, en Turquie, en Corse, en Catalogne. Si je ne dois retenir qu'une seule chose de ce week-end de cauchemar, c'est qu'un titre mondial, ça se joue sur une saison entière, sur chaque rallye, chaque « spéciale », chaque virage. Fini les conneries. Je comprends que pour être à mon tour champion, je ne devrai plus céder le moindre pouce de terrain.

Je quitte le pays de Galles, le lundi matin, habité d'un sentiment de profonde frustration et d'un désir de revanche. Je suis déjà impatient d'aborder la nouvelle saison. Je retrouve instantanément ma combativité et mon allant. Je sens que je vais bien m'amuser, l'an prochain. Comme quand j'étais gamin, à l'époque où personne n'allait plus vite que moi.

– 2 –

UNE ENFANCE PÉTARADANTE

Ce doit être un paradoxe. Quand je ne suis pas installé au volant ou au guidon d'un engin motorisé, j'ai tendance à traîner les pieds, de façon indolente et mollassonne. Aux yeux de ceux qui ne me connaissent pas, je passe généralement pour un lent, voire un fainéant.

Au tout premier jour de ma vie, déjà, je me suis fait attendre. Le 26 février 1974, un Mardi gras, à la maternité de l'hôpital civil de Haguenau, rien ne laisse vraiment penser que mon existence s'articulera exclusivement autour de la vitesse, de la montée d'adrénaline et des sensations enivrantes qui en découlent.

Ingrid, ma mère, garde le souvenir d'un accouchement – son premier et finalement le seul – terriblement long. Douze heures en tête à tête avec Guy, mon père : elle a dû se dire que je n'arriverais jamais. Mes parents ont quitté leur petit appartement de la rue du Bouc, à cinq minutes en voiture de l'hôpital, vers 2 heures du matin. Je suis né à 16 heures !

On me décrit comme un bébé bien portant, joufflu, calme et très sage. Je n'ai apparemment pleuré qu'une seule fois, la première nuit où je suis rentré à la maison. Après, plus jamais.

*
* *

Haguenau est le berceau de ma famille. C'est une grosse sous-préfecture assez bourgeoise, un peu endormie, ronronnante, à quelque trente kilomètres de Strasbourg. En Alsace du nord, terre rurale entre Vosges et Forêt-Noire profondément attachée à sa culture et à ses racines, la cité de Barberousse est le centre économique qui grouille la journée, grâce aux industries et aux commerces, et dort sur ses deux oreilles à la nuit tombée. La vie nocturne n'y est pas trépidante, à l'exception de l'un ou l'autre point de chute pour noctambules que je fréquente aujourd'hui avec mes amis quand je suis de passage.

Dans les rues piétonnes, qui se vident à la vitesse de l'éclair dès que descendent les rideaux des boutiques, flotte comme un air de campagne à la ville. Une grande majorité de gens, même les jeunes, parle l'alsacien. Un peu partout, dans les cafés, les magasins, aux guichets des banques ou de la poste, les discussions se font en dialecte. Je le comprends à la perfection. Mon oreille s'est habituée aux rugueuses intonations alémaniques chez mes grands-parents, qui s'exprimaient toujours en alsacien. Moi, je répondais en français. Aujourd'hui, le vocabulaire me manque pour pouvoir soutenir une conversation. Mais je lâche quand même quelques mots en dialecte dans les soirées entre copains. Je trouve que c'est une langue assez drôle, aux expressions franchement marrantes et qui se prête à merveille aux blagues de comptoir.

Mes parents, Ingrid et Guy, sont nés à Haguenau, à un an d'intervalle. Ils y ont grandi dans des maisons distantes de trois cents mètres à vol d'oiseau. Tous deux n'ont jamais vraiment quitté l'école, puisqu'ils ont emprunté la voie du professorat. Maman a enseigné les mathématiques au collège Sainte-Philomène, papa l'éducation physique au lycée Robert-Schuman, après avoir longtemps été conseiller technique départemental de gymnastique.

À ma naissance, ma mère a vingt-six ans. C'est un petit bout de femme timide et effacée, à l'esprit très cartésien, totalement fermée à tout ce qui touche au sport et pas du tout ouverte à l'esprit d'aventure. Enfin, peut-être que je me trompe, puisqu'elle a choisi de faire un bout de chemin avec mon père, au caractère diamétralement opposé. Lui, c'est un athlète aux muscles saillants, un roc sur lequel le doute semble se fendre et se disperser en mille morceaux sans jamais pouvoir l'atteindre. C'est aussi une tête brûlée, toujours en mouvement, jamais apaisé. À bien des égards, je tiens de lui.

À vrai dire, je ne me suis jamais demandé comment ils se sont connus, appréciés, aimés. Ma mère ne me l'a que tout récemment expliqué. Papa, jeune gymnaste de bon niveau, était licencié à l'Union, une véritable institution à Haguenau. Les parents de maman, Charles et Lucie Nagel, étaient membres du comité. Le club avait organisé le réveillon de la Saint-Sylvestre entre adultes. Les enfants sont venus à minuit leur présenter les vœux pour la nouvelle année. C'était le 1er janvier 1966. Papa avait dix-sept ans, maman un de plus. C'est cette nuit-là qu'ils ont flirté. Je suis né huit ans plus tard, fruit d'un amour encore tendre et partagé.

Après ma naissance, l'appartement familial, à un jet de pierre de « Sainte-Philo », est devenu trop exigu. Je n'y passais que les nuits et les week-ends. En semaine, quand ils travaillaient, mes parents me déposaient chez mes grands-parents qui se relayaient à tour de rôle au-dessus de mon berceau.

Charles Nagel et son épouse Lucie habitaient au rez-de-chaussée d'une maison de maître de deux étages, rue des Repenties, dans un appartement utilisé aussi comme bureau. Papi Charles était agent en assurances, à titre indépendant. Sa femme le secondait dans sa tâche, comme secrétaire.

Les parents de maman sont nés dans un petit village forestier des Vosges du nord, Reipertswiller. Ils ont grandi à quelques kilomètres de là, à Ingwiller, avant de gagner la ville pour leurs activités professionnelles. Ils ont eu deux enfants : Ingrid, ma mère, et Carine, la cadette.

Tout à côté, rue de la Garance, vivaient les parents de mon père : Eugène – enfin, moi, j'ai toujours cru qu'il s'appelait « Uchéne », la version alsacienne de son prénom – et Berthe Loeb. Originaires de Niederbronn, petite cité thermale accrochée aux contreforts des Vosges du nord connue pour son eau de source et son casino, ils avaient acquis un petit pavillon à Haguenau, en tout point semblable aux deux autres situés juste à côté. Mon grand-père était cordonnier, ma grand-mère s'occupait de ses trois garçons : Bernard, Guy et Claude, nés chacun à cinq ans d'intervalle.

*
* *

Dans les premiers mois de ma vie, mon univers se résume à ce doux cocon qui tient dans un triangle à la superficie réduite, entre l'appartement familial et les deux maisons de mes grands-parents. Ils ont du temps à me consacrer. J'aime aller chez eux, sans préférence particulière, me laisser dorloter, bondir sur les genoux des papis, crapahuter dans leur jardin aux beaux jours.

Papi « Uchéne », un homme costaud et droit, a été le premier à partir. J'avais sept ans, et je peine aujourd'hui à rassembler quelques souvenirs de lui. Mamie Berthe est décédée voilà quatre ans. Douce et gentille, elle s'est toujours montrée attentionnée à mon égard. Cela dit, j'ai plus souvent été amené à côtoyer mes grands-parents maternels, puisque maman et moi déjeunions chez eux presque tous les midis. J'apprécie les petits plats de papi Charles, pour qui la cuisine est une passion.

Jusqu'au lycée, longtemps après le décès de papi, la table de mamie Lucie restera ma cantine. Le matin, je dépose ma Mobylette dans la cour et je file directement au bahut en passant par la brèche que j'ai ouverte dans le grillage, au fond du jardin.

Mamie Lucie, infiniment généreuse, a été aux petits soins avec moi. C'est elle qui m'a payé en intégralité ma première voiture, peu après mon dix-huitième anniversaire. Quand j'ai commencé à faire de la compétition, elle s'est mise à conserver tous les articles de presse. Je pense qu'elle a dû être la lectrice la plus âgée d'une revue spécialisée du sport auto comme *Échappement*. À distance, elle a suivi et encouragé mon ascension sportive. Elle est décédée en 2005, la même année que papa, quelques mois après mon premier titre mondial.

*
* *

J'ai seize mois, en juillet 1975, quand nous prenons nos quartiers à Oberhoffen-sur-Moder, à seulement huit kilomètres à l'est de Haguenau et à une demi-heure de route de Strasbourg. En dehors de son activité professionnelle, mon père est entraîneur au club de gym local. Oberhoffen est un gros village sans charme particulier, dont le nom est associé au camp militaire en bordure de forêt de Haguenau. On est loin des images idylliques de l'Alsace.

Il faut dire qu'Oberhoffen a en grande partie été détruit par les bombardements de la Seconde Guerre mondiale, comme les autres villages vers la bande rhénane. Là, les belles maisons à colombage qui font le charme de ma région n'ont pas survécu. Pas même l'église, reconstruite dans une architecture plus moderne par la suite. Ici, la plaine d'Alsace porte bien son nom : tout y est plat, rectiligne et uniforme. Pas le moindre cours d'eau ne serpente dans les rues. La Moder coule vers le Rhin de l'autre côté de la route départementale, à Bischwiller.

Mais c'est le village de mon enfance, de mon adolescence et de ma vie de jeune adulte. J'y ai quand même vécu jusqu'à l'âge de vingt-huit ans. Tous mes souvenirs, les bons comme les mauvais, y sont rattachés.

Bon nombre de jeunes couples, avec des enfants en bas âge, s'installent à Oberhoffen en même temps que nous. Le village croît vers le nord, en direction de la forêt de pins qui devient rapidement un vaste et trépidant territoire à explorer pour les mômes du quartier. À la belle saison, on se croirait presque dans les Landes. Le terrain est sablonneux, les essences exhalent des odeurs du sud de la France.

Le nouveau lotissement pousse comme un champignon. Ma rue porte un nom imprononçable, celui du pasteur Ehrenpfort – le t se prononce – une célébrité dans le village puisque ce religieux a semble-t-il importé le houblon en Alsace. Ehrenpfort, cela fait presque chic, en comparaison des rues adjacentes à la dénomination saugrenue : rue des Asperges, du Blé, du Seigle ou du Tabac et, plus glauque, la rue du Cimetière.

Mon père fait construire dans le village un pavillon individuel sans prétention : une centaine de mètres carrés habitables, de plain-pied, une petite terrasse avec un barbecue en dur et une langue de verdure qui s'étire vers l'arrière sur une vingtaine de mètres jusqu'à la clôture du voisin. La maison est conçue pour une famille de trois personnes. Ni plus ni moins. On installe mon lit dans la petite chambre, à côté de celle de mes parents.

Entre la cuisine et le salon, toute une ménagerie se développe à nos côtés. Cynthia, le berger allemand, peut gambader à sa guise sur le terrain clôturé. Il y a aussi un chat, mon copain à moi. Je ne lui ai pas trouvé de nom. Pour l'appeler, je me contente d'un sifflement : « Pssss, pssss, pssss. » Il me comprend !

En rentrant de vacances, mon père a écrasé mon chat à cinquante mètres de la maison. Il m'a préservé de ce drame en revenant discrètement sur ses pas, après nous avoir déposés, et a effacé les traces de son méfait loin de mon regard. Papa m'a préparé psychologiquement. Il est allé l'enterrer puis m'a emmené sur sa « tombe », m'a consolé en m'expliquant que cet animal était vraiment hors du commun. Doté d'une intelligence supérieure, il aurait reconnu le bruit de notre voiture et serait venu à notre rencontre pour nous faire la fête, selon lui. J'ai bien voulu croire en cette histoire farfelue.

Quelques jours plus tard, un autre chat l'avait déjà remplacé. Au gré des disparitions accidentelles ou des portées, deux ou trois minous ont par la suite partagé en permanence notre habitat. Ce furent mes premiers compagnons de jeu.

Mes parents n'ont jamais été très famille. En dehors de mes papis et mamies, on ne voit pas grand monde. On ne fête jamais les anniversaires ensemble, on passe le réveillon de Noël entre nous, à la maison, ou chez les parents de maman. Carine, sa petite sœur, est partie vivre à Francfort, où elle a bossé à l'aéroport et rencontré un Allemand, son futur mari. Le couple est revenu s'installer en Alsace avec ses deux filles, Vanessa et Sandra. Je me souviens vaguement avoir joué avec elles chez mamie Lucie et papi Charles, dans ma petite enfance. Mais au cours des dix dernières années, je n'ai croisé ma tante et mes cousines qu'à trois ou quatre reprises.

Je suis allé un peu plus souvent chez le frère aîné de mon père, Bernard. J'ai notamment passé quelques jours de vacances dans sa maison d'Ohlungen, un village distant de quelques kilomètres d'Oberhoffen. J'y ai joué avec mon cousin Gaëtan et ma cousine Sung, fille adoptive du couple. C'est aussi là que j'ai pu rouler pour la première fois en Mobylette, une « antiquité » acquise par Gaëtan. Mes pieds ne touchaient même pas le sol. J'étais excité comme une puce à l'idée de pouvoir l'essayer. Je ne m'en lassais pas.

Celui avec lequel j'ai le plus de rapports depuis le décès de mon père est Claude, son frère cadet. Il incarne en quelque sorte l'archétype de l'Alsacien, façon *Hans im Schnokeloch* : un travailleur qui ne rechigne jamais à la tâche mais qui est éternellement insatisfait de son sort. Il a bâti de ses propres mains sa première maison, à Kaltenhouse, l'a revendue sur un coup de tête pour en construire une autre, en bordure du golf de Soufflenheim. Tout allait bien jusqu'à ce que le voisin vienne accoler sa maison à la sienne, un an plus tard. Cette situation ne lui a pas plu. Il a revendu la baraque et en a rebâti une autre un peu plus loin. Il n'y est pas resté très longtemps. Claude a fini par retaper de la cave au grenier celle de mes grands-parents, rue de la Garance, qui ne ressemble plus du tout aux deux autres maisons jumelles attenantes. C'est un bâtiment moderne, cubique, aux grandes baies vitrées qui inondent les pièces de lumière. Une belle réussite.

Mais quand j'étais petit, tonton Claude, je ne le voyais pas souvent. Pas plus que mes deux derniers cousins, Cédric et Nicolas, plus jeunes que moi. Je ne les rencontrais finalement que chez mes grands-parents, mamie Berthe et papi « Uchéne ».

Chaque été, nous partons en vacances. Le rituel est immuable. Mon père attache la caravane pliante à la vieille Ascona. Et en route pour la Vendée ! Le camping de La Tranche-sur-Mer devient notre lieu de villégiature. Mes parents ne sont pas trop attirés par le sud de la France, même si on y est descendu à l'une ou l'autre reprise, du côté du Grau-du-Roi ou de Sérignan. Ils recherchent surtout la tranquillité, sur les immenses plages de l'Atlantique, loin de la bousculade et de la cohue.

Mon unique centre d'intérêt est une petite piste à proximité du camping. Je bassine tous les jours papa pour qu'il m'emmène faire de la mini-moto ou du karting. Je n'ai pas de mal à le convaincre. Lui aussi s'amuse comme un gamin au volant de ces engins ludiques.

Une année, mes parents poussent le bouchon un peu loin : passer les vacances au bord de la mer du Nord, en Norvège, est plutôt une idée originale. Toutefois, on n'est jamais arrivés à destination. En traversant le Danemark, papa a estimé que l'endroit était suffisamment joli et désertique pour ne pas aller plus loin.

Ça, pour être seuls, on a vraiment été seuls au monde… En plein été, le mercure ne dépasse pas les quinze degrés. Qu'importe. Mon père décide quand même de se baigner. Dans l'eau, forcément, il n'y a que lui ! On le voit ressortir presque bleu, avec des méduses entre les mains.

– C'est bon pour la circulation, nous dit-il.

Ben voyons. La rigolade.

En hiver, on part aussi régulièrement dans les Alpes. Mon oncle Bernard possède un chalet à Champanges, au-dessus de Thonon et d'Évian, à un quart d'heure d'Abondance et du domaine des Portes du Soleil. J'apprends à skier entre les jambes de papa. Maman, elle, ne s'y risque pas. Que ce soit à la montagne, à la mer ou à la maison, son passe-temps favori consiste à noircir des grilles de mots croisés. Une passion qu'elle a délaissée récemment, depuis l'avènement du sudoku. Quand ce jeu est sorti, je le lui ai immédiatement proposé. Ça n'a pas loupé, elle est devenue accro. Mais elle se fixe quand même des limites : pas plus de six ou sept heures par jour…

*
* *

Je n'ai pas souffert d'être fils unique. Je crois que mes parents avaient initialement souhaité avoir au moins deux enfants. Ma mère a voulu attendre que je sois propre avant de se replonger dans les couches. Elle m'a dit que dans ce domaine, je n'étais pas le plus rapide. Ça l'a peut-être découragée. En tout cas, il n'a plus été question d'un petit frère ou d'une petite sœur. Je me suis gaillardement rabattu sur les potes du quartier. Dans un périmètre réduit, il y en avait tout un bataillon. Selon maman, j'étais un gamin sociable, qui n'était jamais seul plus de dix minutes.

La vie à l'air libre favorise l'autonomie. Moi, je traîne tout le temps dehors, sans grandes restrictions. Dès mes cinq ans, j'explore de nouvelles étendues au-delà de la cour de ma maison. Laurent Ritter, mon voisin d'en face, d'un an mon aîné, partage mes jeux. Son petit frère Frédéric, que tout le monde appelle « Fritz » et que mon père rebaptisera « le Satellite », parce qu'il tournoie constamment autour de moi, suit le mouvement. On transforme un terrain vague, à deux rues de chez nous, en domaine fantastique. Une société de transport y entrepose ses remorques porte-voitures. Pour nous, ces grands plateaux à deux étages sont des vaisseaux spatiaux intergalactiques, les mêmes que dans le dessin animé *Albator*. En passant d'un niveau à l'autre et en sautant de remorque en remorque, nous sommes les gentils corsaires de l'espace, en guerre contre les méchants humanoïdes. Pour nous, cet endroit ne s'est jamais appelé autrement que « là-bas derrière », tout simplement. Un jour, mon père s'est fâché en me demandant où j'avais l'intention d'aller.

– Là-bas derrière, papa, lui dis-je innocemment.

– Ne te moque pas de moi. Tu vas où ?

– Ben là-bas derrière, comme toujours !

Les adultes ne peuvent pas comprendre ce genre de choses. Cet espace de liberté, je me le suis approprié, en laissant phosphorer mon imagination d'enfant.

Mes futurs copains, je les ai rencontrés à l'âge de six ans à la salle de gym, quand j'ai réellement débuté la compétition. J'y accompagnais papa bien plus tôt, avant même que je ne tienne debout. Il s'occupait entre autres de la baby-gym.

Au début, je suis encore trop petit pour participer aux cours, mais je gambade et saute rapidement partout. Je passe des heures et des heures dans ce complexe sportif, où des dizaines de jeunes du village suent à grosses gouttes pour dompter les agrès.

Bientôt, la gym m'éveille à la compétition. Entre la barre fixe et le cheval d'arçons, je me lie d'amitié avec deux garçons qui ont exactement un an de plus que moi. Quand je dis exactement, c'est qu'ils sont aussi nés le 26 février. Ce hasard m'a toujours interpellé.

Christophe Adam et Christophe Albon qui, pour éviter toute confusion, deviennent pour moi Adam et Albi, sont mes premiers vrais amis. Adam habite à quelques pâtés de maisons de chez moi. Albi vit en bordure du village, dans une baraque faite de bric et de broc. Son père est un peu excentrique, en marge de la société. Albi, lui, est un garçon normal, enfin comme les autres. Il a quand même une forte propension à jouer les casse-cous, sans jamais se soucier des risques encourus. Je l'ai un temps perdu de vue, parce qu'il a déménagé à Marienthal, le village d'à côté. On s'est retrouvés à l'époque des premières virées en voiture, en redevenant instantanément les meilleurs amis du monde. Cela n'a pas duré. Il s'est tué, à l'âge de vingt ans, dans un accident de moto lors d'une permission à l'armée. Je me souviens parfaitement de ce jour-là, quand j'ai appris la tragique nouvelle. Ça m'a profondément choqué.

Mon frangin de substitution, je l'ai trouvé vers l'âge de dix ans, au bout de mon jardin, derrière le grillage que j'escaladais. Avec Denis Jodin, Den's pour faire plus court, je m'entends dès le premier jour. Den's a un an de plus que moi et se considère aussi un peu comme fils unique, puisque ses frères et sœurs, plus âgés que lui, ne sont plus beaucoup à la maison.

Rapidement, je passe mes journées chez lui. Je rentre juste pour manger un bout avant de repartir de l'autre côté du grillage sans plus reparaître chez moi avant la nuit tombante. Je circule dans sa maison comme si c'était la mienne. J'entre sans frapper, je traverse la cuisine pour saluer sa mère puis je monte dans sa chambre. Mes parents me laissent vaquer à mes occupations. S'ils ont choisi de vivre à la campagne, ce n'est pas pour me voir assis toute la journée devant la télé.

De tous mes copains d'Oberhoffen, Den's est le seul que je n'ai jamais perdu de vue. Comme moi, ce n'est pas un grand bavard. Mais avec lui, un simple regard suffit pour se comprendre. Pourtant, à bien des égards, Den's ne me ressemble pas. Il est plutôt du genre paisible et prudent, alors que moi, je ne tiens pas en place.

*

* *

À Oberhoffen, je deviens un garçon vif et turbulent. L'image du bébé sage et tranquille de la rue du Bouc, à Haguenau, n'a pas survécu au déménagement. À l'âge de dix mois, apparemment, je tenais debout et faisais mes premiers pas. À onze mois, je marchais seul. Maman s'en souvient parfaitement : à partir de ce jour, les choses se sont vraiment compliquées pour elle.

Dès le plus jeune âge, je cultive un goût immodéré pour la vitesse et l'aventure. Derrière ma bouille aux joues rondes et aux cheveux d'ange se cache un petit diable incapable de tenir en place. Il faut dire que je n'ai jamais vraiment été refréné dans mes ardeurs. Papa les a même d'une certaine manière encouragées, au grand désarroi de maman.

Elle se l'est répété des milliers de fois, dans un long soupir désabusé, entre deux bouffées de Gitane sans filtre, comme un leitmotiv : « Rien ne va jamais assez vite pour lui. » À ses yeux, ma propension à foncer tête baissée a toujours été déroutante. Je lui en ai fait voir de toutes les couleurs. Des vertes et des pas mûres, comme tous les gamins ont dû, un jour ou l'autre à grands coups de pinceaux, peinturlurer l'esprit de leurs parents pour définitivement en ôter la crédulité originelle. Chez moi, la palette est peut-être plus vaste, plus vive. Le maniement en est plus précoce, aussi.

Je garde en mémoire une péripétie marquante, au sens propre comme au figuré. Je m'amuse souvent à descendre l'escalier, devant la maison, en glissant debout sur la rampe. Une fois, la réception a été douloureuse. J'ai fini la tête la première contre la niche du chien. Le sang coulait. Direction le docteur Bruderer, le médecin de famille, histoire de poser quelques points de suture sur le cuir chevelu martyrisé.

Je réalise ensuite mes premiers exploits au guidon d'un tricycle sans pédales. Un jour, la porte d'entrée reste ouverte. Je dévale les six marches du perron à la vitesse grand V. Ça doit être ma première vraie gamelle avec un engin roulant. De ce coup-là, je n'ai gardé aucune séquelle. Contrairement à la fois où je suis tombé sur le coin de l'armoire, en testant le tricycle en hauteur, sur le dossier du canapé. Cela m'a valu un petit trou sous l'œil droit, une marque qui ne s'est jamais effacée.

Ces péripéties ne sont toutefois pas de nature à me décourager. Les idées farfelues se bousculent à un rythme effréné. Ma mère prend le parti de ne plus s'en alarmer, sauf quand la situation devient trop périlleuse, voire critique. L'instinct de protection maternelle est alors vivement sollicité et ses nerfs sont mis à rude épreuve.

Je n'ai pas encore trois ans quand elle me retrouve sur le toit de la maison. Elle est occupée dans la cuisine. Je l'appelle :

– Maman, viens me chercher.

Elle sort mais ne me voit nulle part. Ce n'est qu'en levant la tête qu'elle m'aperçoit, tranquillement assis sur les tuiles. Mon père avait oublié d'enlever l'échelle posée contre la façade, encore en travaux. Mauvaise idée. J'ai réussi à monter mais ne sais plus comment m'y prendre pour redescendre. Visiblement, je ne suis nullement affolé, au contraire de ma mère, qui doit se contenir et prendre son courage à deux mains. Elle finit par grimper et me récupérer.

Ce n'est là qu'un coup d'essai. Par la suite, on me trouvera plus souvent dans les arbres et sur les toits que sur la terre ferme.

À l'âge de sept-huit ans, je me prends pour un alpiniste et trace ma voie, peut-être en quête de l'ivresse des sommets. La pratique intensive de la gym m'aide grandement. Sur la terrasse, je pose mon pied sur le rebord du barbecue et je m'agrippe à la poutre de la véranda que je traverse à bout de bras. Puis je me balance et ramène ma jambe opposée sur la gouttière, pour me hisser sur le toit. Aux beaux jours, j'aime bien être peinard, là-haut, une serviette sous le dos.

Entre autres acrobaties, j'aime me tenir en équilibre sur la main en prenant appui sur la rambarde du couloir. Avec la pointe des pieds, je parviens vite à toucher le plafond. L'exercice est périlleux et se pratique sans filet. Car au-delà de la balustrade, il y a le vide : quatre mètres au bas des escaliers qui mènent à la cave. D'abord extrêmement inquiète, maman finit par s'y faire, se contentant de rouspéter à cause des traces de pas sur le plafond !

Avec Den's, on s'amuse aussi à grimper sur le toit de la salle de gym ou au sommet des grands pins, dans la forêt. Tout en haut, les branches sont fines, c'est instable, le vent fait bouger les cimes. On s'en moque. On se sent grand et fort, si loin du plancher des vaches.

Dans le domaine des véhicules, le vélo a été ma première source d'inspiration. Je suis tout le temps en train de faire des dérapages. J'use les pneus à une vitesse ! De quoi faire enrager maman, lasse de me voir rentrer avec un biclou déglingué et inutilisable. Au total, je crois en avoir épuisé quatorze différents ! Au bout du deuxième, mes parents ont arrêté de m'acheter des modèles neufs. J'en récupère des brinquebalants à droite, à gauche. Pour mes activités, c'est largement suffisant. À mes côtés, Den's se montre déjà moins intrépide. Mais il m'accompagne dans toutes mes expériences, avec les autres gamins du quartier : Éric Wasser, un copain de mon âge, Adam, Albi, Clinclin… Notre terrain de jeu favori se situe dans la pente de la rue des Pâturages, un tout petit dévers d'une quinzaine de mètres, devant la baraque d'Albi et les étangs du maire sur lesquels on s'amuse à glisser à vélo quand ils sont gelés. À notre âge, l'inclinaison nous paraît impressionnante. On y aménage un tremplin, avec deux planches en appui sur un gros caillou, pour faire un saut. Vient ensuite la période des karts à pédales. Au bas de la pente, j'essaye de prendre le virage sur deux roues. Souvent, ça passe. Parfois, ça casse. Je me familiarise avec la notion d'accident.

Quand cette occupation finit par nous lasser, nous nous dirigeons vers l'enclos à chevaux, à quelques pas de là. Deux canassons de bonne composition y broutent paisiblement, loin des premiers pâtés de maisons. Assis sur la barrière, on les attire avec des épis de maïs. Ça marche à tous les coups. Dès que l'un d'eux s'approche, hop ! un bond permet de l'enfourcher et de partir au galop. Pas besoin de selle, il suffit de bien s'agripper à la crinière. On a tôt fait de s'improviser cavalier.

En dehors de ces expériences casse-gueule, je suis plutôt calme et discret à la maison. Je ne suis pas une terreur et ne fais pas de grosses bêtises. Papa n'a pas besoin de sévir. C'est d'ailleurs plus maman qui impose sa loi. Une seule fois, dans mon enfance, j'ai eu maille à partir avec ceux qui incarnent l'autorité. Avec Den's, on s'est hissés sur le toit de la scierie désaffectée, déjà en partie détruite. On s'est amusés à balancer les tuiles par terre. L'idée, c'était d'aider à la démolition ! Quelqu'un nous a dénoncés. Convoqués à la mairie, on s'en est tirés avec un remontage de bretelles en règle.

*
* *

L'école ne m'attire pas particulièrement. Ma mère veille pourtant au grain. Plutôt que de m'envoyer à la maternelle d'Oberhoffen, elle m'inscrit à Sainte-Philomène, l'établissement de Haguenau où elle enseigne. Le matin, j'y vais sans trop rechigner. Mais l'après-midi, je préfère souvent faire la sieste chez l'une de mes mamies, même en grande section, quand tous mes petits camarades sont en classe. Mamie Lucie est la plus compréhensive. J'ai largement abusé de sa crédulité, puisque même au lycée, je pique mon roupillon chez elle plutôt que de retourner en cours après le déjeuner.

Au CP, je finis par rejoindre l'école élémentaire d'Oberhoffen. Je m'y plais, j'y retrouve mes copains de la gym et du quartier. Mais maman, d'une exigence rare en ce qui concerne mon éducation, n'est pas satisfaite. Elle estime que j'ai été placé dans la classe faible, parce que je ne viens pas de la maternelle du village. À la rentrée suivante, je suis de retour à « Sainte-Philo ».

A priori, ce n'est pas sur les bancs de l'école que j'apprends à lire et à écrire, mais devant mon poste de télévision. Ma mère est une fan absolue de l'émission « Des Chiffres et des Lettres », en fin d'après-midi sur la « Deux ». Je ne peux pas y couper. À force, j'y prends goût. Je pose mon cahier sur la table basse et recopie les lettres. J'apprends ainsi à les déchiffrer et à les associer.

Je suis un élève assez doué, à défaut d'être appliqué. Durant ces années d'insouciance et de construction, je rapporte de bons bulletins à la maison et compte parmi les meilleurs éléments de ma classe. Parfois, quelques actes marquants ou un comportement marginal tendent à rappeler que je ne suis pas tout à fait comme les autres. Au CM1, lors d'une expérience de chimie, je me fais remarquer. L'institutrice ouvre le bec de gaz et continue son cours comme si de rien n'était. Au bout de deux minutes, elle s'apprête à craquer une allumette. Là, je prends peur. Je suis persuadé que tout va exploser ! Vu que la salle est au rez-de-chaussée, je n'hésite pas une seconde : je bondis par la fenêtre.

Passé chez les « grands » du collège Sainte-Philomène, je fais toujours bonne impression. Notamment en mathématiques. Ma mère assure mes cours dans la matière en cinquième et en troisième. Elle est surprise de me voir combiner avec autant de facilité les devoirs et la gym, qui prend de plus en plus de place dans mon emploi du temps. En troisième, j'ai une moyenne générale entre treize et quatorze. Maman estime que je peux largement mieux faire. Mais comme je suis le premier de ma classe, je ne vois pas l'intérêt de fournir plus d'efforts. Je suis déjà passé maître dans l'esbroufe. Tant qu'il suffit d'écouter à peu près ce qui se raconte en classe, ça marche plutôt bien. En histoire, par exemple, j'ai toujours été nul, parce que c'est une matière où il faut apprendre par cœur des choses à mes yeux sans intérêt. En maths, en revanche, j'ai tout le temps de très bonnes notes. C'est juste une question de logique.

Être le meilleur, que ce soit en gym ou en cours, voilà tout ce qui m'importe. Je ne crois pas que ce soit de l'orgueil. Je me dis simplement que si je suis le premier, j'en ai assez fait. Pas besoin de fournir plus d'effort. Quand j'étais ado, ça me suffisait amplement. Ça n'a pas fondamentalement changé.

Quoi qu'il en soit, maman est encore loin d'imaginer que je suis en train de couper le fil avec l'école. Impuissante et bientôt résignée, elle subit les événements sans pouvoir les infléchir. Je bascule dans une autre sphère : celle des virées pétaradantes à Mobylette.

Non content de négliger les cours, je me mets aussi à dos tout le lotissement, hérissé par le déchaînement de décibels diurnes et nocturnes. Cette nouvelle passion, prolongement motorisé et naturel des premiers essais sur les innocents engins de mon enfance, prend une place prépondérante dans ma vie d'adolescent. Les potes de gym, ceux des virées à vélo, forment une meute hurlante. Le cercle s'ouvre à d'autres jeunes du village, ceux du lotissement des Genêts. Hugues Guillaume, Jérôme Reynaert et Marc Noth se joignent à la bande. Marc, je le vois encore aujourd'hui de temps à autre. Il s'est installé avec Maud, sa femme, à cent mètres de la maison de maman.

À l'époque, le garage de Den's est le repaire « inter-Oberhoffen ». On a tout le temps les mains dans le cambouis. Moi, je ne suis pas trop bricoleur. Ça ne m'amuse pas spécialement de réparer, mais comme je casse souvent des pièces… Heureusement, Den's s'y connaît bien. Nos mobs, elles sont toujours préparées. Pour nous, ce sont des deux-roues de compétition.

Initialement, mes parents n'ont pas observé d'un regard trop malveillant mes nouvelles occupations. Avec le soutien de mamie Lucie, ils m'ont payé ma première Mobylette, qui valait quand même deux mille sept cents francs. C'est une 103 Sport, avec un guidon et un garde-boue façon cross. Elle est peinte en noir, jaune et rouge, avec une spirale dessinée sur la poulie de la courroie qui donne mal aux yeux quand tu la regardes passer. Quand j'y repense, c'était sacrément kitch. Mais à l'époque, je trouvais que ça en jetait.

Sans cesse, on cherche à améliorer les performances. Den's, le technicien, s'y colle. La première amélioration consiste à changer le pot. Il m'installe donc un échappement de MBK, au coude beaucoup plus prononcé que la version standard. La sortie remonte directement sous la selle. De temps à autre, ça pète et je prends des bouts de calamine dans l'arrière-train ! Les autres sont morts de rire… Le nom de guerre de mon engin est tout trouvé. Ce sera « Calamine dans le cul ». Une petite dizaine d'autres mobs, au gré des échanges entre copains et des « modifications » personnelles apportées, suivra.

À force d'être trafiquée, ma Mobylette la plus compétitive monte à cent vingt kilomètres/heure. On se tire la bourre dans les rues du village. La route de Schirrhein, belle ligne droite bien dégagée avec une légère inclinaison, est utilisée comme circuit. Quant à la rue du Blé, celle de Den's, elle est destinée aux essais. Les voisins enragent. Il y a notamment un vieux, très agressif, qui nous prend en grippe. Lui, il vaut mieux l'éviter. Il se planque derrière sa haie et nous balance des objets à la tête quand on passe. Un jour, il nous a même menacés en agitant devant nous une tronçonneuse allumée, l'air mauvais. Il y a aussi un ancien légionnaire qui maugrée dans sa barbe et se poste sur la route en exécutant des mouvements de karaté ou de tai-chi. Sans parler du grand-père d'Albi, lui aussi excédé par tout ce boucan.

Il faut dire qu'on n'a pas beaucoup de respect pour les riverains, ni pour la quiétude du quartier. Mais à 1 heure du matin, quand Den's termine de monter un kit Polini, il faut bien que l'on essaye l'engin. Sans prendre le temps, bien sûr, de remonter le pot. Le vacarme est assourdissant.

L'apprentissage de la vitesse est une chose. Je décide aussi d'y adjoindre le sens de l'acrobatie. Je tente des roues levées de plus en plus rapides. Au début, je laisse les pieds frotter au sol pour tenir l'équilibre. Puis je lève le guidon et file à vive allure. Je tiens assez bien la distance. Une fois, ma manette d'accélérateur est restée bloquée durant la manœuvre. J'ai pris de la vitesse, sur une roue, sans parvenir à ralentir. Une plaque d'égout m'a sauvé. Mon pied a buté sur la fonte, ce qui a eu pour effet de rabattre l'avant de la mob au sol. Je m'en suis vraiment tiré à bon compte.

Une autre fois, j'ai scotché tous mes potes. Alors que je roulais à fond, la courroie est sortie de son axe et a giclé dans les airs, plein gaz. Je la vois, m'en saisis en plein vol et parviens à la replacer sur la poulie sans que la bécane ne perde d'élan. C'était comme dans un film au ralenti !

Nos expériences d'apprentis pilotes se succèdent sans anicroche jusqu'à la nuit de l'accident. Comme d'habitude, on avait trafiqué nos mobs et on s'apprêtait à les essayer, en se postant sur le trottoir, devant la maison d'Adam. C'était l'endroit stratégique. Au loin, on voyait débouler l'engin en sortie de virage puis filer à toute allure sous nos yeux.

Ce soir-là, Éric Wasser a enfourché ma bécane, histoire que je puisse juger de visu des dernières améliorations. Alors qu'il était lancé à fond, le nez dans le guidon, dans la ligne droite qui précédait la courbe, une bagnole, en contresens, a tourné pour s'engager dans une ruelle. Éric l'a tapée de face, a fait un vol plané et atterri dans le gazon devant la maison qui fait l'angle. De l'endroit où l'on était postés, on n'a rien vu ni entendu. Au bout d'un moment, inquiet de ne pas ne le voir réapparaître, je suis allé à sa rencontre. J'ai découvert des morceaux de ma mob éparpillés sur la chaussée. Je n'ai pas cherché à comprendre. J'ai détalé et suis allé rameuter les autres. À notre arrivée sur le lieu de l'accident, on n'a pas osé s'approcher trop près. Au bout d'un moment, le Samu, alerté par l'automobiliste, est arrivé. Apeurés, on a préféré déguerpir.

Éric s'en est tiré, par miracle, après un long séjour à l'hôpital. Il était salement amoché : hémorragie interne, fissure du bassin, fracture du poignet et du fémur… La gendarmerie est venue mener sa petite enquête, mais aucun d'entre nous n'a été inquiété. Comme l'ampoule de l'optique avant a été retrouvée, la maréchaussée a conclu à un banal accident de la circulation, sans négligence particulière.

Cette grosse tuile n'a toutefois pas suffi à doucher nos ardeurs. Le soir de l'accident, on est allés chez Den's chercher une brouette pour récupérer pièce par pièce le puzzle mécanique dispersé sur la chaussée. Quelques jours plus tard, quand j'ai eu la certitude qu'Éric s'en tirerait sans dommage, j'ai sonné chez ses parents.

– Comme Éric a cassé ma Mobylette, est-ce que je peux récupérer la sienne ? ai-je demandé avec aplomb. Il n'en a pas besoin dans l'immédiat.

J'avais quinze ans, le virus de la vitesse chevillé au corps mais, hélas, pas beaucoup de plomb dans la tête.

*

* *

Toutes ces chevauchées sauvages dans les rues d'Oberhoffen ont une finalité : préparer la compétition. Pour nous, l'affaire revêt un caractère hautement sérieux. On participe à quelques courses, comme les « six heures de Haguenau ». L'épreuve se court sur le grand parking du quai des Pêcheurs. Il y a de vrais stands, avec des concessionnaires du coin qui alignent leurs plus belles bécanes. Nous, petits amateurs qui bricolons avec les moyens du bord, on a affaire à des équipes officielles ! Den's a formé un tandem avec Hugues Guillaume. Ils disposent d'une mob compétitive. Moi, je ne suis que remplaçant dans une équipe où les deux autres, Éric Wasser et Jérôme Reynaert, sont des experts en mécanique, à défaut d'être des pilotes émérites.

Question performance, notre machine fonctionne du feu de dieu. Le problème, c'est que la logistique ne suit pas. Sur la durée, on ne peut pas rivaliser avec les meilleurs.

La compétition est décomposée en trois catégories. La 3, celle des prototypes, des machines qui n'ont plus rien à voir avec des bécanes de série, est la plus relevée. L'équipe « Roby Sport » domine toutes les courses. Question pilotage, je me débrouille bien. À un moment, je suis même le plus rapide en course. Alors qu'il y a des gars confirmés qui se battent pour le titre en fin de saison ! J'arrive pourtant à leur prendre un tour toutes les six ou sept boucles, avec ma bécane de la catégorie inférieure.

Mais notre mob tombe sans cesse en panne. Sur les six heures de course, nous passons un tiers du temps à bricoler, en quémandant des pièces et des outils aux concurrents. On m'a quand même décerné le trophée du spectacle. Je me suis fait plaisir, avec des travers dans les virages, des freinages en glisse et quelques wheelings.

S'il est sans lendemain, cet avant-goût de la compétition est néanmoins abordé avec sérieux. Je suis le seul à me mettre en rogne, puisque la victoire n'est jamais au bout. Mes parents, qui nous accompagnent lors des rares courses disputées, me voient râler à tout bout de champ parce que les autres ne vont pas assez vite.

À Cronenbourg, quartier populaire de Strasbourg, on participe à une épreuve de vitesse. Je suis à nouveau l'inconnu du plateau. Je me bats avec le champion de France. Sur ma bécane, je me prends pour un pro de la moto, en me jetant dans les virages avec les genoux qui frottent par terre ! Je me suis fait un peu remarquer, mais ça n'est jamais allé plus loin, faute de moyens et de suivi.

Pourtant, Lucas, un type de vingt-cinq ans légèrement farfelu, s'est pris de passion pour nous. Je ne sais pas d'où il sortait, ni ce qui lui a pris. Toujours est-il qu'il s'est mis en tête de nous concocter un programme d'entraînement physique pour « être au top », comme il disait. Pour un gars censé avoir la bosse des sports mécaniques, il était quand même surprenant. Il ne se déplaçait d'ailleurs qu'à vélo.

Lucas était plein de bonne volonté, mais il est tombé sur des loustics pas franchement motivés. Je le vois encore, venir en petites foulées avec Den's et les autres, tambouriner un dimanche matin à ma porte pour m'emmener courir en forêt. Je les ai envoyés balader. Il n'a plus jamais été question de préparation physique.

*
* *

À Oberhoffen, rue Ehrenpfort et dans les environs, j'ai vécu une enfance heureuse, en toute simplicité. Je n'ai jamais manqué de rien. Nous n'étions ni riches, ni dans le besoin. Nous possédions suffisamment pour être honnêtes, sans avoir à chercher de complications là où il n'y en a pas. Mes parents n'ont jamais été jaloux des voisins, sous prétexte que ceux-ci avaient une voiture ou une maison plus grandes que les leurs. En toute circonstance, ils abordaient la vie sans se prendre la tête, ni trop se soucier des normes ou des convenances, en se comportant de manière franche et naturelle. Ils m'ont aussi laissé une grande liberté qui a, par la force des choses, développé mon caractère indépendant.

L'argent que je gagne aujourd'hui n'a rien changé. Ces valeurs ne m'ont jamais abandonné, ce sont celles que j'aimerais transmettre à mes enfants. Je m'y emploie déjà avec ma fille Valentine. Et c'est loin d'être évident.

– 3 –

MON PÈRE, MON REGRET

Cette matinée d'octobre 2004, un dimanche, reste un moment à part dans ma vie de sportif et d'homme. À trente ans, je suis en passe de vivre l'accomplissement de ma carrière. Si je parviens au bout de cette interminable épreuve spéciale, la dernière du Tour de Corse, j'aurai rempli ma mission : devenir champion du monde. Devant l'imminence du verdict, je peine à garder ma lucidité. J'en perds mes moyens. À ma droite, Daniel Elena continue de parler en cadence.

– Droite cent vingt sur gauche ferme quatre-vingt-dix.

La note, qu'il me chantonne machinalement, d'une voix oscillant entre graves et aigus, reste suspendue dans l'habitacle. Je ne l'entends pas. Ou plutôt je ne l'écoute plus. Je n'en suis plus capable. Je me suis d'ailleurs désolidarisé de la voiture avec laquelle je fais habituellement corps. Mes pieds ne répondent plus aux ordres de mon cerveau. Ils pianotent frénétiquement sur les pédales. Il me faut à tout prix éviter le couac fatal. Je me concentre. Pied gauche sur le gaz. Non, sur le frein. Je ne sais plus.

Seules mes mains, fermement agrippées au volant, me relient encore à la réalité. Celle qui défile dehors à une vitesse élevée. Le soleil de midi éclaire d'une lumière chaude les rochers, masses rouges qui enserrent le fin ruban d'asphalte.

Au loin, la mer me renvoie des reflets nacrés. La plage d'Agosta est en contrebas. Le sable fin, la paisible Méditerranée, le golfe d'Ajaccio, la fière Corse, le monde entier me tendent les bras. Il me faut tenir. Tenir encore quelques virages. Le flot continu des paroles de Daniel bourdonne dans mes oreilles. Je ne sais plus conduire. J'ai perdu mon don, ce doit être ça. Je gamberge. Je ne suis pas loin de paniquer. Je me raccroche à la vague idée que je ne panique jamais.

Je suis en apnée, désormais. Seul avec mes angoisses et mes peurs. Seul au fond d'un océan de perplexité. Je ne suis plus sûr de rien. Le défilement des secondes contre lequel je me bats habituellement comme un chiffonnier n'a plus d'importance. J'ai assuré, trois jours durant, pour me caler sagement au deuxième rang, sans lorgner la première place occupée par Markko Märtin, le pilote Ford. Cette position qui m'assurera le titre de champion est une forteresse imprenable. Plus rien de fâcheux ne peut m'arriver. Il faut juste que je reste sur la route. Plus que quelques mètres. J'aperçois la cellule électronique sur la ligne d'arrivée. Je jette la voiture dans le dernier virage et la coupe en lâchant un râle extatique de soulagement. J'attrape la main de Daniel pour la serrer frénétiquement. L'enfer s'est dérobé. Je viens de franchir les portes du paradis.

Ils sont tous là, cent mètres en contrebas, à la sortie de la zone d'arrivée. De là, ils m'aperçoivent au « point stop » en train de me hisser sur le toit de la Xsara rouge, en compagnie de Daniel. Mon équipier Carlos Sainz m'attend pour me féliciter. J'agite mes bras en signe de victoire. Ils me répondent par des vivats. Ça y est. Je l'ai fait. Merde, je l'ai fait. Je me rends compte que je suis champion du monde. C'est le plus beau jour de ma vie. Et peut-être aussi celui de mon père.

Je reprends place au volant et me hâte de rejoindre les miens. Séverine, ses parents, mes potes font barrage sur la petite route et aspergent généreusement la voiture de mousseux. Je m'extirpe de l'habitacle et vais à leur rencontre. Ils m'enserrent chaleureusement.

À côté de maman, papa est resté un peu en retrait. Il a attendu que la minute de folie furieuse soit passée pour se rapprocher. Je le vois se frayer péniblement un chemin, le dos voûté, le corps fatigué à l'extrême. Derrière ses lunettes, il a les yeux embués. Une larme perle sur sa joue émaciée, un peu jaunie. Je lui tombe dans les bras. Je me laisse aller. Je pleure avec lui.

Papa doit être fier de moi. Quelque part, je le sens même apaisé. Il m'a vu triompher. Il a partagé avec son fils unique un instant de bonheur rare. C'est peut-être l'un de ses derniers. Je l'ai bien compris, même si je refuse de m'y résoudre. Le cancer l'a rattrapé, pernicieusement, et n'a plus l'intention de le lâcher. En dépit de la maladie, de l'immense fatigue et de la lassitude qui ne l'abandonnent plus, il n'aurait pour rien au monde loupé ce jour exceptionnel. Il sait que la mort se rapproche à pas feutrés. Il s'en fout, désormais. Son esprit est infiniment léger.

Son regard lumineux, celui dans lequel je puisais du soutien, du réconfort, de l'audace et de l'insouciance, avait guidé mes premiers pas et accompagné mes premiers exploits. Je l'avais presque oublié, tant les années et les accidents de la vie l'ont terni. Perché sur le toit du monde, j'en ai retrouvé la pureté originelle. Revoir papa dans cet état de profonde joie et de tendre volupté me renvoie directement à mon enfance, quand il incarnait encore l'image du parfait héros. C'était il y a tellement longtemps.

*
* *

J'ai trois ans et je suis haut comme trois pommes. Je me hisse péniblement sur ses genoux. Dans ma salopette en velours brun côtelé, je suis fier comme un pape. À mes yeux, la vieille deux-chevaux vaut bien un carrosse. La campagne s'offre à moi. Papa démarre. Une fois sorti du village, dès que les dernières maisons apparaissent dans le rétro et que s'ouvre un horizon jaune et brun où se mêlent les odeurs du foin fraîchement coupé et de la terre humide, je suis le roi. Je peux enfin tourner, seul comme un grand, le volant. Papa m'encourage. On quitte la route goudronnée pour s'engager dans un chemin de terre. J'ai gagné en force. Je parviens à braquer. J'y arrive bien mieux que la dernière fois. Papa sourit à pleines dents.

La gym a toujours été sa grande passion. Il y a consacré une grande partie de sa vie, sans compter les heures ni économiser son énergie. Son autre marotte, moins aboutie mais tout aussi brûlante, réside dans la vitesse et le pilotage. Il n'y connaissait pas grand-chose, mais il a toujours eu ça en lui. Môme, je l'accompagne deux ou trois fois voir les courses de côtes du coin, le dimanche après-midi, à Wissembourg ou à Turckheim. J'adore. Dans une enfilade de virages plus serrés les uns que les autres, au volant de machines diaboliques aux couleurs vives, les pilotes amateurs se lancent à tombeau ouvert à l'assaut d'un col. L'odeur de la gomme sur l'asphalte chaud, les vapeurs d'essence et le vrombissement des moteurs s'impriment de manière insidieuse dans mon inconscient.

Je me vois aussi debout dans la remorque qui file à travers champs. Je dois avoir treize ou quatorze ans. Papa est au volant de l'Ascona. On revient de la déchetterie et on s'offre une petite virée récréative avant de rentrer à la maison. Il conduit lentement, à vitesse constante, sans à-coups, et tourne la tête pour m'observer. Derrière, j'exécute mon « kopfstand », soit la figure du poirier, en dialecte alsacien. Elle consiste à rester en équilibre sur la tête, les jambes tendues vers le ciel. Je l'ai répétée des milliers de fois sur les tapis de la salle de gym. Et des dizaines de fois sur le fond plat de notre improbable attelage en mouvement.

Je reste figé, comme ça, une ou deux minutes, en fonction des nids-de-poule ou des aspérités de la route enclins à écourter la séance. Le pouce levé, sourire éclatant, papa me signifie que l'exercice est terminé. Je bondis hors de la remorque et m'installe derrière le volant, sans un mot. Je connais ma partition.

J'enclenche la première et emprunte le chemin de terre. Je surveille l'aiguille de la vitesse et tente d'éviter les trous dans la chaussée. Je jette de temps à autre un coup d'œil dans le rétro. J'y aperçois juste les jambes de papa, droites comme un I. Il est à son tour en équilibre dans la remorque.

Notre petit numéro est bien rodé. Il n'a aucune finalité particulière. C'est un jeu entre nous, quelque chose à mi-chemin de l'acrobatie et de la conduite. Au cirque, peut-être aurions-nous eu une chance…

Dans sa jeunesse, mon père était un athlète accompli, un fonceur invétéré, un homme intrépide. Ses épaules et ses avant-bras, musculeux, saillants, comme arrachés à un bloc de granit et sculptés avec délicatesse par une main experte, sont les vestiges d'une pratique intensive de la gymnastique. Mon père est le plus fort du quartier. À trente ans passés, il peut encore me le prouver, en faisant ses incroyables acrobaties à l'arrière d'une remorque ou ailleurs. Je me rappelle l'avoir vu, plus d'une fois, descendre les six marches de l'escalier devant la maison sur les mains, sans penser à la gamelle qui lui aurait immanquablement coûté quelques dents. Il n'en a perdu aucune.

Quand j'y repense, je trouve ça assez dingue. Mais finalement, je me comporte aujourd'hui de la même manière. Pour impressionner ma fille Valentine, je m'amuse de temps à autre à avancer sur les mains ou à faire des saltos. Je me montre juste un poil plus prudent. J'évite de m'y risquer dans les escaliers, la terrasse fait très bien l'affaire.

Gymnaste j'ai été, gymnaste tu seras. Pour papa, la maxime coule de source. Je crois que je n'avais de toute façon guère le choix. Jusqu'à l'âge de quatorze ans, j'ai dû passer autant de temps à la salle spécialisée, en lisière de forêt, qu'à la maison. J'en connais le plus petit recoin. De la fosse au plafond, je l'ai explorée dans ses moindres détails. Au point culminant de la salle, au-delà des espaliers, dans l'angle du toit, on voit encore mon nom et celui de mon copain Adam que nous avions inscrits à la magnésie. Sur le coup, cela nous a valu une belle engueulade. Mais personne ne les a effacés. C'est même devenu en quelque sorte une fierté pour le club de gym, aujourd'hui.

Plus petit que mes équipiers, mais aussi plus dégourdi, je marche avec assurance sur les pas de mon père. Il a dû déceler un petit potentiel en moi. D'abord ludique, l'affaire prend vite un tour hautement sérieux. Je m'entraîne presque tous les soirs, les mercredis et samedis après-midi, et encore le dimanche matin. Papa est l'un des mes entraîneurs, en compagnie du père d'Adam. Il m'apprend à souffrir sur les agrès, à oublier la peur et à repousser mes limites. Son rôle de coach le métamorphose. À la maison, je ne l'entends jamais. Il semble détaché de tout, peu soucieux de m'imposer son autorité. De toute façon, comme je suis plutôt de nature discrète et calme chez nous, il n'a jamais à sévir, maman veille au grain. En ce qui me concerne, elle dicte sa loi. À la gym, en revanche, papa est d'une exigence rare. Les gamins qui n'adhèrent pas à son esprit commando tournent vite les talons pour aller s'essayer à une autre discipline. Les clubs de foot et de tennis, juste à côté de la salle, accueillent à bras ouverts les déçus de la gymnastique, le sport phare de mon village.

Sur les tapis, ça ne rigole pas. En maillot de corps et en sokol, le pantalon tendu qui semble transformer nos jambes en piquets, nous évoluons dans une ambiance quasi martiale. Celle-ci est essentiellement entretenue par le père d'Adam. Lui, c'est un entraîneur à l'ancienne, strict et rigide. Chaque séance sous ses ordres commence par le même rituel : « Gaaaarde à vous, fixe ! Repos. » Tout le monde s'exécute.

La discipline de fer prend aussi toute sa signification lorsque mon père organise des stages, durant les vacances scolaires. On couche sous la tente, on se lève au petit matin et on sue à grosses gouttes toute la journée. Il ne manque finalement que le son du clairon. Je ne me plains pas. Personne ne se plaint. Je trouve même cela plutôt grisant. Le club d'Oberhoffen n'a peut-être pas le label sport-études, mais c'est tout comme. Peu importe la méthode, les résultats plaident en sa faveur.

À partir des poussins, je commence la compétition, d'abord par équipes. On est une petite dizaine, je suis le numéro un, celui dont le coefficient de points est le plus élevé. Adam, grande asperge comparé à ma petite taille, a un niveau sensiblement équivalent au mien. Peut-être suis-je plus fonceur que lui, à l'image de papa. Dès que je réussis une figure, même si je ne la maîtrise pas à la perfection, je veux illico passer au niveau supérieur. Son père me surnomme d'ailleurs « la bête », parce que je suis le plus musculeux de la bande. En action, je développe une sacrée force.

Hormis le cheval d'arçons, pour lequel je n'ai pas d'affinité, les cinq autres agrès me conviennent bien. J'ai un faible pour la barre fixe et son côté voltige aérienne. Avec Adam, Albi et les autres, nous sommes champions d'Alsace. Coupes, médailles et diplômes ne tardent pas à décorer ma chambre et à faire la fierté de mon père. Je me prends sérieusement au jeu. Plus tard, en individuel, je serai le meilleur dans ma catégorie d'âge en Alsace. Au final, j'ai décroché quatre titres régionaux au concours général, un autre de la zone Est, assortis d'une dixième place aux Championnats de France benjamins. Papa n'a même pas besoin de me pousser. Je suis au taquet sans qu'on ait à me le demander.

Vers quinze ans, quand j'ai tout plaqué pour me consacrer exclusivement aux délires en Mobylette, il n'a pas dû apprécier. Je n'en suis pas persuadé, puisqu'il ne m'a rien dit. Trop fier, certainement. Ou alors trop déçu. Jusque-là, j'étais le meilleur dans mon univers, en Alsace et dans le grand Est. Les gars que je battais en compétition ont ensuite intégré un centre d'entraînement national, le plus proche de chez moi étant celui de Montceau-les-Mines. Moi, ça ne me bottait pas spécialement de passer ma semaine au fin fond de la Bourgogne, loin de mes copains, loin de tout.

Au bout d'un moment, à force de s'entraîner, mes adversaires ont comblé leur retard et sont devenus meilleurs que moi. J'ai compris que c'était foutu, que je n'y arriverais plus. Du jour au lendemain, la discipline à laquelle j'avais consacré tant d'heures m'était totalement indifférente. J'étais démotivé. Et je ne faisais rien pour me relancer. Tout ce qui m'intéressait, c'était de gagner. Le jour où j'ai commencé à perdre, j'ai lâché. Basta, terminé. Je n'ai plus remis les pieds à la salle de gym.

*
* *

La période qui suit cette décision irrévocable n'est pas la plus gaie de mon existence, loin s'en faut. À la maison, l'ambiance est pesante, viciée. Mon père est devenu un étranger. Les liens étroits de notre complicité sont distendus. Je ne le vois d'ailleurs plus beaucoup. Il a des copines « de-ci de-là », comme dit maman. Ses absences prolongées sont de plus en plus fréquentes. Je ne sais pas où il traîne, et je ne cherche pas à le savoir.

Je n'apprends son histoire que par bribes, au détour d'une engueulade entre mes parents. Une certitude, il cherche à fuir le foyer, sans vouloir s'en expliquer. Les convenances lui ont toujours pesé. Le modèle familial aussi, visiblement. À tel point qu'il goûte désormais à la vie de bohème, libre comme l'air. Un jour, il s'installe avec l'une de ses copines dans une caravane, au camping du Fleckenstein, au bord d'un étang dans les Vosges du nord. Je connais l'endroit pour y avoir souvent fait de l'escalade avec lui. Puis il prend un petit appartement de fonction, au lycée Schuman, qui doit s'apparenter à une garçonnière. Maman en souffre terriblement, mais elle ne m'en parle pas.

Quand papa rentre à la maison, il ne s'intéresse pas spécialement à moi. Il semble avoir perdu tout intérêt dans l'existence. Je ne comprends pas ce qui se passe. Je ne comprendrai d'ailleurs jamais ce qui a causé vraiment son changement d'attitude. Est-ce une conséquence indirecte de son accident au tendon d'Achille qui avait brisé sa carrière de gymnaste de haut niveau, alors qu'il était champion de France universitaire ? Est-ce une raison plus mystérieuse et obscure ? S'agit-il d'une dépression ? On ne sait jamais ce qui peut se produire dans l'esprit d'un être qui ne parle pas. Or nous sommes tous des taiseux, dans la famille…

Maman est aussi aspirée dans cette spirale sans fond. Elle devient apathique, sans vie ni réaction. En dehors de ma chambre, sur laquelle je veille avec soin, la maison ressemble à tout sauf à un endroit où il fait bon vivre. La cuisine est dans un état terrible. Dans l'évier s'amoncellent casseroles et couverts sales.

L'image que j'ai à ce moment-là de la famille n'est pas du tout positive. Mais je n'y prête même plus attention. Je reste le moins de temps possible à la maison. Je suis tout le temps fourré chez Den's, avec les potes du quartier. Et quand je rentre, je descends directement dans ma chambre en me faufilant par la lucarne de la cave, à toute heure du jour et surtout de la nuit. Je suis un fugitif.

Très tôt, le sous-sol est devenu mon territoire. À l'âge de cinq ans, déjà, je dormais seul en bas. Au début, je n'étais pas franchement rassuré. J'appréhendais le passage devant le garage, que je croyais habité de fantômes. Plus tard, ça ne me déplaira pas. J'y verrai une forme de liberté. Je serai isolé du chahut du dessus.

Mon chez-moi est plutôt spartiate : une pièce de quatre mètres sur trois, avec une seule lucarne qui donne sur la cour, à hauteur des pavés. Mon père y a installé de la moquette et des lambris. Le souci, c'est que par temps de forte pluie, l'eau rentre parfois dans le garage et se déverse jusque dans ma chambre, plus basse que le niveau du sous-sol. Bien plus tard, je finirai par déménager dans l'autre pièce de la cave, à l'opposé, côté rue, qui est certes un peu plus petite mais surtout moins exposée à l'humidité.

Mon repaire n'a jamais été luxueux. Mais c'est la pièce la plus propre et la mieux entretenue de toute la maison. Le capharnaüm de l'étage supérieur m'a poussé très tôt à me responsabiliser quant à la nécessité de ranger un tant soit peu mon espace de vie. À force, je suis même devenu quelqu'un de méticuleux et d'ordonné, parfois à l'excès. Aujourd'hui, j'aime que chaque chose soit à sa place. Ma femme me surprend à râler quand j'ouvre le tiroir des couverts, chez moi en Suisse, et qu'une fourchette s'est glissée par mégarde dans le compartiment des cuillères. Je sais avec précision à quel endroit j'ai posé mon portable, mes clés ou mon portefeuille. Séverine, qui peut passer dix minutes avant de remettre la main sur un objet égaré, me prend parfois pour un maniaque. C'est mon côté rigide et carré qui reflète habituellement les valeurs des Alsaciens. Si je l'ai affirmé auprès de mes parents, ce n'est assurément pas par mimétisme. Sur cet aspect-là, je suis leur exact opposé.

*

* *

Peu à peu, j'en suis arrivé à éviter mon père. Autour de mon quinzième anniversaire, lors de l'une de ses rares périodes de présence, il a voulu me chasser de la maison, sur un coup de sang.

L'image du papa modèle, athlétique et tête brûlée, prompt à inventer chaque matin une nouvelle excentricité en mesure de m'impressionner, n'est plus qu'un souvenir évanescent. Maman doit lutter pied à pied pour qu'il ne mette pas sa menace à exécution. Je ne sais même pas exactement ce qu'il me reproche. À l'école, je fais encore bonne figure. Certes, j'ai tourné le dos à la gym. Mais cela suffit-il à le rendre aussi hargneux ? Comme souvent, maman a le dernier mot. Et papa repart pour un long moment sans laisser d'adresse.

Cette situation me rend malheureux. Je ne le montre pas. Au fil du temps, je me forge une carapace. Je suis fataliste et j'ai l'impression que je ne peux de toute façon rien y changer. À cet âge-là, dans un foyer normal, ce sont les adultes qui sont censés indiquer à leur enfant la marche à suivre, et non l'inverse. Faute d'une autorité parentale clairement définie et affirmée, je suis livré à moi-même. On a vite fait de s'égarer.

Car moi aussi, je traverse des zones de turbulence. Mon comportement devient de plus en plus revêche. À l'école, les sujets d'intérêt sont rares. La machine infernale est irrémédiablement enclenchée. Chez moi, je ne dis pas grand-chose et ne fais de toute façon plus rien. En dehors de mes potes, plus rien n'existe.

Mon bureau, dans ma chambre, n'est plus d'une grande utilité. Même si maman m'y avait enchaîné devant un livre ouvert, je n'aurais pas travaillé. Elle pense que l'entrée en seconde me stimulera. Elle se trompe. Je suis pourtant dans une classe avec l'option informatique, celle qui rassemble les meilleurs éléments.

Déjà, je passe de l'institution Sainte-Philomène au lycée Schuman de papa. C'est la manière la plus efficace que j'ai trouvée pour m'éloigner d'une mère qui joue pour moi le rôle d'empêcheuse de tourner en rond. À la moindre bêtise, elle est au courant avant tout le monde. Mon père, au moins, ne m'embêtera pas.

Jusqu'au collège, j'étais le premier. Au lycée, tout le monde est plus fort que moi. Je lâche complètement, je n'ai pas l'intention de lutter. À la fin de l'année scolaire, ma mère demande le redoublement. Mais je ne l'écoute plus. Je refuse. Le conseil de classe me recommande d'aller en première B, dans la filière économique. Eh bien non ! J'ai choisi S, la filière scientifique. Sur mon bulletin, c'est pourtant stipulé sans détour : « À vos risques et périls. »

Les profs avaient raison. Mes compositions trimestrielles en mathématiques se révèlent désespérantes, au contraire de mes résultats au collège. Je ramène d'abord un six sur vingt, puis un quatre, et enfin un deux… Maman me propose son aide. Je ne suis pas assez mûr pour saisir la main tendue.

Après mon année catastrophique, elle me convainc de refaire une première S. Le bulletin du premier trimestre n'est pas trop mauvais. Aux vacances de Pâques, maman part en voyage de classe. À son retour, elle attend le deuxième bulletin. Elle ne l'a jamais vu. Je fais l'innocent. Je lui dis que je ne suis au courant de rien. En fait, je le planque au fond de mon bureau. Il n'y a plus beaucoup de notes. Les remarques, du genre « absent » ou « pas vu du trimestre », sont cinglantes. J'ai aussi réussi à récupérer deux carnets de correspondance. Il y a l'officiel, dont les pages concernant les absences sont vierges. Celui-là, je le présente à la maison. Quant au second carnet, il est uniquement à usage personnel ! Je le remplis et le rapporte moi-même au secrétariat en imitant la signature de ma mère. Quand elle comprend que je ne fréquente quasiment plus le lycée, elle tombe des nues. Pourtant, elle sait que je vais tous les jours à Haguenau, soit parce qu'elle m'y dépose, soit parce que ma mob est garée dans la cour de mamie Lucie. Je déjeune avec maman, je rentre en fin d'après-midi comme si de rien n'était. Ce que je fais dans l'intervalle, en revanche, elle l'ignore.

Loin de l'ambiance studieuse des salles de classe, mes journées de sécheur s'écoulent de manière indolente. Le matin, Den's m'attend dans le jardin de mamie Lucie qui donne directement sur la cour de « récré ». On se faufile à travers l'ouverture faite dans le grillage, pleins de bonnes intentions... qui s'estompent vite. Après un détour par la « cafète » du lycée, on s'attable le plus clair du temps au Brooklyn, incontournable bar-café de la jeunesse haguenovienne, à deux pas du bahut. Jean-Luc, le volubile et indémodable patron, trône derrière le comptoir. Un personnage haut en couleur, celui-là, avec son accent alsacien à couper au couteau, sa bonhomie naturelle et sa bouille marrante qui inspire la sympathie. Qu'il pleuve, qu'il vente ou qu'il neige, il est toujours d'humeur égale. Avec lui, la Terre pourrait s'arrêter de tourner sans que cela change quoi que ce soit. Surtout, il a l'immense mérite de ne pas trop poser de questions qui fâchent. Je sirote des expressos à longueur de journée et occupe mon temps en jouant aux fléchettes électroniques, entre deux virées à Mobylette. Aujourd'hui encore, quand je passe par Haguenau, je vais régulièrement boire un café au « Brook ». Là-bas, rien n'a bougé. C'est un peu comme si je revenais vingt ans en arrière. Jean-Luc me chambre toujours autant et évoque parfois les vieux souvenirs de l'époque du lycée.

– Tu te souviens, « Sep », que c'est chez moi que t'as mangé pour la première fois au restaurant ? Il était bon, mon steak-frites, hein !

*
* *

Je viens d'avoir dix-huit ans. Mes parents finissent par divorcer, après des années de prises de tête, de réconciliations, d'éclats de voix et de fracassants claquements de portes. Je n'ai pas le sentiment d'avoir profité de cette brèche pour fuir l'école. Simplement, la fainéantise et un manque global d'intérêt ont eu raison de ma faible volonté. Mon père a trop de soucis pour s'intéresser à mon cursus scolaire, c'est un fait. Ma mère, à force de se heurter à un mur, s'est résignée.

Moi, je vis dans ma petite bulle, imperméable aux événements familiaux qui me dépassent. Je m'engouffre dans un monde parallèle et me complais dans mon petit paradis artificiel. Je fume du cannabis. Régulièrement, presque quotidiennement. Tous les soirs, la chambre de Den's est envahie. Dans cet espace réduit, une dizaine de mètres carrés, les jeunes du patelin tiennent salon jusqu'à pas d'heure. Une quinzaine de personnes, garçons et filles, est entassée dans un environnement enfumé. Les manettes de PlayStation passent de main en main, comme les bouteilles de bière et les pétards, entre deux parties de « Colin McRae », jeu de rallye au nom du pilote qui deviendra, quelques années plus tard, mon coéquipier ! Toute la clique se retrouve aussi sous la tribune du club de foot. C'est notre repaire de plein air, à l'abri de la pluie. Fumer, boire, flirter, voilà les occupations nocturnes d'une jeunesse désabusée. On s'abrutit pour fuir la réalité, sans penser au lendemain. Sans penser à mal, non plus. Bof, un petit joint par-ci par-là, ça ne doit pas être si nocif que ça…

Pourtant, le danger est bien réel. Mais l'inconscience nous aveugle. Un de mes potes bascule dans la drogue dure. Il franchit la ligne rouge, celle que je n'ai jamais approchée, et reste bloqué aux « ecstas ». Le frère d'un autre y laisse sa peau. Il se retrouve imbriqué malgré lui dans une sombre histoire de règlement de comptes, sur fond de dettes et de conflit amoureux entre jeunes. Il se prend une balle mortelle qui ne lui est pas destinée. Ce tragique fait divers émeut la population d'Oberhoffen, village censé être paisible. Les gentils bambins arrivés au cours des années 1970 dans les nouveaux lotissements sont devenus grands. Grands et paumés, pour la plupart.

Plus tard, quand je démarrerai la compétition automobile, j'arrêterai totalement de fumer. Cela ne m'a jamais manqué. Comme souvent, j'ai choisi d'autres occupations, bien plus constructives au demeurant, sans me retourner sur le passé.

Mais de cette expérience il m'est resté quelque chose : pour avoir été moi aussi aspiré un temps dans une spirale sans fond, lymphatique et sans ressort, je ne me suis jamais permis de juger papa. Même dans ses pires périodes, je n'ai pas rompu le fil, alors ténu, qui nous a toujours unis. J'ai appris à vivre avec ses radicales sautes d'humeur, ses excès et ses terribles maux.

Mon père est passé par des stades où les traversées de tunnels sombres ont pris le pas sur les tranches de bonheur, comme si un démon le harcelait sans relâche et le poussait sur la pente fatale. Il parvenait, à intervalles réguliers, à le chasser. Mais les forces lui faisaient défaut pour le terrasser. Je l'ai vu dans des états qui m'ont fait terriblement souffrir. J'aimerais pouvoir effacer de ma mémoire ces images noires. Je ne peux pas.

Quand papa est dans une mauvaise phase, je tourne les talons et m'évertue à l'oublier. Cela me coûte. Je prie très fort pour que la prochaine fois, le diable chevillé à son corps veuille bien lui accorder un petit instant de répit.

Mon fardeau est lourd à porter. Je ne m'en ouvre à personne, pas même à mes copains d'enfance. Ou alors de façon évasive et superficielle. Un soir, je finis quand même par briser le silence. C'est le réveillon de Noël. Je le passe avec papa et sa nouvelle compagne. Depuis quelque temps, il a quitté Haguenau et le lycée Schuman pour commencer une seconde vie à Saverne. Les périodes d'accalmie sont fréquentes. Mais ce soir-là, il n'est pas en forme. Le repas ne s'éternise pas. Avant minuit, je suis déjà parti.

Je rejoins, comme prévu, mon copain Pierre, dans un village juste à côté. Je l'ai rencontré quelques mois plus tôt, sur les bancs du lycée technique où j'ai repris une formation par alternance, après deux ans d'errance. Sur le plan familial, Pierre incarne mon antithèse. Il a onze frères et sœurs. Les Lambert sont un authentique clan, dans le bon sens du terme, dont tous les membres sans exception sont unis et soudés autour des parents, pour le meilleur et le pire.

Je ne connais alors pas Pierre depuis longtemps, mais je me dépouille devant lui sans retenue. Je lui livre mes souffrances enfouies, mes peurs refoulées, mon désespoir et mes maigres espoirs. Il m'écoute, attentivement, sans porter de jugement. On discute à bâtons rompus une bonne partie de la nuit autour d'une bouteille de champagne que l'on ne finit même pas. En Pierre, je découvre un confident. Je dépose les lourdes valises que je traîne depuis tant d'années. Je me sens mieux. C'est Noël. Le temps de l'espérance, à défaut d'être celui de la joie.

Dans ses périodes de lucidité, papa a conscience de sa maladie. Il se soigne, part en cure. Je le vois alors avec grand plaisir. La vie reprend son cours, comme avant. Je partage avec lui des moments simples autour d'un café ou d'une activité physique, qui me font un bien fou.

Sur les hauteurs de Saverne, il y a un site d'escalade où l'on va grimper. Il se débrouille encore très bien. On se pousse mutuellement à dépasser nos limites. On transpire, on plaisante, on rit. La journée se prolonge presque toujours au sauna, où l'on discute de tout et de rien, de ma nouvelle vie de jeune pilote en Championnat de France, de mes aspirations, de mes envies. À cette époque, il me suit régulièrement en rallyes, en compagnie de maman. Ils traversent la France pour me soutenir. L'espace d'un week-end, au fin fond du Rouergue ou au pied du mont Blanc, papa et maman sont à nouveau rassemblés. Je suis heureux.

Papa est mort le mercredi 23 mars 2005, au petit matin. Il n'avait pas encore cinquante-six ans. D'une certaine manière, ce fut un soulagement. À chacune de mes visites, son état empirait. Je supportais de moins en moins de voir sa flamme intérieure vaciller et s'éteindre chaque jour un peu plus. Pour un homme qui a toujours été en mouvement, rester cloué sur un lit, sans pouvoir ni parler, ni s'alimenter, doit être insupportable. J'en ai eu le cœur brisé.

J'ai eu peur de ne pas pouvoir être à ses côtés dans les derniers instants. Quand l'hôpital m'a prévenu que l'heure du départ approchait, j'étais bloqué en Sardaigne, pour une séance d'essais. J'ai attendu dans l'angoisse le premier vol, le lendemain matin. Séverine a passé la nuit auprès de papa, en lui répétant que je serais bientôt là. Il avait beau être inconscient, je crois qu'il l'a entendue.

Je suis arrivé à temps. Je l'ai accompagné main dans la main, au plus près de lui, dans les dernières heures de sa vie. Une vie dure, complexe, indéchiffrable, faite de hauts et de bas, que je n'ai que trop tardivement cherché à comprendre. Je le regrette aujourd'hui.

J'aurais aimé pouvoir tenir avec lui une discussion d'homme à homme bien plus tôt. J'aurais voulu lui dire les choses franchement, le placer face à ses responsabilités, lui faire prendre conscience de toute la souffrance endurée par maman et moi, quand il en était encore temps. Il est trop tard, désormais.

J'aurais souhaité repousser l'échéance, inéluctable depuis quelques mois, utiliser l'argent que je commençais à gagner pour confier papa aux mains de spécialistes mondialement reconnus. Ça n'aurait rien changé, je le sais bien. Mais j'aurais voulu essayer. Un roc ne meurt jamais.

J'aurais voulu lui dire que je l'aime et qu'en dépit de ses crises et de sa maladie, cet amour ne s'est jamais tari. Il est parti, dans une ultime dérobade, sans pouvoir assister à mon mariage ni connaître sa petite-fille. Il est parti en laissant au bord du chemin cet enfant si fier de pouvoir filer à travers champs, au volant d'une voiture, assis sur les genoux de son papa. Il est parti mais, cette fois, il ne reviendra pas. Il me manque terriblement.

*

* *

L'église Saint-Georges de Haguenau est noire de monde le jour de son enterrement, une chaude après-midi de printemps. Au bras de mamie Berthe, anéantie à l'idée de devoir accompagner l'un de ses trois fils vers sa dernière demeure alors qu'elle arrive elle aussi au bout du chemin, je repense aux belles choses que j'ai vécues avec papa. Je lui souhaite ardemment d'être bien accueilli, là-haut, maintenant qu'il est débarrassé de son fardeau de souffrances sur terre.

Je ne suis pas du tout pratiquant, pas plus que mes parents, mais je crois en Dieu. Je ne cherche pas forcément à comprendre. En dehors de mon baptême, je n'ai pas suivi le cheminement normal de tout catholique. Pendant que mes copains allaient au catéchisme, les mercredis matin, je préférais jouer aux billes ou rouler à vélo en forêt. Je n'ai aucune éducation religieuse. Mais si j'en suis là aujourd'hui, si j'ai eu de la chance dans ma vie, si j'ai un fond gentil, je pense que je le dois à « quelqu'un ». À ce « quelqu'un » je confie désormais mon père.

Je l'ai quitté devant sa tombe, dans le carré familial du cimetière Saint-Georges. Je n'y suis jamais retourné pour m'y recueillir. Je doute que son âme soit là, au pied d'une croix. Cela ne m'empêche pas de penser régulièrement à lui. Et quand je passe en voiture devant le cimetière, il m'arrive souvent de l'apostropher :

– Salut, papa. C'est con que tu sois parti, parce que je pars grimper avec des potes, aujourd'hui. J'espère que tu es heureux, là-haut !

– 4 –

ZÉRO DE CONDUITE

De manière instinctive, j'ai été très tôt attiré par les voitures. Mamie Lucie a été la première à encourager cette passion naissante. Elle m'a offert une voiturette à pédales, de couleur rouge. J'étais tout petit, mais entre mes mains, l'objet ludique se muait en arme de guerre.

Avec abnégation, je simulais des sorties de route. Mon voisin d'en face, Laurent, était mon équipier. Je lui demandais de me pousser à fond et moi, je m'amusais à rentrer pleins gaz dans le lampadaire qui se trouvait sur le trottoir, devant notre maison. On répétait la séquence des dizaines de fois, jusqu'à ce que la voiturette soit en vrac. Maman était en colère. C'était mon cadeau de Noël, et il n'avait même pas fini l'hiver.

À l'âge de quatre ans, je plie ma première vraie voiture. Ou plutôt celle de mes parents. C'est un dimanche, dans la cour de papi « Uchéne » et mamie Berthe. On est attablé autour du déjeuner. Après le dessert, je m'éclipse en douce pour me hisser sur le siège de la deux-chevaux. Je suis debout sur le siège. Ma tête ne dépasse pas derrière le volant. Je réussis à enlever la vitesse. Avec le levier sur le tableau de bord, ce n'est pas trop compliqué. Je pars en marche avant. La vieille Deuche prend de la vitesse dans la pente. Je parviens à braquer sur ma gauche pour éviter le jardinet et le pommier. La force me manque devant l'escalier. Crac ! Mes parents et grands-parents accourent. Heureusement, il n'y a qu'un peu de tôle froissée. Tout le monde est tellement stupéfait que je ne me fais même pas houspiller.

Un peu plus tard, autour de mon dixième anniversaire, j'improvise des séances d'essais dans la cour de la maison. J'embauche encore Laurent, mon voisin d'en face, qui a fait ses preuves comme pousseur à l'époque des voiturettes. Je suis au volant de la 204 familiale. Le but du jeu consiste à prendre un peu de vitesse pour freiner au dernier moment devant les escaliers. J'y arrive bien. Mais comme Laurent en a marre de se taper le sale boulot, on inverse les rôles. Et là, ça ne loupe pas. Il se mange les escaliers. L'engueulade, cette fois, est pour moi.

Plus je m'approche de l'âge de la majorité, plus les conneries vont crescendo. Je n'en suis pas très fier, mais elles m'ont aussi permis de me construire. Avec les bécanes, déjà, les limites sont à chaque fois repoussées un peu plus loin. Je m'amuse de temps à autre à pénétrer dans le camp militaire, interdit aux civils bien évidemment. Le terrain accidenté se prête à merveille aux délires motorisés. Les appelés me coursent régulièrement. Une fois, je me fais pincer. Ils me confisquent ma motocross. Je ne l'ai plus jamais revue. Je ne suis pas non plus allé la réclamer. Je l'avais échangée à un type contre ma mob survitaminée. Le problème, c'est que je n'en connaissais pas l'origine. Si ça se trouve, elle était volée. Je me voyais mal aller à la gendarmerie déposer plainte, après une intrusion dans un espace militaire sur une bécane louche ! J'ai donc tiré temporairement un trait sur les deux-roues. Place à la bagnole.

Mes premières virées à quatre-roues se font avant l'obtention de mon permis. Je dois reconnaître que ce n'est pas malin du tout. Mais à seize ou dix-sept ans, la transgression de l'interdit et l'attrait de la vitesse prennent le pas sur les actes réfléchis. Surtout quand tu es en bande. À cinquante mètres de chez moi, juste à côté de Den's, habite Raphaël Stumpf. Son père possède une chouette XM qu'il gare dans la cour. Le soir venu, avec deux ou trois autres copains, on la pousse sur la chaussée, jusqu'à l'angle de la rue. Nous craignions que le père Stumpf ait entré un code antivol, auquel cas l'alarme se serait mise en route au démarrage. Mais comme il ne se doutait de rien, il n'en avait rien fait, alors on se relaye au volant sur les routes des environs. Personne n'a le permis, si ce n'est le paternel, qui dort sur ses deux oreilles… Dans la ligne droite vers Schirrhein, on pousse la bagnole jusqu'à deux cent quarante ! Quelle connerie, quand j'y repense aujourd'hui. Raphaël a fini par péter la XM à Marienthal, contre un trottoir, sans qu'il y ait de blessés. Sur le chemin du retour, à pied à travers champs, nous avons échafaudé un plan « lumineux ».

– OK, les gars, personne n'a rien vu. Personne ne sait rien. De toute façon, on n'est jamais montés dans cette voiture, nous lance Raphaël.

Notre idée était vraiment foireuse. Le lendemain matin, ne se doutant de rien, son père est allé déposer plainte à la gendarmerie pour vol. Mais dès l'après-midi, Erwin, un voisin et ami du paternel, a tout fichu en l'air. Il l'a appelé pour lui raconter une bien drôle d'histoire :

– Dis donc, hier soir, quand je suis rentré du boulot vers 1 heure du matin, ton gamin et ses copains étaient assis au volant de ta voiture !

Erreur fatale. On avait oublié ce « détail », la présence du témoin embarrassant. Le pauvre Raphaël s'est pris une soufflante monumentale. En prime, il a été convoqué chez les flics puis privé de sortie pour un bail. Nous, on s'est faits petits comme des souris.

Peu avant mes dix-huit ans, l'appel du permis mobilise toute mon énergie. L'obtention de ce petit bout de papier rose est d'ailleurs le seul élément susceptible de m'extirper de ma léthargie. J'anticipe le truc. Je veux pouvoir me présenter à l'examen le jour de mes dix-huit ans, ou presque. Je m'inscris en amont à l'auto-école Bernard de Bischwiller pour préparer mon code, que j'obtiens sans difficulté. Je sollicite le responsable : je lui demande d'enchaîner avec la conduite. Il me répond :

– Chaque chose en son temps, on verra ça d'ici quelques mois.

Je n'ai pas l'intention d'attendre. Du coup, je vais démarcher son concurrent dans la même commune, l'auto-école Jund, en expliquant que je suis prêt à changer de crémerie à condition qu'il me garantisse de pouvoir démarrer la conduite sur-le-champ. Il accepte.

Déjà rompu aux subtilités du pilotage de manière « sauvage », je me contente d'une formation pratique a minima, avec un quota réglementaire de vingt heures. J'apprends surtout les rudiments de sécurité auxquels je ne suis pas du tout sensibilisé : savoir utiliser ses rétroviseurs, jeter un coup d'œil dans l'angle mort, balayer du regard la chaussée de droite à gauche et vice versa avant de s'engager… Je pense être un bon élève. Je réussis en tout cas mon examen du premier coup. Le 20 mai 1992, l'inspecteur me délivre mon permis provisoire devant la gare de Bischwiller, où m'attend ma mère. Ce papier est d'une valeur inestimable à mes yeux. C'est sans conteste le plus beau diplôme du monde.

Bien sûr, je prends tout de suite le volant. Le soir venu, j'emprunte la voiture familiale pour faire une petite virée. L'Ascona GT 1,6 litre n'a rien dans le ventre. Mais il faut quand même que je tire la bourre à Stumpf, dont la période de pénitence est révolue puisqu'il roule désormais en R5 GT Turbo. On se mesure sur la petite route entre Marienthal et Kaltenhouse.

Après notre course, on s'arrête sur le parvis de l'église de Kaltenhouse, notre point de rendez-vous habituel hors d'Oberhoffen. Je vois que ma pauvre bagnole est à l'agonie. Moteur et freins sont en surchauffe. Il y a de la fumée qui s'échappe de partout. Je me dis : « Hou là là, quelle connerie tu es en train de faire… Ça commence fort. » Heureusement, j'ai déjà le réflexe de survie. Je sais que pour refroidir les plaquettes de frein, il faut ventiler le tout à l'air ambiant, en roulant à faible allure. Je repars tranquillement et évite ainsi l'agonie. Ce n'est qu'un petit sursis. Sous mes coups de boutoir, l'Ascona rendra l'âme quelques semaines plus tard.

La suite, fatalement, est à l'avenant. Rapidement, je jette mon dévolu sur une petite « sportive ». Je rêve d'une R5 Alpine Turbo d'occase. Je vais frapper à la porte de mamie Lucie. Elle m'a toujours dit qu'elle m'aiderait quand j'aurais mon permis. Elle sait bien que je n'ai pas un rond. Mamie fait assaut de générosité. En même temps, je suis son unique petit-fils. Une grande partie des quinze mille francs dont j'ai besoin sort de son porte-monnaie. Mais le temps de réunir les fonds, mon Alpine est déjà vendue. Pas grave. Je repère une Super 5 GT Turbo, plus chère que l'Alpine. Mamie me l'offre en consentant à une rallonge budgétaire. Ma première auto est de couleur bleue. J'en suis très fier.

Mais avec un budget réduit à mon argent de poche et à quelques rentrées grâce à mes petits boulots, cette bagnole est bien au-delà de mes moyens. Elle creuse rapidement un gouffre financier dans ma tirelire. Il faut sans cesse que je change les plaquettes de frein, les amortisseurs, sans parler des pneus, qui sont sur la toile après seulement deux mille cinq cents bornes, contre vingt mille pour un usage normal ! Puis je pète le turbo. Là, c'est le coup de grâce. Heureusement, mes parents me filent à leur tour un coup de main. Ils n'ont pas trop le choix, sans quoi la bagnole aurait éternellement encombré leur garage.

Peu à peu, je m'aguerris et prends confiance. La Super 5, je l'utilise sciemment pour faire le con, dans les rues du village, les ronds-points et les petites routes des environs. Ma mère ne compte même plus le nombre de coups de fil du voisinage, exaspéré par le bruit. Je ne me soucie guère de la gêne que je peux occasionner.

Je me lance des défis personnels. L'intérêt est toujours d'aller plus vite que la fois précédente. Je m'entraîne seul, sur les chemins goudronnés de mon enfance. Ce n'est pas le Tour de Corse, juste ma petite course à moi. Quand je pars d'Oberhoffen ou y reviens, je ne passe d'ailleurs jamais par la route normale. Sur mon itinéraire bis, j'emprunte la route du Ried, réservée aux engins agricoles et aux vélos. De chez moi, je descends par la rue des Pâturages, celle-là même que nous utilisions quelques années plus tôt comme piste d'essais pour le vélo, mes copains du quartier et moi. Deux cents mètres et deux virages plus loin, je débouche sur un carrefour en forme de croix, devant une ferme isolée. C'est le seul endroit proche que j'ai trouvé pour m'exercer. Il n'y a là aucun risque de croiser qui que ce soit. Entre prairies et champs, la visibilité est dégagée de toute part. Aucun arbre contre lequel s'écraser. Le but du jeu consiste à freiner le plus tard possible pour réaliser le passage parfait : appel, contre-appel dans la zone de freinage. Je répète la séquence des dizaines, des centaines de fois, en prenant le soin d'emprunter une autre branche du carrefour à chaque passage. Comme il y en a quatre, ça multiplie d'autant les possibilités. L'une ou l'autre fois, ça se termine dans le fossé ou dans le champ. Avec quelques câbles et les voitures des copains, tout finit par s'arranger.

Quand mes voitures sont propres, c'est-à-dire pas trop déglinguées, je me limite à mon carrefour et au ruban d'asphalte qui mène cinq kilomètres plus loin, à Rohrwiller. C'est la seule partie technique de mon parcours, avec deux-trois enfilades de virages pas trop serrés dans les sous-bois. À l'automne, les jours de pluie, la chaussée couverte d'un tapis de feuilles mortes devient glissante. C'est casse-gueule, mais formateur. J'apprends à maîtriser ma voiture à haute vitesse.

Sinon, quand je suis au volant de vieilles charrettes, je pousse un peu plus loin sur les sentiers de terre. Je m'y entraîne avec acharnement.

Si je m'applique d'une manière aussi obstinée, c'est pour une raison unique : il ne faudrait pas que quelqu'un puisse aller plus vite que moi, à cet endroit précis et sur n'importe quelle route des environs. Je ne sais pas encore ce qu'est le rallye, mais je développe déjà l'esprit de compétition.

Ils ne sont de toute façon plus légion, les copains qui osent encore me défier. Je passe pour l'inconscient d'Oberhoffen. Seul Frédéric Willmann, autre tête brûlée, connu pour être un gars teigneux, s'y risque de temps à autre. Fred, je ne le connais alors que de vue. Il a grandi à Marienthal. Je sais juste qu'il a une Golf GTI et qu'il aime un peu la brusquer, comme moi.

On se rencontre par hasard. C'est un dimanche après-midi, dans les rues de son village, autour de la paisible basilique. On les a transformées en circuit ! Pour une fois que je tombe sur un gars qui n'est pas « scotché » au volant, je me lance instinctivement dans la course en roulant à bloc. Évidemment, ça ne plaît pas aux riverains. Au deuxième tour, ils sont tous sur le trottoir à faire des grands gestes et à hurler de rage. Il faut dire que Fred n'a même pas de pot d'échappement sur sa bagnole. Ça fait un raffut de tous les diables. On sympathise… loin de Marienthal avant que les flics ne débarquent.

Nos virées en duo deviennent alors régulières, pour ne pas dire quotidiennes. Faute de routes qui s'y prêtent dans la région, notre terrain de jeu est toutefois limité. On a quand même réussi à s'imaginer un petit circuit sur le parking et les proches alentours de l'hypermarché du coin. La nuit, entre les terre-pleins et les ronds-points, il y a de quoi se déchaîner. Les jours de neige, les empoignades sont particulièrement acharnées. L'art de la glisse, ça nous éclate !

Un soir, on a aussi laissé une trace de pneu à six ou sept mètres du sol sur la façade de l'église d'Oberhoffen. Fred roulait alors en BMW, le modèle 320. J'avais dégotté une vieille « BM » pour cent francs, juste pour récupérer quelques pièces. Or les jantes étaient vachement chouettes. Comme elles allaient bien sur la caisse à Fred, je les lui ai revendues à un prix d'ami. Le problème, c'est que nous n'avions pas d'écrous rallongés pour les fixer. Qu'importe, on les a quand même montées. Entre Schirrhein et Oberhoffen, j'ai senti quelques vibrations. Ça n'a pas calmé les ardeurs de Fred, toujours à bloc au volant. Dans la rue principale, on rattrape la voiture qui nous précède. Mais au moment de freiner à l'approche du rond-point, je vois la roue avant-gauche sortir de son axe, dépasser la bagnole devant nous, taper le trottoir et décoller pour finir sa course contre le mur de l'église. La trace, qui est restée quelques années, a dû alimenter la conversation des paroissiens. Non, ce n'est pas un signe divin !

Comparé aux vastes étendues désertes qui s'offrent aux pilotes scandinaves, mon terrain d'entraînement, entre Oberhoffen, Kaltenhouse et Marienthal, est des plus restreints. Je me dis que j'ai quand même du mérite d'être devenu champion du monde.

*
* *

À cette époque, j'ai le look du jeune rebelle : démarche indolente, cheveux longs et anneaux dans les oreilles. Je me suis fait la main au guidon de Mobylettes. Désormais, je conduis furieusement des petites « sportives » dans les alentours d'Oberhoffen. Dès lors, les forces de l'ordre considèrent que je ne constitue plus seulement un danger pour moi-même, mais pour l'ensemble de la communauté. Les gendarmes du secteur veillent au grain.

Ça commence quelques jours seulement après l'obtention de mon permis. Je suis dans ma phase d'entraînement, au carrefour habituel, en train de faire un demi-tour au frein à main. Comme par un fait exprès, les flics sont dans les parages. J'ai droit à mon premier contrôle en bonne et due forme. Je leur présente mon bout de papier qui fait office de permis provisoire.

– Si vous voulez en voir la vraie couleur, la rose, vous feriez bien de vous calmer, jeune homme, me lancent-ils avec autorité.

L'avertissement, naturellement, tombe dans l'oreille d'un sourd. Avec les hommes en képi, j'instaure un jeu dangereux du chat et de la souris, mon autocollant « 90 » obligatoire étant remisé au fond de la boîte à gants. Je deviens l'ennemi public numéro un du secteur. J'apprends à repérer l'uniforme au loin et à cerner les zones potentielles à contraventions. Mais je ne gagne pas à tous les coups.

Un dimanche après-midi, ma mère me voit rentrer comme un dingue et garer ma voiture tout au fond de la cour. Je sors en courant et j'enjambe la clôture pour me réfugier chez Den's. Peu de temps après, les gendarmes débarquent chez moi. Ils veulent me parler. Maman est apeurée et reste sans voix. Instinctivement, elle cherche à me protéger et leur assure qu'elle ne sait pas où je suis. Planqué derrière la maison de Den's, je reconnais l'adjudant Vacheret qui inspecte ma voiture. Il constate que le moteur est encore chaud. Je suis pris sur le fait. Je repense à ma bêtise.

Je suis allé « un peu vite » dans la rue de la Gare. Un bon cent quarante, je pense. À cette vitesse, je n'ai aperçu la fourgonnette planquée dans une ruelle perpendiculaire qu'au dernier moment. Les gendarmes me faisaient de grands gestes. J'ai d'abord freiné, mais pour m'immobiliser il m'aurait de toute façon fallu deux ou trois cents mètres. Du coup, j'ai retrouvé le réflexe de la mob. J'ai réaccéléré et pris la fuite, sans penser que la plaque d'immatriculation me trahirait. Je crois de toute façon qu'ils n'en avaient pas besoin. Ils devaient savoir à qui ils avaient affaire. C'était stupide de ma part. De chez Den's, quand je les ai vus tourner autour de ma caisse, je me suis dit : « OK, assume tes conneries, rends-toi. »

J'étais trop jeune pour prendre le maquis.

Ce délit de fuite à haute vitesse me permet de me familiariser avec la gendarmerie, la justice et le code de la route. Je suis tout penaud quand ils m'emmènent dans leur fourgonnette. Ensuite, je dois dire que l'adjudant Vacheret me sort le grand jeu. Comme dans les films, je me retrouve au poste contre un mur, avec une plaque pleine de chiffres entre les mains. On me tire le portrait de face, de profil, etc. J'évite de justesse la case mitard, mais j'écope quand même de six mois de retrait et six points en moins. Rétrospectivement, je me dis que les gendarmes ont eu raison de m'intimider. Mais sur le moment, ça me paraît gros, tout ce cirque.

Cette mésaventure dominicale ne me sert toutefois pas de leçon. Trois jours plus tard, soit le mercredi, alors que la peine n'a pas encore pris effet, je circule tranquillement sur la route de Soufflenheim, bien décidé à ne pas commettre une nouvelle infraction. Sur cette ligne droite limitée à quatre-vingt-dix kilomètres/heure, une moto se hisse à ma hauteur. Je reconnais Philippe Offner, un copain. Il me défie. Mon ego est titillé. Je ne peux pas m'en empêcher, le pied droit sur la pédale d'accélérateur me démange violemment : je me lance dans une course-poursuite effrénée.

Cette fois il y a un radar. Je suis pris au flash. En tant que jeune conducteur, je connais le tarif : retrait de six points. Ce qui signifie que mon permis est annulé, mort, enterré. Je m'inscris immédiatement à un stage pour récupérer quelques points. Sage, tranquille, appliqué, je joue au bon élève. Arrive alors la notification de mon premier retrait. Le second, je ne sais pas pourquoi, ne m'est jamais parvenu. Comme les deux dossiers étaient tellement rapprochés, peut-être que la machine administrative s'est grippée. Le deuxième volet a dû partir à la poubelle. Pour eux, il devait s'agir d'un duplicata ou d'une erreur. Toujours est-il que j'échappe à la double peine. Je suis bon pour la suspension mais j'évite l'annulation. Je lâche un ouf de soulagement.

Durant les six mois sans permis, aussi longs que des jours sans pain, je ne parviens pas à me détourner de mon auto, qui n'en est plus vraiment une… En fait, je l'avais fracassée contre un lampadaire, à Haguenau, juste avant de rendre mon permis ! La sanction tombe finalement à point nommé. Je rachète une autre R5 en fin de vie pour récupérer les pièces de carrosserie. Dans le garage de Den's, on remonte une bagnole flambant neuve à partir des deux carcasses. Et on y passe un paquet d'heures. L'idée, c'est de la styliser. Elle est repeinte en bleu nuit, en y adjoignant une touche jaune, de la moquette – découpée et posée avec un soin infini – aux jantes. Sur la vitre avant, à la place du pare-soleil, je colle six lettres de la même couleur pour former le mot « *yellow* ». Je ne sais pas ce qui me prend. Je me ringardise un peu. Le fait de ne pas pouvoir conduire me retourne peut-être l'esprit, même si je brave de temps en temps l'interdiction en roulant pour me dérouiller les jambes dans des endroits que je considère comme « sécurisés ». Être réduit à l'inactivité durant six mois, il ne faut pas exagérer !

Passé cette demi-année d'abstinence, je repars de plus belle. Après ceux de Bischwiller, je me familiarise rapidement avec les képis de Haguenau. En particulier avec le maître-chien Wissen, petit moustachu à l'air jovial mais pas du genre commode. Lui, il me repère instinctivement et m'a tout particulièrement dans le nez. Un dimanche, je roule tranquillement dans Haguenau. Vers la caserne militaire, je rétrograde en première pour marquer le stop. Je vois un cycliste arriver sur ma gauche, mais j'estime avoir le temps de repartir sans le gêner. Bon, je démarre fort, en faisant crisser les pneus. Le gars me fait de grands gestes et se met à brailler. Et là, je reconnais mon Wissen, à vélo et en civil. Je ne demande pas mon reste. Mais le lendemain, alors que je me rends au boulot, il me tombe dessus à bras raccourcis. Cette fois, il est en uniforme. Il relève ma plaque et me dit :

– C'est bien vous qui m'avez fait une queue de poisson, hier ? Vous aurez l'obligeance de passer à la gendarmerie.

J'y vais le cœur léger, ne voyant pas trop ce que l'on peut me vouloir. Eh bien, c'est ma déposition contre la sienne. Selon sa version, je n'ai pas marqué le stop. J'ai beau clamer le contraire, rien n'y fait. Cette fois, c'est le passage au tribunal, trois semaines de retrait et mille deux cents francs d'amende. Encouragé par Fred, qui est carrément offusqué, je crie au complot et décide de ne pas payer. Après quelques relances et même des visites d'huissiers, qui ont trouvé porte close, l'affaire finira par s'essouffler. Je n'ai en tout cas plus eu de nouvelles. J'estime que ce n'est que justice. Pour une fois que je n'ai rien à me reprocher !

*
* *

En dehors de ma passion pour les voitures, je ne m'intéresse pas à grand-chose.

Si ce n'est à ma petite amie. Énissa est une jolie fille d'origine yougoslave, aux longs cheveux noirs, plus jeune que moi d'un an. Il s'agit de mon premier flirt sérieux. Bien plus sérieux, en tout cas, que ma petite histoire avec Régine. La pauvre : je l'avais plaquée pour une histoire de barre chocolatée, tout ça parce qu'elle avait préféré aller à pied à l'épicerie du coin plutôt que de monter sur ma mob ! « Un Mars et ça repart », disait le slogan. Là, en l'occurrence, cela s'est définitivement arrêté.

Énissa, je l'ai rencontrée à l'âge de dix-sept ans au Krypton, une improbable boîte de nuit à La Walck. Lors de nos virées entre copains, c'était l'un de nos deux points de chute du samedi soir – en alternance avec le Métro de Surbourg – qui attirait toute la jeunesse de l'Alsace du nord sur les rythmes de la *house* et de la *dance*. L'endroit était assez kitch, mais il avait le mérite de ne pas être trop loin de chez nous. On se tapait parfois quand même deux heures de marche pour rentrer, faute d'avoir été pris en stop jusqu'à Oberhoffen !

Énissa habite avec sa mère et son frère, Ernest, qui a mon âge et avec qui je sympathise, dans un petit trois-pièces à Marienthal. Rapidement, je vis pour ainsi dire chez elle. Chaque soir, je la rejoins dans le salon qui se transforme en chambre à coucher. Nous n'avons pas beaucoup de points communs. Contrairement à moi, Énissa considère les études comme essentielles. Elle est studieuse, bûcheuse et ne s'intéresse que de très loin à mes exploits motorisés. Cela ne nous empêche pas de partager de bons moments.

Notre relation a duré sept ans, avec des hauts et des bas, et s'est terminée sur une incompréhension réciproque, en 1999, l'année où j'ai commencé à sillonner la France comme pilote de rallye. Depuis quelque temps, on se voyait moins souvent. Puis presque plus du tout. J'ai considéré que c'était fini et rencontré une nouvelle copine, à Rodez : Sylvie…

*

* *

À dix-huit ans à peine révolus, je ne me pose pas encore de problèmes d'ordre amoureux. Mes soucis sont de tout autre nature : à force de collectionner les prunes et de voir mon argent de poche irrémédiablement englouti dans le gouffre sans fond de mes occupations motorisées, je prends la première grande décision de ma vie. Plutôt que de cirer occasionnellement les bancs du lycée sans la moindre perspective d'aboutir à quoi que ce soit, je décide d'entrer dans la vie active.

En rupture avec la société, en bisbille avec l'école, en opposition permanente avec ma mère, éloigné de mon père qui ne va pas bien : le tableau n'est pas reluisant. Je suis désormais majeur et j'estime qu'il est grand temps de gagner de l'argent.

Quelques-uns de nos potes, ouvriers ou intérimaires dans les grosses boîtes allemandes, de l'autre côté du Rhin, rentrent douze mille francs par mois. Un chiffre ahurissant, rendu possible grâce au salaire payé en Deutschmark forts. Moi, ça me donne envie. Je fonce tête baissée. Maman encaisse mon annonce résolue comme un coup de massue. Elle, la prof de mathématiques qui envisageait un avenir studieux pour son fils, sur les traces de son papa puisque j'aime le sport, est catastrophée. Elle tente de me raisonner, de me stimuler. En vain.

Ma décision est irrévocable. En outre, elle est prise de manière collégiale. Den's lâche aussi avant l'examen du bac pro. Je prends congé du lycée Schuman et referme définitivement le dossier scientifique. Sans le moindre diplôme en poche. À nos yeux, l'Allemagne est un eldorado où le boulot ne manque pas. Bien évidemment, ça n'a pas été aussi simple que ça, surtout pour moi. Issu d'une filière professionnelle, Den's n'a pas de mal à trouver un emploi. Non pas outre-Rhin, mais dans une entreprise de Soufflenheim. Moi, sans la moindre qualification, je rame sérieusement.

J'accepte d'abord le premier boulot qui se présente, en France. Intérimaire, je multiplie les contrats ingrats de courte durée. Pour ma première mission, je me retrouve à l'usine Duravit, à Bischwiller, à quelques kilomètres de chez moi. Je ne fabrique même pas des produits de la gamme, genre cuves de toilette ou éviers. Je construis juste les supports pour les faire sécher !

Ensuite, on me propose un poste de visseur « professionnel » à Soufflenheim, dans la boîte où bosse Den's. J'assemble de grands panneaux en contreplaqué destinés aux maisons préfabriquées. Puis je contribue à la fabrication de croquettes pour chien, à Weyersheim. Je récupère les sacs de nourriture sur le tapis roulant pour les empiler sur une palette. J'ai fait le calcul : en fin de journée, j'avais soulevé douze tonnes de croquettes ! Au travail, je n'ai jamais vu une ambiance aussi surréaliste. Mes collègues avaient l'air complètement dingue. Le soir venu, je me suis quasiment enfui, sûr et certain que je ne reviendrais pas le lendemain. Ce doit être le pire boulot de ma vie.

Au gré des métiers exercés, je découvre le quotidien d'ouvriers qui répètent les mêmes gestes sur la chaîne de production depuis des années. Je me familiarise avec les notions d'une vie décalée, en raison du travail par équipe. Pointer le matin, à 6 heures, constitue un exploit à mes yeux.

Durant les bonnes périodes, l'argent rentre. Mais après, je peux aussi me retrouver de longues semaines sans rien faire. Je commence à comprendre que les perspectives ne sont pas si mirobolantes. Je finis quand même par franchir le Rhin. Adam, embauché dans une boîte de pose de fenêtres, me recommande auprès de ses responsables. Le boulot en soi n'est pas sans intérêt. Mais le fait d'évoluer en milieu hostile, dans de grands immeubles en construction avec des collègues allemands avec qui je ne pouvais ni ne voulais communiquer, douche mon enthousiasme initial.

Au bout de quelques semaines, l'aventure se termine en eau de boudin. Lâchés sur un chantier en plein hiver en compagnie de Fred, également embarqué dans la galère d'Adam, nous décidons d'un commun accord que la plaisanterie n'a que trop duré. Fred n'est plus payé depuis deux mois et mon contrat arrive à son terme. On nous demande de démonter toutes les fenêtres dans un commissariat de police, alors qu'il fait un froid sibérien. Plutôt que de s'y mettre, on se pose contre un radiateur, bien au chaud. On discute… en tirant sur un pétard. Fumer un joint chez les flics : il fallait y penser ! Au bout de deux heures à se tourner les pouces, Fred veut se tirer. Mauvaise idée, selon moi. Nous sommes dans les faubourgs de Karlsruhe, à soixante-dix bornes de la maison, sans bagnole. Comment rentrer ? Mieux vaut attendre les chefs de chantier. Il sera toujours temps d'aviser.

Quand les gars arrivent en fin de matinée, ils tirent une drôle de tête. Sur un ton agressif, ils nous demandent ce qu'on a fabriqué durant tout ce temps. Je réponds avec aplomb :

– Rien. Et vous pourrez dire au grand chef qu'on n'a pas l'intention de retravailler pour lui.

Là-dessus, on attrape nos affaires et on part, sans savoir exactement dans quelle direction aller. Une Allemande nous prend en stop. Elle nous dépose à Karlsruhe et nous donne même un peu d'argent pour que l'on puisse s'acheter un ticket de bus, histoire de partir dans la bonne direction. En fin d'après-midi, on arrive enfin à la frontière, à Lauterbourg, où l'on s'assoupit dans une maison en construction en attendant que nos copines, que l'on a pu appeler, viennent nous chercher. Finalement, on rentre à la même heure à la maison que si on avait bossé. Rien que pour le principe, je ne regrette pas. Faudrait pas non plus se laisser exploiter.

Le mirage allemand a vécu. Les premières payes sont de toute façon englouties depuis longtemps. Tout, ou presque, est dévolu au poste des dépenses automobiles, l'une des principales raisons pour lesquelles je me suis lancé à corps perdu dans cette aventure cahoteuse et forcément indécise.

Après deux ans de galères et de boulots à la petite semaine, je finis par entendre la voix de la raison, celle de maman. Je me résous à retourner à l'école, histoire de me former à un métier. Va pour l'électricité. Ça sera toujours moins déprimant que de travailler à la chaîne ou de démonter des fenêtres par grand froid. Je trouve un poste chez Socalec, société spécialisée dans l'électricité résidentielle basée à Haguenau, et me lance dans une formation par alternance. Jean-Marie, mon maître d'apprentissage, m'a à la bonne. J'apprends vite.

Me voilà de retour sur les bancs d'un lycée haguenovien, technique celui-là, pour préparer un BEP électrotechnique et un CAP d'installations d'équipements électriques. Parmi la petite douzaine d'élèves de la promotion, à peine majeurs, je suis le plus âgé. Ma motivation n'atteint pas des sommets. Le premier jour, je repère un gars plus mûr que les autres. Il a connu le même parcours sinueux que moi, quitté le lycée classique sans avoir de bac en poche et vivoté grâce à quelques petits boulots. Pierre Lambert a mon âge. Il vient d'un petit village près de Saverne. Il est excessivement bavard. Il deviendra mon ami.

Nous avons en commun la même passion pour les voitures de sport, même s'il n'en possède pas. Le courant passe naturellement. Le soir, il me voit me diriger vers ma Fiesta Turbo rabaissée, assez sobre. Il m'interpelle. On tchatche un peu.

Il monte pour la première fois en bagnole avec moi la semaine d'après. Comme nous avons un quart d'heure à tuer avant le cours suivant, je lui propose de faire un petit tour. Nous partons en direction de Schweighouse. Et là, comme d'habitude, j'enquille les rapports : un, deux, trois quatre… À l'approche d'un rond-point, Pierre s'attend à ce que je commence à rétrograder. Je passe au contraire la cinquième, la clope au bec et la mèche de cheveux dans les yeux. Il ne bronche plus, ne parle plus, ne respire plus. Il se dit que nos noms figureront demain dans la rubrique faits divers du journal. J'enchaîne. La Fiesta est de travers, à l'équerre. Pierre voit de près les plantes de l'îlot central. Il est estomaqué. Après avoir recouvré ses esprits, il me lâche :

– Dis donc, ce que tu fais là, c'est carrément dingue ! C'est digne d'un passage à la François Delecour.

– Ah bon ?

– Je ne pensais pas qu'on pouvait brusquer une bagnole de cette manière-là, en la tordant dans tous les sens !

– Ben si ! Encore heureux qu'on puisse faire ça avec une voiture…

*
* *

En cet automne 1994, Didier Auriol devient le premier pilote français à être sacré champion du monde des rallyes, au volant de la Toyota Celica. J'ai vingt ans. Occupé à semer les gendarmes, à m'amuser avec mes copains, à retrouver Énissa le soir venu et à tenter d'échafauder tant bien que mal un projet de vie, j'ai tout juste vent de cette nouvelle et ne m'en émeus nullement. La discipline qui me fera roi m'est encore étrangère. Mon souci, à ce moment-là, est simplement d'aller à mille à l'heure. Peut-être est-il temps de répondre à l'appel de la compétition ?

– 5 –

DÉBUTS DANS LA « COMPÈTE »

« Vous aussi, devenez pilote en participant à Rallye Jeunes. » C'est, à peu de chose près, le slogan de la pub sur laquelle je suis tombé, par hasard, dans un magazine. Le message m'interpelle immédiatement. Peugeot et la Fédération française du sport automobile décident de lancer une vaste opération de détection à travers toute la France. Elle s'adresse aux non-licenciés, donc aux jeunes désargentés qui pensent savoir conduire vite et fort. Voilà enfin un examen utile qui est fait pour moi. Le lauréat se voit offrir un volant dans une formule de promotion en championnat de France. Tous frais payés, rien que ça. Le rêve.

À part passer mon temps à traîner avec les copains et dépenser mes maigres économies pour changer à tout bout de champ pneus et freins, je n'ai de toute façon rien d'autre à faire. Alors autant m'essayer à la compétition. Je n'ai rien à perdre. Sait-on jamais, j'ai peut-être une carte à jouer…

Je fonce chez le concessionnaire Peugeot de Haguenau, histoire de connaître les modalités des sélections et le prix de l'inscription. Cent francs, ce n'est pas la mer à boire. Je lâche le billet sans rechigner. Cela me privera tout au plus de ma sortie du samedi soir en boîte de nuit. J'en parle aux copains, qui sont tous enthousiastes. Ils imaginent déjà mon nom en haut de l'affiche. « Loeb, star du rallye ! » On se marre, en tirant jusqu'à pas d'heure d'improbables plans sur la comète.

*
* *

À l'automne 1994, un samedi, je file à Chenevières, à côté de Lunéville, lieu de la première sélection pour le nord-est de la France. Durant le trajet jusqu'en Meurthe-et-Moselle, je suis relativement confiant, même si je ne sais pas exactement à quoi m'attendre. Quoi qu'il arrive, même s'il n'y a rien au bout, je me dis que c'est toujours sympa de participer à une petite compétition et de se mesurer à d'autres gars qui nourrissent la même passion.

Le circuit est tracé sur le tarmac d'une ancienne base aérienne de l'OTAN. Je ne suis pas le seul à vouloir franchir le pas. Il y a même foule. En compagnie des autres participants, un bon millier, j'écoute attentivement les instructions concernant le déroulement de la journée. Je jette un rapide regard circulaire pour voir si je connais quelqu'un. Négatif. Je reste dans mon coin et je ne discute avec personne.

Tout le monde est logé à la même enseigne. Seul le potentiel de chacun fera la différence. Au volant d'une petite Peugeot 106 Kid, bien moins puissante que ma Fiesta Turbo, il s'agit de slalomer entre des plots. La première épreuve consiste à s'élancer sur un parcours basique, dépourvu de difficulté majeure, et à passer sous le temps de référence établi par les organisateurs. Ceux qui le dépassent sont éliminés. Un jeu d'enfant. Je me qualifie.

La deuxième épreuve m'est fatale. Cette fois, le gymkhana est un peu plus long et technique. Nous ne sommes plus qu'une centaine. Je sais qu'il me faut à la fois aller vite et éviter de renverser la moindre quille, sinon je serai pénalisé. Je m'applique. Mais à la sortie d'un virage au frein à main, je m'emmêle les pinceaux. Au lieu de passer la première, ma main ripe sur le levier de vitesses. J'enclenche malencontreusement la troisième. Le moteur grogne. Je perds un temps précieux. Il me faut terminer le parcours pied au plancher. J'échoue à quelques dixièmes des meilleurs. Sans mon erreur, j'aurais été qualifié pour le dernier round de la sélection. Je ne suis pas spécialement déçu. Je quitte même Chenevières en étant rassuré quant à mes capacités. Je reviendrai l'an prochain. Et, cette fois, je gagnerai. J'en suis convaincu.

Cette première expérience m'a mis en appétit. Avec Fred, je poursuis ce qui s'apparente vaguement à un entraînement. Parking de l'hyper, sentiers à travers champs, routes de campagne et ronds-points de la zone commerciale : nous répétons inlassablement nos gammes. Si on avait choisi d'être curés, il faudrait parler de sacerdoce, vu le cœur mis à l'ouvrage.

Pour autant, je ne m'intéresse pas spécialement au rallye. J'aurais pu traîner mes guêtres dans les épreuves régionales, voir comment se déroule une course, étoffer un tant soit peu ma culture du sport automobile. Je m'en abstiens. Ma vie suit son cours, à mille lieues des préoccupations d'un apprenti pilote.

Je passe d'interminables soirées chez Den's. Je vivote. Malgré tout, le métier d'électricien rentre peu à peu. Mon BEP par alternance est d'ailleurs validé sans souci au bout de douze mois de formation. Désormais, je me lève tous les matins pour aller au boulot. Je bosse sans grand enthousiasme, mais je bosse. Je fais la connaissance de Nicolas Ringle, un collègue électricien. Nico est un peu plus jeune que moi. On deviendra rapidement copains. Je ne l'ai pas perdu de vue. Aujourd'hui, c'est l'un des rares potes à se déplacer deux ou trois fois dans l'année sur les rallyes. Question bringue, c'est un sacré phénomène. Nico a un talent inné d'amuseur public. Il parvient toujours à placer une vanne en alsacien ou une grimace qui rappelle les personnages de Tex Avery.

Chez Socalec, je suis toujours celui qui arrive le dernier. À la seconde près, avant le départ pour les chantiers. Je déboule comme un furieux sur le petit parking de la société. Un coup de frein à main, et hop, je pose délicatement ma bagnole entre celles des collègues qui m'attendent déjà dans la camionnette, moteur allumé et gueule enfarinée.

Déjà, le manteau rougeâtre gagne la forêt de Haguenau et annonce l'automne. La nouvelle échéance approche. L'appel de mon deuxième « examen » sur le circuit de Chenevières suffit à remobiliser mes forces. Je convaincs Fred de m'accompagner. Cette fois, nous serons deux gars d'Oberhoffen sur la ligne de départ. Deux sacrés clients pour la finale nationale, selon moi.

Je franchis les obstacles un à un sans trébucher. Sur les quelque mille participants, il n'en reste plus que cent. Puis une vingtaine. Et enfin huit, ceux qui sont parvenus à garder toute leur lucidité dans cette éprouvante course contre la montre. Je réalise le meilleur temps. Fred est juste derrière moi, à quelques dixièmes. À nous la grande finale nationale, deux semaines plus tard, au Castellet, dans le Var.

Nous avions donc raison de nous entêter à faire les cons au volant de nos bagnoles, quitte à passer pour des chauffards. Notre « talent » va enfin pouvoir être repéré et même encouragé, là-bas, sur le circuit qui abritait jusqu'à peu le Grand Prix de F1. Ça commence à fleurer bon la compétition.

Sur le chemin du retour de Chenevières, une petite flamme crépite en mon for intérieur. Pour la première fois, je me dis que ma passion débordante pour la vitesse n'est pas une quête vaine et solitaire. Elle peut trouver un prolongement concret. Avec un peu de chance, je deviendrai pilote.

La finale du Castellet, je l'aborde comme les éliminatoires. Je suis tranquille, serein, sûr de ma force et de mon fait. Fred est un peu plus nerveux. C'est dans son tempérament. Son corps tout sec est sujet à de violentes et subites éruptions. Mon pote danse sur un volcan. Mais à Chenevières, ça ne l'avait pas pénalisé. Sous la pression, cette fois, il cède. Son chrono n'est pas assez bon pour continuer l'aventure. Il est éliminé. Dans une épreuve où tout se joue au millimètre et au dixième de seconde près, le moindre écart est fatal.

Je poursuis mon effort. La journée de sélection, entrecoupée de démonstrations de karting et d'animations en tout genre, s'étire jusqu'à n'en plus finir. En piste, je suis encore et toujours le plus rapide. Le volant promis par Peugeot me tend les bras. Sur les quelque dix mille participants à travers toute la France, j'arrive en tête. Le verdict du chronomètre est implacable. Les journalistes de la presse spécialisée viennent déjà me féliciter et me posent leurs premières questions. Merde, je ne m'y suis pas préparé. Mes réponses sont lapidaires et froides, à l'image de la nuit glaciale qui s'est emparée du circuit. Je découvre que même dans le Sud, le vent de fin novembre fait frissonner.

Le jury tarde à rendre son verdict. Les minutes défilent et je ne suis toujours pas déclaré vainqueur. Il y a quelque chose qui cloche. Engoncé dans mon gros blouson, je me renfrogne un peu plus au côté de Fred, fâché contre lui-même et le mauvais sort, et de mon père qui nous a emmenés. Déjà, je ne comprends pas pourquoi les organisateurs ont rajouté une épreuve au programme à l'issue des tests chronométrés. Je suis monté dans une 306 de série au côté d'un pilote confirmé, Gilles Panizzi, qui doit juger de mes capacités. De toute façon, les temps plaident en ma faveur. Pourquoi vouloir chicaner ?

Les journalistes sentent qu'il y a anguille sous roche. Ces interminables palabres dans le bureau du jury, à forte coloration sudiste m'ont-ils dit, n'augurent rien de bon. Ils ont raison. Le verdict finit par tomber. Ce n'est pas moi qui ai gagné. Les explications des organisateurs n'ont ni queue ni tête. Selon le jury, j'aurais été avantagé par l'ordre de départ. Quand je me suis élancé, il faisait encore jour. Mon principal concurrent, lui, est parti quelques minutes plus tard, à la nuit tombante. On me pénalise. Une vague histoire de luminosité me coûte la victoire. Le ciel s'écroule sur ma tête. Je suis tellement abasourdi par ce verdict inique que j'en reste bouche bée. D'autres s'énervent pour moi. En vain.

Nicolas Bernardi est l'heureux élu. On me dit qu'il vient du coin. C'est lui qui bénéficiera du soutien de Peugeot la prochaine saison. Mon principal tort, dans cette nébuleuse affaire, est de ne pas être issu du sérail. Je ne connais personne, je n'ai aucune relation. Je comprends à mes dépens que ces affaires-là, aussi, peuvent se régler en famille. C'est peut-être injuste, mais il n'y a rien à faire. Mon horizon est à nouveau bouché. Je repars du Castellet comme j'y suis venu : sans la moindre perspective d'avenir, avec mon rêve secret tout chiffonné au fond d'une poche trouée.

*
* *

À l'époque, pour me joindre, c'est la croix et la bannière. L'ère du sacro-saint portable n'en est encore qu'à ses premiers grésillements. Le téléphone, en fait, m'est un outil peu familier. Énissa, ma copine, sait où et quand me trouver. Mon meilleur pote habite derrière chez moi. Tous les autres squattent dans sa chambre ou dans son garage. Mon univers se trouve à dix pas, au fond du jardin. Pas besoin d'appeler qui que ce soit. Je suis donc très surpris quand ma mère me tend le combiné pour me dire que quelqu'un cherche à me parler. Cela ne peut être qu'un enquiquineur. Mon patron ? Jamais le samedi. La police ? Je ne crois pas avoir commis un délit récemment, ou alors à mon corps défendant. Je suis sur la défensive au moment de répondre. Le type se présente : Dominique Heintz. Ça ne me dit rien du tout.

– Je ne te connais pas, me dit-il. Je ne pense pas que tu me connaisses non plus, mais j'ai envie de discuter avec toi. J'ai lu tes mésaventures de la finale au Castellet dans les *Dernières Nouvelles d'Alsace*. Ce serait sympa que tu viennes boire un café chez moi, à Mutzig. Ton histoire m'intéresse.

Mon histoire l'intéresse ? En voilà, une drôle d'idée ! Mais au point où j'en suis, c'est-à-dire nulle part, je suis prêt à écouter n'importe qui. Ce Dominique me dit avoir participé à quelques Paris-Dakar en tant que pilote amateur voilà une dizaine d'années. Il connaît peut-être un peu de monde dans le milieu. Et si, à travers son simple coup de fil, la Providence venait à mon secours ? Le soir, je propose à Énissa de m'accompagner dès le lendemain à Mutzig. Si ça ne donne rien, au moins aurons-nous l'occasion de faire une balade au-delà de Strasbourg, dans la vallée de la Bruche, un coin que nous ne connaissons pas très bien. Il doit y avoir des petites routes sympathiques dans le vignoble…

En milieu d'après-midi, j'arrive devant le pavillon de M. Heintz. Il est capitaine de l'armée de terre, au 44e régiment de transmissions, m'a-t-il précisé au téléphone. Je fume nerveusement ma clope, m'avance avec ma copine d'un pas nonchalant et sonne à sa porte, en prenant soin de dégager la mèche qui tombe sur mes yeux et obstrue mon champ de vision. J'espère que mon look de rebelle et mon côté doux rêveur ne vont pas le refroidir d'entrée. Ceux qui portent l'uniforme ont souvent des réactions épidermiques à mon égard. Je n'en ai encore jamais rencontré un qui me veuille du bien.

Ce monsieur Heintz ne correspond pas à l'image caricaturale de l'officier que je redoutais. Il est jeune, dynamique, sportif, plutôt décontracté et souriant. Son ton posé, franc et direct, me laisse penser que cet homme sait où il va. Il est à l'écoute. C'est rassurant. La discussion s'engage autour d'un café. Elle se révèle instructive et assez constructive. Je crois que Dominique est agréablement surpris de tomber sur un garçon suffisamment motivé pour sacrifier un dimanche après-midi et entendre, si ça se trouve, les élucubrations d'un grand mythomane. On cause à bâtons rompus deux heures durant. Je n'ai rien préparé. J'improvise.

– Je veux prouver que je suis un bon. Je veux me donner les moyens de percer, lui dis-je.

Sans aide, cela me paraît tout bonnement impossible. Dominique Heintz ne me promet strictement rien, si ce n'est de rester en contact. En dépit de la plaie encore ouverte après le dénouement de Rallye Jeunes, il me conseille vivement de retenter ma chance l'an prochain. Je fais la moue. Il insiste. Peut-être a-t-il raison.

En remontant dans ma Fiesta Turbo pour rallier l'Alsace du nord, je ne suis guère plus avancé. Tout juste mon moral est-il un tantinet regonflé. Énissa m'encourage et me dit de ne pas baisser les bras. Je soupire. Participer à un rallye me paraît encore inaccessible. Comment y penser alors que je n'ai pas d'argent, pas de voiture de course et que je n'y connais rien ? Mais il y a désormais un espoir, fût-il faiblard.

C'est quand même un pilote avec une certaine expérience, de onze ans mon aîné, qui a fait la démarche de m'appeler, moi, le petit électricien. Il m'a dit que je n'étais pas arrivé en finale de Rallye Jeunes par hasard, que l'on pourrait peut-être faire quelque chose ensemble. Son éventuel coup de pouce est ma seule lueur dans la nuit. Je m'y accroche comme un naufragé à une planche de salut.

*
* *

Je ne vois pas s'écouler l'année. En février 1996, j'ai vingt-deux ans et je dois répondre à l'appel sous les drapeaux. J'ai repoussé l'échéance tant que j'ai pu. Mais là, je ne peux plus y couper. Je fais partie des tout derniers conscrits. Le service militaire obligatoire va passer de vie à trépas, mais il me rattrape par le bout de la manche. Je plaide ma cause auprès des autorités. Ma mère vit seule, elle a besoin de moi. Ma complainte est entendue, en partie. Je suis affecté au 12e régiment d'artillerie, basé au camp d'Oberhoffen, à trois kilomètres de chez moi !

J'y vais en traînant les pieds. La prise de contact avec l'armée est abrupte et glaciale. Durant les dix jours de classes, les appelés dégustent. Par moins dix degrés, on dort sous les tentes, dans le camp. Le froid mordant engourdit les orteils. Impossible de se réchauffer, même dans les sacs de couchage. Je prends mon tour de garde sur le terrain de manœuvres où je venais faire de la bécane de manière sauvage quelques semaines plus tôt. Heureusement, je n'ai pas fait d'émules. Il n'y a rien à surveiller, personne à courser. Au loin, j'aperçois la fumée qui s'élève des cheminées. Ma maison est tout près. Les autres s'en foutent, ils viennent de loin. J'ai froid et me demande, en me frictionnant les mains, ce que je fais là. Ce doit être une tactique de l'armée pour souder les hommes et favoriser l'esprit de camaraderie. J'ai du mal à croire au résultat.

Passé ces dix jours délicats, je commence à y prendre goût. Déjà, je dispose d'un privilège immense et rare par rapport à mes camarades. Chaque soir, je rentre chez moi. Ou plus exactement, je file chez Énissa. Mon rôle de soutien de famille attendra !

Soldat de première classe, je suis formé au pilotage de chars. Mon engin, un AMX-30 surmonté d'un système d'artillerie, le canon « AUF1 », est plutôt lourdaud. Je m'échine à le rendre souple et vif, au grand dam de mes trois équipiers qui se font sacrément secouer dans la tourelle, au-dessus de ma tête. Pour un peu, ils se demandent s'ils n'ont pas pris place dans le tambour d'une machine à laver.

Je ne peux m'en empêcher, il faut que je fonce tête baissée. Aucun obstacle ne me résiste. Pas même les arbres sur mon chemin. À force de pousser ma machine jusqu'à la rupture, je me familiarise avec la mécanique : moteur cramé, barres de torsion brisées, butées endommagées, etc. Un véritable kamikaze, le soldat Loeb.

Peu à peu, le chef de char, le tireur et le chargeur s'en accommodent. Ils apprennent à se calfeutrer quand je suis aux commandes. Un jour, mon lieutenant a quand même halluciné. Comme je suis tombé en rade sur le chemin du pas de tir, j'ai mis le turbo pour rejoindre le reste de la colonne. Manette des gaz poussée à fond, et hue, à l'attaque ! Il n'a jamais vu l'une de ses imposantes pièces d'artillerie bondir comme un cabri au-dessus des bosses, à un mètre du sol. Il n'a jamais eu de pilote comme moi, non plus…

Vif au poste de conduite, je suis rattrapé par ma nature nonchalante dès lors que le char est immobilisé, en position de tir. Ma partie du contrat est alors remplie. Il m'arrive souvent de piquer un petit roupillon, isolé à mon poste, en dépit du boucan d'enfer alimenté par le groupe électrogène, un moteur de deux-chevaux qui vrombit dans mes oreilles. Quand la colonne de chars se remet en branle, le nôtre est souvent le seul à rester à l'arrêt. Les gars d'en haut ont beau gueuler dans les entrailles du char, je dors profondément au fond du châssis, inaccessible pour eux. Ils finissent par trouver l'astuce pour me réveiller. De la tourelle, l'un des gars utilise un long bâton pour me piquer les côtes. Je me réveille en sursaut et me lance dans une course-poursuite pour rattraper le gros de la troupe. Même à l'armée, personne ne m'a jamais semé.

Au final, je garde un bon souvenir de mes dix mois sous les drapeaux. J'y ai gagné un copain, Johan, conducteur de char comme moi. En dehors de deux virées pour des manœuvres à Suippes et à Canjuers, soit huit semaines loin de la maison, je n'ai pour ainsi dire pas bouleversé mes petites habitudes. Je n'ai pas non plus perdu de vue mon objectif rugissant.

*
* *

À l'automne 1996, je profite d'une permission pour me rendre sur la base aérienne de Chenevières, où je vais tenter ma chance pour la troisième fois. Fred n'est pas de la partie. Je suis rodé. La sélection régionale s'apparente à une simple formalité. Je suis le plus rapide des huit lauréats. Je suis qualifié. La finale se court toujours dans le Var. Non plus au Castellet, mais sur le circuit du Luc. J'y suis attendu comme le loup blanc. Cette fois, le volant promis par Peugeot ne peut pas m'échapper. Je suis en tête avant d'aborder la dernière manche, courue de nuit.

Pourtant, je me loupe. Sans que la faute puisse être imputée à quelqu'un d'autre. Je m'y mets tout seul, comme un imbécile. De manière incompréhensible, mon pied reste coincé sous la pédale d'accélérateur.

Je dois m'y reprendre à deux fois avant de le libérer et de taper dans les freins. Trop tard. Je pars en tête à queue dans la chicane. C'en est fait de mes chances de victoire. J'échoue à nouveau sur le fil. Paradoxalement, je suis nettement moins abattu que l'année précédente. Je sais bien que les portes de Peugeot se referment peut-être définitivement sous mon nez, mais au moins ne me suis-je pas fait arnaquer. Si le rallye ne veut pas de moi, c'est que je ne l'ai certainement pas mérité.

Je n'ai pas le temps de mariner dans le jus amer de la déception. Dominique m'appelle dès mon retour. Il est désormais convaincu de mes capacités. Son opinion est arrêtée. Être une fois en tête de la finale, ça peut éventuellement s'apparenter à un coup de bol. À deux reprises, le hasard n'a plus sa place. Vu la manière dont l'épreuve est organisée, le nombre de candidats au départ, la difficulté à manier une petite auto sur un parking entre des plots puis sur un circuit, je dois forcément avoir quelque chose de particulier. À ses yeux, ça s'impose comme une évidence. S'il le dit…

Dominique veut tout mettre en place pour que je puisse me lancer. Il rameute une petite équipe autour de lui. À vingt-deux ans, du haut de mes trois échecs successifs à Rallye Jeunes pour solde de tout compte, j'en deviens la pierre angulaire, la raison d'être, l'investissement aléatoire à long terme. J'ai de la chance. Je suis miraculeusement sauvé des eaux.

*

* *

– Départ dans trente secondes.

Le compte à rebours est désormais enclenché. Face à l'homme au chronomètre, je suis calé dans les starting-blocks, prêt à bondir comme un fauve sur une proie. Ma détermination est immense. Mon énergie suffit à déplacer des montagnes.

En ce dimanche 6 avril 1997, c'en est justement une, de montagne, qui se présente à moi. Un sommet imprenable, un pic vertigineux, à l'échelle de mon parcours personnel. Le col du Firstplan, petite bosse sur le versant alsacien des Vosges qui culmine à sept cent vingt-deux mètres et que les cyclistes du dimanche franchissent avec appétit, constitue mon premier Everest. Il prend les contours de la Ronde du Florival, incontournable épreuve régionale qui réunit chaque printemps au-dessus de Rouffach et du paisible vignoble haut-rhinois une cohorte d'amateurs éclairés.

Ce matin, à notre arrivée au parc d'assistance, on a suscité pas mal de curiosité. Notre structure est quand même assez conséquente. Les habitués des épreuves régionales se demandaient à quoi pouvait bien rimer tout ce trafic autour de ma petite personne, inconnue dans leur « famille ». Ils ont réprimé un rictus quand ils m'ont vu monter dans la voiture de course et faire en catimini trois fois le tour du pâté de maisons. On n'avait pas eu le temps avant de faire une séance de roulage. Les réglages basiques ont donc été réalisés sur place, à l'arrache.

Quelques minutes avant le départ, je me suis glissé dans la combinaison de course que Dominique m'a fournie. J'ai serré la lanière de mon casque et enfilé les gants. Au moment d'ajuster les sangles, de me caler au fond du baquet et de présenter ma minuscule voiture blanche devant le starter, je ne ressens pas une once d'appréhension. Je n'ai pas la prétention de dire que je pense déjà à la victoire. Je veux juste voir où je me situe par rapport aux autres, ceux qui ont l'habitude des rallyes, les vieux routiers de l'asphalte. J'ai là une magnifique opportunité d'exprimer mon potentiel. Je n'ai pas l'intention de la laisser filer.

Dans le siège de droite, soit à la « place du mort », Dominique n'est pas franchement rassuré. Il se demande s'il n'a pas commis une bêtise monumentale en acceptant de me naviguer, moi le néophyte taiseux à la désinvolture confondante mais qui paraît si sûr de son affaire.

Finalement, il ne me connaît qu'à peine. Je suis peut-être un danger ambulant. Un dingue, un inconscient. Les cimetières en sont pleins, de ces types-là. Il va finir par penser que je n'ai rien à perdre. Je n'ai ni femme, ni enfant, encore moins de traites à payer, comme lui. Pourtant, il ne peut plus se débiner. Le rôle de copilote, il doit le camper toute la journée. À lui d'assumer son idée fumeuse de mettre le pied à l'étrier à un pilote débutant.

– Départ dans vingt secondes.

Plus d'échappatoire. Sous les ordres du starter, je tente de faire le vide dans ma tête. Le pilotage, en soi, ne constitue pas un souci majeur. « À la sauvage », j'ai fait mes preuves. Aucune voiture ne m'a résisté. Les petites « nerveuses » ont toutes été domptées. La Super 5 GT Turbo, celle que j'ai échangée contre une Fiesta Turbo, la 205 Rallye puis la 205 GTI se sont succédé depuis mes dix-huit ans sans parvenir à calmer mes ardeurs. Bien au contraire.

Il faut que je focalise toute mon énergie sur la course. Je me rends compte que je ne maîtrise pas tout. Loin s'en faut. Les rudiments, je les ai intégrés en un temps record. Dominique me les a inculqués au pas de charge. Il a certainement dû oublier un truc. Mais lequel ?

Je repense au système de prise de notes. Dominique m'a confié un bouquin quelques jours avant le départ pour que je sache un peu en quoi ça consiste.

– C'est la base, Seb, applique-toi, a-t-il insisté.

Si c'est écrit dans un livre, il ne peut s'agir que de théorie pure. Je préfère largement la pratique. Une semaine plus tôt, on est venus reconnaître le parcours, le « limer » plus exactement. On est passés et repassés dans ce col jusqu'à réplétion. Mètre par mètre, virage par virage, l'exercice confinait à l'acharnement. Je conduisais à vitesse réduite. Dominique a sorti son carnet. Il m'a demandé de lui dicter mes notes. Donner des angles au virage, du genre « droite soixante », savoir exactement où freiner puis poser ses roues, tout cela devait être consigné dans ce carnet. Je me suis exécuté. Encore faudrait-il adapter mon pilotage, le jour J, quand la route n'appartiendrait qu'à moi et que personne ne risquerait de débouler en face, à ce que l'on a griffonné sur un bout de papier. Cela me paraissait totalement abstrait. Et puis, au bout d'un moment, le siège passager de ma 205 GTI s'est affaissé, tellement il était usé. Le seul que j'entretenais, c'est le mien. Dominique s'est retrouvé le cul par terre. On aurait dit des Pieds Nickelés.

– Départ dans dix secondes.

Le chronométreur a les deux mains ouvertes devant notre pare-brise. L'étau se resserre. L'équipe d'Ambition Sport Auto, mise sur pied au mitan des années 1980 autour de Dominique Heintz pour transformer le mirage africain en réalité, retient son souffle. Il y a là Rémi Mammosser, l'entrepreneur en charge des finances. C'est en quelque sorte le banquier de l'opération. Bertrand Kuntz a, lui, la plume alerte. Les relations publiques, les contacts avec la presse seront de son ressort. Ces « têtes pensantes » sont flanquées des deux précieux « cols bleus ». Armand Hollaender et Marco De Souza, mécanos de métier, sont prêts à se plier en quatre dès lors qu'un moteur couine ou qu'une suspension fatigue.

Toute la petite troupe est embarquée dans la même galère pour me soutenir. Tous ont hâte de voir ce que j'ai dans le ventre. Dominique les a bassinés avec mes supposées qualités depuis des semaines. Comme saint Thomas, ils veulent voir avant de croire. Ils ont bien raison.

– Cinq secondes.

L'homme ne nous présente plus qu'une seule main. Ses doigts se rabattent un à un pour égrener le temps. L'instant fatidique approche. Ce dont j'ai rêvé ces trois dernières années sans jamais trop y croire est en passe de se concrétiser. Jusqu'au dernier moment, j'ai redouté que tout me file sous le nez. Une fois de plus, une fois encore.

L'ultime obstacle a pourtant été levé deux semaines plus tôt, le jour où Dominique m'a appelé pour me dire qu'une voiture de course était à ma disposition. C'était une Peugeot 106, celle de Marlyse Tremblay, une pilote qui avait décroché un volant à travers Rallye Jeunes un an plus tôt. Tout a été réglé. Dominique et Rémi ont investi quarante-cinq mille francs dans l'aventure, une somme astronomique à mes yeux. Ne restait plus qu'à récupérer la machine. Je n'en croyais pas mes oreilles. J'ai bondi dans ma vieille bagnole pour les rejoindre. J'étais excité comme une puce. À trois, on a mis le cap sur la Bourgogne, quelque part dans le vignoble de Chablis.

Durant tout le trajet, je n'ai pas trop réalisé. Mais une fois sur place, quand Dominique m'a demandé de prendre le volant et de faire les quelques mètres jusqu'à la remorque, mon visage s'est illuminé. C'était bien la même auto avec laquelle j'avais échoué à trois reprises. La couleur blanche, le même autocollant rouge en forme de triangle sur le capot : tout y était. Mes yeux pétillaient comme ceux d'un enfant devant son plus gros cadeau de Noël. Jusqu'à ce moment précis, il n'y avait eu que des paroles. Là, c'était devenu du concret, du palpable, du vrai. Le fameux volant qui s'était obstinément refusé à moi, je le tenais enfin entre mes mains.

– Trois, deux, un, zéro !

Au pied du Firstplan, le compte à rebours vient de s'achever. Je suis censé lâcher les chevaux qui sommeillent sous le capot. Comme figé par une si longue attente, peut-être tétanisé par l'enjeu ou étourdi devant la somme de recommandations et de consignes ingérées en si peu de temps, je reste planté là, passif, sans réaction, sous le regard éberlué du starter.

– Eh ! Seb c'est quand tu veux ! hurle Dominique.

Sa gueulante m'extirpe d'un coup de ma léthargie. Dominique m'a bombardé de conseils mais il en a oublié l'essentiel. Le temps défile déjà. Moi, j'étais persuadé que le chrono ne se déclencherait qu'après avoir coupé la cellule électronique, comme en Rallye Jeunes. Hélas, au niveau régional, il n'y en a pas. C'est le « zéro » du starter qui donne le top départ. Dominique a omis ce détail.

Passé le temps de latence et la poignée de secondes perdues sur la ligne, je me lance comme un mort de faim dans les premiers lacets du col. « Droite 110, gauche 130. » Dominique récite méticuleusement les notes. Je ne l'écoute que d'une oreille distraite. Dehors, le paysage file à toute allure. La rangée de sapins n'est plus qu'une uniforme couverture verte.

Je suis dans mon élément. J'entraperçois le visage de Dominique. Il vire au pâle puis au blanc. Je le sens se liquéfier. Pour lui, le fait de franchir le col constitue déjà un authentique miracle. Dans la descente, son cœur fait un bond dans le léger « gauche » puis le premier « droite » qui tourne bien. Les glissières de sécurité, il les voit de trop près. La peur panique le gagne. Il m'a avoué par la suite s'être dit : « Merde, tu es assis à côté d'un mec qui n'a jamais roulé, qui connaît à peine la voiture et qui descend ce col à bloc sans réfléchir. C'est sûr, il va nous envoyer dans le décor. »

Je ne me pose aucune question. Sûr de mon fait, je coupe la ligne d'arrivée sans la moindre égratignure. On termine à une seconde du meilleur temps de notre classe, celle des 1300 cm^3 . Si je ne m'étais pas loupé au départ, j'aurais signé le premier « scratch », le chrono référence, de ma carrière. Je suis un peu frustré. Dominique a d'autres soucis que ceux du verdict chronométrique. Il s'extirpe tout tourneboulé de la 106 au parc d'assistance, le teint blafard, le front moite, sous le regard interloqué des hommes de l'équipe. Pourtant, je n'ai pas le sentiment d'avoir réalisé quelque chose d'exceptionnel. Ni plus, ni moins que d'habitude, en somme.

À l'heure de se lancer dans la deuxième ascension du col, l'angoisse ne s'est pas dissipée sur le visage de mon mentor. Il voulait mesurer ma marge de progression ? Je n'ai pas l'intention de le décevoir. Cette fois, j'ai assimilé la subtilité du compte à rebours. Je pars comme une balle sur l'asphalte, avale le col et fonds sur la ligne d'arrivée sans lever le pied.

Je n'ai pas besoin de tâtonner, ni de m'y reprendre à deux fois. Un virage, un coup de volant : point barre. Je signe le meilleur temps de ma catégorie, qui est apparemment relevée. Les gars, des valeurs sûres, y tournent depuis des années. Dominique est estomaqué.

Je récidive dans le troisième passage, temps de référence à la clé. Les certitudes de mon copilote sont ébranlées. La chance nous a-t-elle épargnés ? Selon lui, seul un miracle nous permet d'être encore entiers. Je ne comprends pas son inquiétude. Je maîtrise la situation. Il est persuadé du contraire. D'après lui, au quatrième passage, notre voiture ne peut que s'enrouler autour d'un arbre. À l'assistance, il apostrophe Bertrand Kuntz :

– Soit ce type est fou, soit c'est un génie. Désolé, mais moi, je ne remonte plus avec lui. Vas-y, toi. Qu'un autre se sacrifie ! J'ai eu ma dose de frayeurs, merci.

Évidemment, le règlement interdit de changer de copilote en pleine épreuve.

Je ne me prends sûrement pas pour un génie. Et je suis convaincu de ne pas être atteint de folie. « J'envoie », c'est certain. Je comprends que ça n'est pas évident pour Dominique qui ne me connaît pas. Il se ressaisit et finit par reprendre place à mes côtés. De toute façon, il n'a pas le choix. Il se rend bien compte que je pose toujours les roues au même endroit, presque au centimètre près. Je ne me « jette » pas dans les courbes de manière irréfléchie. Je ne cherche pas à aller au-delà de mes limites. Ce n'est pas un miracle.

Les deux dernières « spéciales », remportées haut la main, ôtent les ultimes doutes. Dominique comprend que je ne suis pas un hurluberlu. Ce que je fais est vraiment maîtrisé. Appel, contre-appel, tout y est. Il affirme que j'ai un style et une maîtrise de la glisse hors du commun. Il est enthousiaste. L'équipe est ravie. La machine est désormais lancée. Je ne suis plus ce « kéké » allumé qui affole les dames derrière les poussettes et fait la nique aux hommes en képi sur les routes nord-alsaciennes. Je suis adoubé par la corporation des pilotes.

*
* *

Au Florival, la répétition générale s'est achevée sans couac. Grâce à cela, je vais désormais pouvoir participer au Volant 106, ce championnat qui doit servir de rampe de lancement aux meilleurs débutants. Dominique et Rémi m'offrent ce que je n'ai pas réussi à obtenir chez Peugeot. Je suis persuadé de pouvoir leur rendre, sur le terrain, la confiance presque aveugle qu'ils m'ont accordée. Je n'ai de toute façon pas l'intention de lambiner en chemin.

Dans l'après-midi, entre deux sueurs froides, dans le feu de l'action, Dominique m'a d'ailleurs demandé pourquoi je roule comme un dingue. Je lui ai répondu du tac au tac :

– Parce que seule la victoire m'intéresse.

Ne reste désormais plus qu'à trouver un copilote qui daigne monter à mes côtés.

– 6 –

MON DOUBLE

Sacré Daniel Elena. Dans sa bouche, le chiffre treize ne sera jamais prononcé. Parmi tous ses défauts, et Dieu sait s'il en a, la superstition n'est pas le moindre. Cela fait treize ans que je partage mon baquet de voiture de course, et bien plus que ça, avec lui. Plutôt que de prononcer ce nombre qu'il croit maudit, de peur certainement de se brûler la langue ou de s'attirer un siècle de malheurs et de damnations, il préférera dire : « On est ensemble depuis le nombre d'années que tu sais. » N'importe quoi. Comme son aversion pour les chats noirs. Dès qu'il en croise un, il s'empresse de lui faire des cornes, avant de se toucher dans la foulée les « parties », enfin les c…, puis d'effleurer un objet métallique. Pourquoi ? Il ne le sait pas lui-même. Quelqu'un lui a dit un jour de procéder ainsi. Et il le répète machinalement. À travers toutes ses gesticulations et contorsions, notamment dans les voitures de location tout en plastique, où le seul bout de fer se situe sur la clé de contact, il m'a fait prendre conscience d'une chose : le monde est rempli de chats noirs !

Pour conjurer le mauvais œil, Daniel ne montait jamais dans la voiture de course sans son Marsupilami en peluche. Un cadeau de sa première copine, je crois. À un moment, tout ce qu'il portait était à l'effigie de la bestiole jaune et noire : son tee-shirt, ses chaussettes, son caleçon… Avec les tenues ignifugées, désormais, c'est plus compliqué. Chassé de ses vêtements, le Marsupilami s'est réfugié à l'arrière de son casque.

Il est comme ça, Daniel Elena – que certains dans l'équipe appellent « Danos » ou « Dani » et que je qualifie parfois de « gros » pour le chambrer, quand lui me surnomme « le nain » ! –, mon compagnon, mon ami. Il ne changera plus. J'en viens même à anticiper ses réactions, tellement je le connais sur le bout des doigts. On n'a plus besoin de parler pour se comprendre. Un simple regard suffit.

Passer plus de deux cents jours par an, courses et essais additionnés, dans la promiscuité d'un habitacle de trois mètres carrés, favorise assurément le rapprochement. Nous formons un vieux couple, désormais.

Le destin est parfois drôlement fait. Rien ne laissait présager que nos chemins se croiseraient un jour, s'entremêleraient pour ne plus faire qu'un. A priori, je n'avais pas beaucoup de points communs avec ce garçon à l'époque tout fluet au regard sombre et à la langue bien pendue. En fait, il incarnait mon exact opposé. Son exubérance, cette propension à être excessif et râleur, son dilettantisme et son entêtement absolu, même quand il a tort à cent pour cent, m'ont souvent épuisé. Ce que je ne peux pas lui enlever, en revanche, c'est d'avoir de la repartie et le sens de la formule :

– Je suis l'eau chaude, tu es l'eau froide, mais pour prendre un bain, il faut utiliser les deux robinets si tu veux obtenir de l'eau tiède.

*
* *

Daniel a deux ans de plus que moi. Enfin, seulement seize mois, puisqu'il est né le 26 octobre 1972. Surtout, il est de nationalité monégasque. C'est écrit sur sa carte d'identité. Voilà qui en jette ! Longtemps, j'ai cru que seuls les nantis, nés avec une cuillère d'argent dans la bouche, habitaient ce minuscule bout de rocher défiscalisé. Depuis que je le connais, j'ai compris que la misère n'est pas moins pénible au soleil. Des petites gens vivent aussi en Principauté, à l'ombre du palais. Sa maxime préférée, concernant ses origines « princières », résume la situation :

– J'étais un SDF de Monaco. Là-bas, ça veut dire sans difficulté financière. Moi, c'était avec beaucoup de difficultés…

Au pays des riches, Daniel a longtemps trimé. Son père était croupier au casino, sa mère femme de ménage. J'imagine que ça devait être frustrant de vivre dans un appartement de cinquante mètres carrés et de voir à longueur de journée des Porsche, Ferrari, Lamborghini et autres bolides de rêve tourner en rond autour du casino de Monte-Carlo puis se garer devant des yachts démesurés.

Petit, il devait forcément se poser des questions :

– Ce qu'ils ont, je ne l'aurai jamais. Pourquoi eux et pas moi ?

Face à cette démesure et à ce luxe, la frustration qu'il a dû nourrir au cours de son enfance explique à mon sens son comportement parfois déroutant, dont ce côté fier et supérieur qui m'irrite un peu. À Oberhoffen, contrairement à Daniel, je n'étais pas exposé à pareil décalage. La plus belle bagnole du quartier était une Sierra 2 litres. À un moment, mon père possédait une Opel Manta GTE. Elle était presque aussi chouette que la Ford du voisin. Je n'avais donc aucune raison d'être envieux ou jaloux.

À Monaco, Daniel a exercé tous les petits boulots du monde, après avoir coupé les ponts avec l'école : mécanicien-diéseliste-bateau, plongeur sous-marin, plongeur de restaurant, livreur de pizzas, et même laveur de chiottes. Mais sa grande passion, c'était la bagnole, et plus précisément les rallyes. Dès l'âge de dix-neuf ans, il s'est glissé dans le siège passager pour accompagner un pote dans les épreuves régionales. Tout le pognon qu'il gagnait péniblement était exclusivement destiné à alimenter cette passion. En cela, nous sommes siamois.

On s'est croisés dès mon deuxième rallye, fin avril 1997. Dominique Heintz, encore traumatisé par l'expérience du Florival, m'avait déniché fissa une remplaçante que connaissait Bertrand Kuntz, l'un des associés d'Ambition Sport Auto. J'avais entamé le Volant 106, lors du Vignoble alsacien, au côté de

Karine Triboulot. Elle connaissait le boulot, pour avoir déjà navigué des pilotes amateurs, mais ce n'était qu'un intérim. Daniel, lui, participait au même championnat comme copilote d'Hervé Bernard, un gars de Cannes. Ils couraient sur une 106 version 1600 cm^3, une voiture plus puissante que la mienne, sous les couleurs de l'équipe Rallye Jeunes. Avec ma petite 1300 cm^3, je ne pouvais pas rivaliser.

Comme lors de mon premier galop d'essai au Florival, je m'étais à nouveau imposé dans ma catégorie, à Sélestat. Dans le lot de tous les concurrents, Daniel m'avait repéré. Ma frange à la Leonardo DiCaprio qui le faisait tant rigoler a dû lui taper dans l'œil !

Au mois de mai, pour ma première course en dehors de ma région, en Bourgogne, j'ai découvert mon troisième équipier en autant de rallyes. Cette fois, Dominique Heintz est parvenu à rameuter en temps et en heure son copilote « personnel », Christophe Schneider. C'était un jeune de Marlenheim – gros bourg situé au début de la route des vins d'Alsace –, de deux ans mon cadet. Il courait auparavant avec Dom' en MG Trophy, une formule de promotion pour les *gentlemen drivers*. Le contact est bien passé. À ce rallye des Vins-Mâcon, notre association a été couronnée par un succès.

Mine de rien, je commençais à me faire un nom dans le milieu. J'avais tout de même remporté quatre victoires en autant de courses, la dernière au mois de juillet au rallye Charlemagne. À Maubeuge, je me suis imposé devant Jimmy Mannessier, un pilote du cru que l'on présentait comme un gros client. J'ai rapidement sympathisé avec lui. Jimmy est malheureusement décédé accidentellement en rentrant du réveillon du jour de l'an 2007, alors qu'il était installé – c'est un comble – côté passager.

À cette époque, mes victoires ne me rapportaient pas un rond. Avec Christophe Schneider, qui m'a accompagné en tout et pour tout sur quatre courses, on a vécu quelques galères. Il nous est même arrivé de dormir dans la bagnole, faute de pouvoir nous payer une piaule d'hôtel, et de nous débarbouiller au petit matin dans les toilettes du bistrot du coin, avec juste assez de monnaie en poche pour nous offrir un café. Les primes couvraient les frais de déplacement et de fonctionnement. Et si, par bonheur, il restait quelque chose au bout, l'argent était immédiatement réinvesti dans le rallye suivant.

Dominique et Rémi paraissaient plutôt contents de leur choix et de leur investissement, même s'ils n'en retiraient aucun dividende. Ce n'était de toute façon pas le but de l'opération. Mais peut-être avaient-ils quand même misé sur le bon cheval ? Après ces quatre succès dans ma petite catégorie, mes deux mentors ont en tout cas décidé de doubler la mise dès l'automne. Ils ont revendu ma voiture pour acquérir une 1600 cm^3, en prévision de la prochaine saison. En fait, ils ont convaincu un restaurateur de Sélestat, féru de sport auto, de me confier sa bagnole de course. Elle était en quelque sorte en location entre mes mains.

Là, on est passé de l'amateurisme pur et dur à l'étape supérieure. Marco et Armand, nos deux mécaniciens, ont été remplacés par des « pros ». La voiture est désormais livrée aux mains expertes d'un préparateur qui commence à se bâtir une réputation dans la discipline, Bernard Piallat, le patron de la structure haut-marnaise PH Sport. Dominique n'a pas l'intention de traîner en cours de route. Si je suis bon, autant me mesurer aux meilleurs à armes égales.

À force de côtoyer les mêmes têtes au fil de la saison, j'ai commencé à tisser quelques liens. Le samedi soir, après l'arrivée, tout le rallye se retrouvait dans le bar du patelin ou, dans les villes plus importantes, en boîte de nuit. À Maubeuge, j'ai échangé quelques mots avec Daniel. Sa « faconde méridionale », son accent chantant et son air jovial ne passaient pas inaperçus. Mais je n'ai pas spécialement cherché à entrer en contact avec lui. Christophe, mon copilote, était fiable. Ça collait très bien.

En septembre, j'ai étrenné ma nouvelle voiture au rallye Loire-Atlantique. Les premiers soucis sont arrivés au même moment. Durant les reconnaissances sauvages, j'ai « plié » la 205 GTI que je venais d'acheter quelques jours plus tôt ! Puis un câble d'embrayage récalcitrant sur la 106 m'a empêché de défendre mes chances en course.

La saison s'est terminée au critérium des Cévennes. Histoire de limiter les frais lors de la semaine qui précédait la course, on a partagé un gîte avec d'autres équipages, selon les affinités ou les circonstances. À Ganges, je me suis retrouvé pour la première fois sous le même toit que Daniel, toujours associé à Hervé Bernard.

Christophe Schneider, retenu par son boulot, n'avait pas pu se libérer pour les reconnaissances du parcours. À l'époque, celles-ci n'étaient pas limitées, comme aujourd'hui en Mondial, à deux passages par « spéciale ». Aussi, les « recos » ne nous servaient pas uniquement à prendre les notes. On les considérait comme de véritables séances d'essais. Certes, nous ne pouvions pas rouler avec la voiture de course. Mais au volant d'une bagnole de série un peu améliorée, nous approchions en terme de sensations les conditions réelles. Pour se familiariser avec un rallye inconnu, on passait et repassait sur le tracé jusqu'à en connaître le moindre détail.

En l'absence de Christophe, il a bien fallu lui trouver un remplaçant. Sinon, qui aurait pris les notes que je dicterais ? J'ai donc traîné avec moi mon meilleur pote, Den's. Il a campé le rôle de copilote de fortune jusqu'à la veille du départ. Ce n'était pas trop sa tasse de thé. Il a d'ailleurs consacré le plus clair de son temps à pioncer dans le gîte. L'exercice a dû l'user.

Le pauvre Den's a vraiment flippé dans un endroit un peu « chaud », là où le chemin escarpé, à flanc de rocher, débouchait sur un précipice, sans glissière de sécurité. La vue était imprenable sur toute la vallée cévenole, mais il n'a pas trop goûté aux charmes du paysage. La note est d'ailleurs restée gravée dans sa mémoire à jamais. Virage « gauche quatre-vingts moins dangereux ». C'est surtout le dernier mot de cette phrase qui l'a tarabusté. Il faut dire qu'en fin de journée, après une dizaine de virages dans la même courbe, je me sentais en confiance. De son côté, les roues passaient à la limite du vide. Den's ne l'a pas oublié.

De manière aussi abrupte qu'inattendue, ce rallye a marqué la fin de mon association avec Christophe Schneider. Pourtant, notre course avait débuté sur les chapeaux de roues. Je me suis retrouvé pour la première fois de la saison en tête du Volant 106, devant le leader du championnat, Lionel Montagne. Tout allait pour le mieux jusqu'à ce que je torde le train arrière de ma 106 dans une compression. Derrière, les roues se sont ouvertes, la voiture s'est mise à flotter dans tous les sens. Elle avançait à la manière d'un crabe perdu sur une plage écrasée par le soleil. Les dégâts étaient trop importants pour que l'on puisse réparer sur-le-champ.

Qu'importe, tant que ça roule, autant continuer. Dans les premiers kilomètres après l'incident, j'ai perdu beaucoup de temps. Puis je me suis accommodé de ce « léger » défaut. Au bout d'un moment, j'ai compris comment ça marchait. Je me suis à nouveau battu avec les meilleurs !

Pour moi, ça tenait la route. Christophe, lui, a dû trouver la situation trop périlleuse. Tout au moins, c'est ce que je pensais ce jour-là. À vrai dire, je n'ai jamais vraiment eu le temps d'en rediscuter. À la fin du rallye, j'ai vaguement compris que mon copilote n'avait plus l'intention de remonter dans la voiture à mes côtés. Pour quelles raisons ? Je n'ai eu aucune explication. Ni moi, ni Dominique n'avons plus eu de nouvelles de lui. À mon avis, il s'était rangé des voitures, avait raccroché son casque et tiré un trait définitif sur la compétition. Pfft, disparu, évaporé.

Je l'ai recroisé par hasard courant 2009, sur un circuit de karting en Lorraine. Sa carrière de copilote s'était effectivement achevée dans les Cévennes, douze années plus tôt. Non pas à cause de la frousse, comme il me l'a expliqué, mais en raison des reproches qui lui avaient été adressés concernant notre incident de route. Il a pensé à tort que tout le monde s'était ligué contre lui. Alors jeune et fougueux, Christophe est monté dans les tours et a décidé de tout plaquer, sans chercher à demander la moindre explication.

La relation entre un pilote et son équipier se base avant tout sur la confiance réciproque. Celle-ci n'est pas instantanée. Elle se construit au fil du temps. Celui qui tient le volant entre les mains est presque censé pouvoir piloter les yeux fermés, guidé uniquement par les notes récitées avec précision, dans le bon tempo, par son voisin de droite. L'équipier, lui, n'est pour ainsi dire plus maître de son destin. Il confie aveuglément sa vie à un tiers et ne peut que prier pour que celui-ci ne soit ni inconscient, ni fou furieux. La peur ne doit pas s'immiscer dans l'habitacle. C'est elle qui génère le stress et provoque les erreurs. Mieux vaut donc chercher à se connaître et à se comprendre. Or en six rallyes, j'avais déjà « usé » trois copilotes. Question stabilité, il y a mieux. Cela ne pouvait pas continuer ainsi.

Histoire de fêter dignement cette fin de saison, on s'est tous donné rendez-vous dans une boîte de Ganges. La petite troupe du gîte a pris place autour du bar. Au bout d'un moment, Daniel, qui était au courant de ma situation, m'a fait une proposition, de but en blanc :

– Hervé Bernard a décidé de ne pas repartir l'an prochain, faute de moyens. Comme toi, je me retrouve seul. Pourquoi on n'essaierait pas de courir ensemble ?

– Mouais. Pourquoi pas…

J'étais un peu dubitatif. Plus tôt dans la journée, après mon incident sur le train arrière de l'auto, j'avais rencontré un autre souci : le support de boîte avait cassé et nous l'avions rafistolé avec une sangle. Avant le départ d'une spéciale, alors que tous les concurrents stationnaient en file indienne, Daniel est venu me glisser un bon tuyau :

– Écoute, je n'ai qu'un conseil à te donner. Attaque !

J'étais parti comme un bourrin. Bien sûr, ça n'a pas loupé. Au bout du troisième virage, la sangle a pété. Merci, Daniel ! Ça l'a plutôt fait marrer. Au classement, ma mésaventure lui a permis de gagner une place. J'aurais dû m'en douter. Avec le temps, j'ai appris qu'il ne fallait pas forcément écouter les belles paroles de Daniel.

Au gré des tournées et de l'euphorie éthylique de la soirée, l'idée a fait son chemin. Initialement, j'avais pensé à Den's pour m'épauler. Seulement mon copain d'enfance, courageux mais pas téméraire, n'était pas franchement emballé par cette perspective. Il avait failli tourner de l'œil durant les « recos ». Alors pour ce qui est de l'embarquer en course…

J'avais peut-être l'homme de la situation en face de moi.

– Allez, encore une dernière tournée !

Daniel n'arrêtait plus de causer, ce qui deviendra une habitude. Je le trouvais plutôt cool et détendu. Ce gars-là respirait la joie de vivre, la bonhomie. Il me faisait bien marrer. En outre, il possédait une expérience non négligeable.

On s'est persuadés, en quittant la discothèque bras dessus, bras dessous, que l'on avait besoin l'un de l'autre. Ne restait plus qu'à obtenir le feu vert de Dominique et de Rémi. Ils n'étaient pas opposés à cette idée, même s'ils m'ont suggéré le nom d'un autre type qu'ils gardaient en réserve. Je l'avais déjà croisé. Sans le connaître plus que ça, j'ai senti que le courant n'allait pas passer. Mon choix était donc arrêté. Mes « patrons » se sont rangés à mon avis. Le nom de Daniel Elena figurerait désormais à côté du mien sur les feuilles d'émargement des rallyes.

*

* *

Comme lors des trois années précédentes, je me suis présenté à l'opération Rallye Jeunes fin 1997. Dominique m'avait persuadé de retenter une ultime fois ma chance, histoire de pouvoir négocier un soutien de Peugeot. Les responsables sportifs de la marque au Lion avaient suivi mon évolution tout au long de la saison. Ils souhaitaient vivement que je rejoigne leur équipe. Je venais d'ailleurs d'être élu espoir de l'année par la revue *Échappement*. Des pointures comme Didier Auriol, Philippe Bugalski ou François Delecour, les références françaises de la discipline, me précédaient au palmarès. Cela devait bien vouloir dire quelque chose…

L'idée de Dominique consistait à franchir une nouvelle étape, en appliquant la devise d'Ambition Sport Auto chipée à Pierre de Coubertin : « Plus haut, plus vite, plus fort ». Il ne voulait pas se contenter en 1998 de la formule de promotion Volant 106. Non, il fallait taper dans la catégorie supérieure. La 106 Maxi, véritable bagnole de course qui était hors de prix, serait parfaite. Seul Peugeot, à travers un programme officiel, pouvait me l'offrir. Je suis donc repassé pour la quatrième fois de suite par la case des sélections Rallye Jeunes, à Nancy cette fois. Je me suis qualifié pour la finale nationale de Lédenon, à côté de Nîmes.

Le hic, c'est que les gars de Peugeot n'ont pas mordu à l'hameçon. Même en cas de victoire à la finale, ils n'étaient pas disposés à me mettre d'entrée une puissante 106 Maxi entre les mains. Pas avant d'avoir remporté le Volant 106, en tout cas. Ce qui nous aurait amenés, au mieux, à la saison 1999. Aux yeux de Dom', on perdait là douze précieux mois. Avec son « holzkopf », sa tête en bois en dialecte, il a donc remué ciel et terre pour accélérer la cadence. D'autant que Bernard Piallat, le patron de PH Sport, l'avait littéralement séduit en lui exposant un nouveau concept emballant. Citroën lançait dès 1998 une formule haut de gamme, baptisée

Trophée Saxo. Et là, on touchait au nec plus ultra de ce que pouvait espérer un jeune pilote. Il ne s'agissait plus d'une voiture dérivée du modèle de série, mais d'une véritable auto de compétition qui développait deux cents chevaux, avec un moteur et une boîte travaillés, des jantes spéciales, des amortisseurs de compétition, des extensions d'aile… Un pur-sang, une bombe, oui ! Revers de la médaille, ce joli kit vendu par Citroën avait un coût carrément démentiel. En tout et pour tout, il fallait débourser la bagatelle de six cent mille francs !

Je ne sais pas avec précision quels motifs ont poussé mes mentors à franchir le pas. L'esprit d'entreprise et d'aventure, une part d'inconscience aussi, la confiance aveugle que Dom' plaçait en moi, certainement, les ont incités à commettre cette pure folie. Dominique et Rémi se sont en tout cas montrés suffisamment persuasifs et enthousiastes pour obtenir d'un banquier un crédit de trois cent mille francs chacun. Ils ont engagé leur caution personnelle et pris des risques financiers. Avant de donner son accord, le banquier a quand même tiqué :

– Vous me dites que vous voulez acheter une Saxo… Mais à ce prix-là, vous pouvez vous en payer dix !

Sans avoir pris connaissance de la grande nouvelle, dont les tractations avaient été tenues secrètes, j'ai mis le cap sur le circuit de Lédenon, dans le Gard, avec Ernest, le frère de ma copine Énissa. Arrivé sur place en fin de soirée, la veille de la finale, j'ai appelé Dominique d'une cabine. Il m'a mis au parfum.

– On a trouvé les apports pour te payer une Saxo. Tu peux quand même aller au bout de Rallye Jeunes, repartir l'an prochain avec la 106 et tenter de te faire une place chez Peugeot. Si tu nous fais confiance, on te propose un autre challenge. C'est à toi de voir.

Repartir dans la formule de promotion Volant 106, avec une auto de cent trente chevaux dérivée de la série, alors qu'une Saxo Kit Car, vraie voiture de course, me tendait les bras ? La bonne blague ! J'étais fou de joie. D'un coup, ma présence dans la région nîmoise, aux abords de ce circuit, m'est apparue totalement incongrue. Avec mon « beau-frère », on a bu quelques bières. On a dormi à l'hôtel avant de repartir le lendemain matin, en tournant résolument le dos à la finale. Dans le landerneau du rallye, ma volte-face a provoqué un sacré émoi. Je crois que les organisateurs m'ont attendu avec impatience puis dépit, sans rien comprendre au film.

*

* *

Dès notre première course ensemble, au printemps 1998 dans le vignoble champenois, j'ai compris que Daniel n'avait pas peur. Lors de cette répétition générale avant l'ouverture du Trophée Saxo, je n'ai pourtant pas ménagé nos montures : ni ma 205 GTI lors des reconnaissances, ni la pimpante Saxo en course. Imperturbable, Daniel a fait son boulot proprement.

De manière générale – je m'en suis rendu compte par la suite –, rien ne l'effraie. Moi, je ne suis pas franchement à l'aise dans des situations que je ne maîtrise pas. Voilà deux ans, on a fait un baptême de saut en parachute. Une fois dans l'avion, je me suis posé mille questions concernant la fiabilité du matériel et les capacités de mon moniteur, accroché à l'aide d'un harnais dans mon dos.

Quand la porte s'est ouverte, à quatre mille mètres, j'ai vraiment flippé. Daniel, lui, débitait les mêmes conneries que d'habitude, le sourire aux lèvres. Il ne s'est nullement demandé si le parachute allait s'ouvrir ou pas. Il s'est jeté dans le vide comme si de rien n'était. Je ne dirai pourtant pas que c'est une tête brûlée. Il a conscience du risque, mais il sait l'apprivoiser. J'admire sa capacité à aborder toute chose de manière résolument optimiste, avec assurance et détermination. Je pense qu'il faut être habité de cet esprit-là pour exercer le métier de copilote. Et placer une confiance absolue en celui qui tient ton destin entre ses mains, que ce soit pour actionner l'ouverture de la voile en chute libre ou pour tourner le volant en rallye.

Quant à moi, je n'aime pas dépendre de quelqu'un. En toute circonstance, je veux contrôler la situation. Je ne pourrais pas être copilote, définitivement. J'ai beaucoup de respect pour ces hommes de l'ombre.

*
* *

Les liens d'amitié avec Daniel se sont noués dans la difficulté bien avant les succès. Et des galères, on en a vécu un paquet ! Nos trois premières années de « vie commune » ont été rocambolesques. Comme on avait décidé de consacrer toute notre énergie au rallye, il a fallu parfois se priver, puisque nos sources de revenus étaient presque taries. Notre boulot consistait à gagner, histoire de toucher la prime – soixante-cinq mille francs reversés au vainqueur de chaque manche en Trophée Saxo – destinée à financer la suite de la saison. Chaque franc dépensé à titre personnel était compté. Heureusement que nos parents, et parfois même Dominique et Rémi, nous soutenaient financièrement.

Au début, Daniel pouvait encore s'offrir le luxe de voyager en avion, grâce au tarif jeunes. Pour moins de cent balles, il me rejoignait en Alsace. De là, on filait sur les épreuves disputées au nord de la Loire. Très vite, cependant, il a franchi la limite d'âge pour les réductions. Le vol Nice-Strasbourg à six cents francs, ça refroidit les ardeurs.

À l'hiver 1999, pour limiter les frais, Daniel a posé son balluchon chez moi, à Oberhoffen-sur-Moder. Ma mère n'y était pas opposée. Au contraire, elle l'a accueilli à bras ouverts. Elle l'aurait presque considéré comme son second fils. Il n'empêche, Daniel a essuyé une sacrée claque. La froidure alsacienne a plongé mon Monégasque dans une profonde léthargie. Plutôt que de s'installer dans une des deux chambres de la cave, il a opté pour le canapé du salon, considérant qu'il faisait plus chaud en haut. Mon chat aussi, au demeurant. La scène était d'ailleurs assez cocasse : Daniel qui roupillait, le minou juché sur sa tête…

Au bout de quelques semaines, mon équipier s'est fondu dans le paysage enneigé. Je lui ai présenté mes potes, Den's, Pierre, Fred et les autres, qui l'ont vite considéré comme un des leurs. Il ne lui a pas fallu bien longtemps pour débiter quelques gros mots en alsacien, « avé l'assent du Midi, peuchère ». Il a même fini par trouver une petite amie.

Je n'ai pas eu à le forcer pour qu'il adopte mon rythme de vie, en dehors des virées en reconnaissances puis en courses : coucher après 2 heures, réveil pas avant midi. Notre vie de patachon était juste entrecoupée de temps à autre par quelques courtes périodes de boulot à but purement alimentaire, par obligation. Chez Socalec, la boîte d'électricité où je travaillais, mon patron s'était fait à l'idée que je voulais devenir pilote. Il était disposé à ne m'employer qu'en fonction de mes disponibilités et à me payer en conséquence. Cela n'allait pas chercher bien loin, mais c'était suffisant pour survivre lors de l'escapade suivante en rallye. Du coup, Daniel se sentait aussi obligé de se bouger un tant soit peu. Il y avait toujours du boulot, au black, pour un jour ou deux.

Dominique a placé quelques espoirs en nous. Naïvement, il a espéré que l'on allait pouvoir participer financièrement au projet. Après sa carrière sous les drapeaux, il avait ouvert un garage à Soultz-sous-Forêts, non loin de son village natal, à vingt bornes d'Oberhoffen. Nos notions en mécanique pouvaient être utiles pour retaper quelques vieilles caisses, pensait-il. Le problème, c'est que l'on ne s'est pas sentis trop concernés par son appel poli. Il espérait nous voir à pied d'œuvre à 8 heures du matin, aux côtés d'Armand et de Marco, les deux mécanos de métier embarqués au départ dans l'aventure Ambition Sport Auto. Sur le chemin, on s'arrêtait souvent à Haguenau chez Caro pour une pause-café. Caro est la sœur de Fred Willmann, mon pote de virées en bagnole. Elle vivait déjà à l'époque avec Éric Wasser, « l'accidenté » de ma Mobylette, et s'occupait de leur bébé, un garçon qui est aujourd'hui plus grand que moi. Caro nous accueillait toujours à bras ouverts. On papotait avec elle un bon bout de temps. Du coup, on ne se pointait jamais au garage avant les douze coups de midi !

Un lendemain de fiesta prolongée avec les potes d'Oberhoffen, j'ai même été pris en flagrant délit de grosse fatigue. Dominique et Armand suaient à grosses gouttes pour fixer péniblement un train arrière sous une bagnole placée sur un pont mécanique. Ils m'avaient demandé de grimper dans le coffre et de serrer les boulons, une fois la pièce en place. En dessous, à bout de bras, ils s'échinaient comme des damnés à trouver le bon angle de fixation. En vain. Au bout d'un moment, ils ont remarqué que quelque chose clochait et m'ont appelé. Comme je ne répondais pas, Dominique s'est hissé sur le pont pour voir ce que je trafiquais là-haut. Recroquevillé dans le coffre, je dormais à poings fermés.

Nous n'étions pas bien malins, encore moins reconnaissants. Heureusement, les choses ont changé…

*

* *

À cette époque, notre hygiène de vie était plus que douteuse, notre régime alimentaire bien éloigné des contraintes d'un sportif. À Soultz, Daniel avait déjà essuyé un matin les foudres de la boulangère pour lui avoir demandé sa « schneck », un escargot en alsacien. Ce qu'on avait omis de lui dire, c'est que le mot est à double sens. L'aspect péjoratif, en dialecte, signifie le sexe d'une femme. Quand on lui en a expliqué la signification, il a mieux compris pourquoi la commerçante avait piqué un fard, en le fusillant du regard. Il n'a plus jamais voulu chercher de petits pains. Allez savoir pourquoi !

À l'heure du déjeuner, on faisait preuve d'une grande originalité : un coup au McDo, le lendemain au Quick, le troisième jour au Doner Kebab. Le repas du soir, en revanche, était un peu plus varié. Ma mère nous préparait souvent de petits plats. Sinon, il fallait se contenter d'un saucisson en guise d'entrée, rehaussé d'une assiette de *bibeleskass*, le fromage blanc battu alsacien. Cet en-cas roboratif s'apparentait presque à de la grande cuisine en comparaison du menu qui nous attendait lors de notre premier rallye du Touquet, en octobre 1998. Là, on était vraiment fauchés. Daniel a pu retirer les cent derniers francs de son compte avant une interdiction définitive de retrait que j'avais, pour ma part, déjà subie. C'était juste assez pour acheter une barquette de steaks hachés congelés et un grand emballage de purée Vico. Durant une semaine, on s'est nourris exclusivement de viande carbonisée et de purée.

Nous avons vécu sous le même toit durant six mois. Au printemps 1999, lors du rallye des Vins-Mâcon que l'on a remporté, Daniel a rencontré Céline, une fille de viticulteurs. En juillet, il est parti s'installer chez elle, à Burgy. J'étais content pour lui. Il s'est même découvert une vocation de vigneron, puisqu'il a – un peu – bossé avec ses futurs beaux-parents. Cette activité déclarée lui a surtout permis d'obtenir une carte Vitale, inexistante à Monaco. C'était un précieux sésame aux yeux de Dominique, qui voulait se prémunir contre une catastrophe en cas d'accident en course.

Céline et Daniel se sont mariés deux ans plus tard, à l'été 2001. Daniel m'a demandé d'être son témoin et son chauffeur. Pour le deuxième volet, il n'a pas été très inspiré. Le conservatoire du patrimoine de Citroën lui avait prêté une magnifique C6 de 1936, une version décapotable qui semblait être tout droit échappée d'un album de Tintin. De manière instinctive, j'ai roulé un peu vite. Le joli bouquet de fleurs noué sur le capot s'est envolé dans les vignes. À l'arrière, Daniel et Céline ont été légèrement secoués. Au bout de deux bornes, j'ai semé tout le cortège nuptial. Il faut dire que pour se rendre à l'église de Burgy, on a emprunté la route d'une spéciale des Vins-Mâcon. Je la connaissais par cœur, sans même que Daniel, mon « haut-parleur » en course, ait besoin de me réciter les notes ! Mon naturel est revenu au galop. Daniel a bien rigolé, Céline un peu moins. Voilà ce qu'il en coûte de me choisir comme chauffeur !

*
* *

Daniel est un rescapé. C'est comme s'il avait pris place, au premier jour de notre collaboration, sur un siège éjectable. À maintes reprises, le bouton a été actionné. Mais cet animal têtu est toujours parvenu à retomber sur ses pattes. Je lui reconnais un immense mérite : il n'a jamais lâché, même au plus fort des tempêtes qui se sont abattues sur lui. Derrière son air je-m'en-foutiste, il développe une force de caractère assez impressionnante. Tu peux lui claquer la porte au nez, il grimpera toujours par une fenêtre pour revenir dès que tu as le dos tourné. Et si, par précaution, tu fermes tous les volets, il trouvera encore une lucarne à la cave pour s'y faufiler…

Dominique et Rémi ont été les premiers à le mettre sur la sellette. À l'issue de notre première saison, ils lui ont reproché un manque d'implication et d'investissement personnels. Tout lui était dû, selon eux, alors que lui ne montrait aucun signe de bonne volonté en retour. La version de Daniel, prompt à s'ériger en victime, était tout autre. Selon lui, il s'agissait ni plus ni moins d'un délit de faciès.

– Pour vous, les Alsaciens, tous ceux qui vivent au sud de Lyon sont forcément des branleurs et des fainéants. Chez nous aussi, il arrive que l'on bosse, s'était-il emporté.

Les engueulades entre lui et Dominique ont été épiques. Je craignais juste que les clés de dix-neuf ne volent à travers le garage. Mais Dom' n'en a pas démordu.

Au printemps 1999, je suis revenu faire mes réglages avant le début du Trophée Saxo aux Vins de Champagne, comme l'année précédente. Sauf

1974. Trois mois seulement, et en pole position !

Dîner avec papa.
Une enfance dans les *seventies* !

1975. Déjà une carrure de gymnaste...

Au côté de mon papi Charles. Je passe beaucoup de temps en sa compagnie, j'ai d'excellents souvenirs de lui.

Première séance d'essais à huit ans chez mon oncle Bernard.

Camping ! Ici en Camargue avec maman.

Enfant modèle… jusque-là !

1985 : me voilà gymnaste.
Le début de la compétition

Au club de gym d'Oberhoffen. Je suis au centre.
À l'extrême gauche, papa ; à ma droite, Christophe Adam.

Septembre 1995. Avec Frédéric Willmann lors de la sélection Rallye Jeunes. Le début de la grande aventure…

Pause détente entre bidasses.

Je conduis toujours… un char cette fois, pour mon service militaire !

Au côté de Denis Jodin, dit Den's, mon pote d'enfance. Nous avons été deux acrobates à mobylette !

Sébastien Keller, une relation de confiance.

Avec Philippe Birgel, alias Philou, le compagnon de mes virées sportives.

Sortie parachutisme ! Au premier rang, de gauche à droite : ma femme Séverine et moi, Fred Willmann et Pierre Lambert.

Victoire à La Rochelle au volant de la Saxo jaune Bic.
Daniel Elena est déjà à mon côté.

Dominique Heintz.
Il a cru en moi dès le début… au point d'hypothéquer ses biens pour m'offrir ma première Citroën Saxo.

Guy Fréquelin.
Le patron de Citroën Sport. Un soutien sans faille. Ici lors de mon premier titre en Corse en 2004.

Jean-Pierre Champeau.
Il m'a permis de franchir la dernière étape vers le professionnalisme.

© Fabrice Gallou / DPPI

Séverine. Le jour où nous nous sommes dit oui, le 10 septembre 2005.

Valentine, ma petite championne, fait son baptême de conduite au rallye de Monte-Carlo en 2008 !

Être père me comble de bonheur. J'adore faire découvrir de nouvelles sensations à Valentine...

Entouré par ma belle-famille dans les salons de l'Élysée où je viens d'être fait chevalier de la Légion d'honneur. De gauche à droite : mon beau-père Richard, moi, Séverine, ma belle-mère Monique, ma belle-sœur Sandra et Titi, son mari.

Un saut plus impressionnant de l'extérieur que de l'intérieur.
La photo préférée de ma fille... qui l'a en poster dans sa chambre.

que Daniel n'est pas à mes côtés. Je n'ai pas le choix, même si je ne suis guère emballé par ce nouveau changement d'équipier. Jacques-Julien Renucci, un habitué du Championnat de France, s'est sanglé dans son baquet à ma droite. Cette mise à pied n'a pas refroidi mon pote. Il est quand même venu à Épernay pour participer à l'assistance, en compagnie du mécanicien en charge de notre Saxo. Il a bougonné comme rarement, mais il était présent.

Comme la saison d'avant, je me suis imposé dans ma catégorie. Le remplaçant a fait son boulot, ni mieux ni moins bien que Daniel. Dès lors, à quoi bon changer ? À la fin du rallye, je suis allé voir Dominique.

– Renucci ne m'apporte rien de plus que Daniel. Je veux rebosser avec lui, lui ai-je dit.

La parenthèse était refermée. Temporairement, tout du moins.

C'est fou, le nombre de gens qui ont lorgné la place de mon copilote. Daniel a constamment vécu sous pression. Fin 2001, le passage de l'amateurisme au milieu pro, avec ses codes et ses exigences, a failli lui être fatal. Des gars expérimentés attendaient le moindre faux pas pour récupérer son baquet. Guy Fréquelin, notre patron chez Citroën, ne lui a accordé qu'un crédit très limité. Une liste de remplaçants avait déjà été établie avant même la première course pour le constructeur. Il faut dire que la rigueur n'est pas le point fort de mon Daniel. Et des boulettes, il en a commis quelques-unes.

Daniel a senti siffler le vent du boulet de manière insistante après sa bévue en Turquie, au printemps 2003. Sur ce coup-là, il savait pertinemment qu'il n'avait pas le droit à l'erreur sur le parcours routier, le réservoir d'essence étant presque vide. Eh bien, il nous a quand même perdus dans la nature, causant ainsi notre abandon. Fréquelin était rouge de colère. Sur le moment, j'étais moi aussi fâché contre Daniel. On s'est pris méchamment la tête pendant dix minutes, puis on a tourné la page. Je l'ai défendu auprès du boss, qui était bien décidé à le dégager. Heureusement, il n'a pas mis sa menace à exécution. Mais Daniel était désormais placé sous étroite surveillance. Son comportement a alors changé. À partir de ce jour-là, il a eu réponse à tout. Qu'il ait raison ou tort, cela n'avait plus d'importance. Il ne voulait surtout plus jamais être pris au dépourvu.

Au Japon, en octobre 2007, il a commis une autre faute. Il nous a envoyés dans le décor à haute vitesse pour s'être trompé dans la lecture d'une note. Il m'a annoncé un virage en y accolant la mention « plus plus », alors que j'avais bien précisé « moins moins » dans le carnet. Au lieu d'aborder la courbe en quatrième vitesse, je suis donc passé à fond de cinquième. Grosse différence ! Ma C4 a décroché pour finir sa course contre un arbre. On avait l'occasion de reprendre notre rival finlandais Marcus Grönholm, sorti de la route la veille, et de s'installer seuls en tête du Championnat, alors qu'il ne restait plus que deux rallyes à courir. Finalement, l'erreur ne nous a pas porté préjudice puisque nous avons remporté notre troisième titre mondial en fin de saison. Mais sur le moment, il y avait de quoi être vert de rage.

Passé la stupéfaction, Daniel a quand même réussi à faire le malin. Il a attendu que je termine de maugréer.

– Cela prouve au moins que tu écoutes encore ce que je te dis, a-t-il lâché.

Je l'ai pourri. À sa décharge, c'est la seule fois où il a fauté dans une lecture de notes. Je considère que cela fait partie des risques de son métier. À la limite, c'est plus excusable que sa bourde turque.

Entre ces deux erreurs, d'autres petites bévues sont passées inaperçues. Je ne compte pas le nombre de fois où l'on a pris la mauvaise direction sur le parcours de liaison, entre deux spéciales.

– C'est à gauche, là-bas, tu vois ?

– Où ça ?

– Euh, ben merde, c'était là !

En course, les observateurs disent que je suis le pilote qui sait le mieux utiliser le frein à main dans les épingles. C'est normal. À force de rattraper les conneries de Daniel sur le parcours routier, je suis plus entraîné que les autres à faire des demi-tours soudains !

*
* *

J'ai beau aborder le personnage sous tous les angles, Daniel concentre en une seule personne une somme astronomique de défauts et autant de qualités. Je m'y suis fait. C'est ça qui le rend attachant.

Pour rien au monde, je ne voudrais en tout cas changer de partenaire. Il me casse les pieds, certes, mais reste irremplaçable à mes yeux. Nous parvenons à nous compléter à merveille.

Depuis treize ans, nous avons tout partagé : les victoires, les bringues, les doutes, l'affliction, l'espoir, les choses futiles comme les insondables peines ou les grands bonheurs de nos vies. Nous avons grandi côte à côte, sommes devenus adultes puis pères. Nous sommes aussi voisins depuis que Daniel et sa petite famille ont quitté la Bourgogne pour s'installer sur les hauteurs du lac Léman, voilà trois ans. Les discussions, axées dans nos jeunes années sur les bagnoles ou les gonzesses, tournent aujourd'hui autour de l'éducation et de l'avenir de nos filles. Les siennes, Dorine et Romane, sont âgées de huit et quatre ans. La mienne, Valentine, va avoir trois ans. Son expérience en la matière est plus conséquente que la mienne. Pour une fois que ses conseils peuvent m'être utiles, autant en profiter !

Au-delà de nos différences, nous sommes indissociables et finalement assez similaires. Même après une période de séparation – tout au plus deux semaines durant les grandes vacances – nous n'avons pas besoin de nous lancer dans de grands discours, ni même de nous saluer. Je me suis rendu compte que nous nous serrons jamais la main. En fait, j'ai toujours l'impression que l'on s'est quittés juste là, sur le pas de la porte, cinq minutes plus tôt. Et si c'était cela, la vraie amitié ?

– 7 –

NÉ SOUS UNE BONNE ÉTOILE

Je ne suis pas loin de croire qu'une fée est venue se pencher sur mon berceau, le jour de ma naissance. Si tel est le cas, elle a dû se présenter à la maternité au volant d'une voiture de course – une Citroën, certainement – à fond de sixième, en dérapage contrôlé. Il ne peut pas en être autrement.

Dans ma vie, j'ai été globalement chanceux, tout particulièrement en ce qui concerne ma carrière sportive. À chaque croisée des chemins, quand mon avenir se jouait à quitte ou double, j'ai toujours rencontré les bonnes personnes ou bénéficié d'un coup de pouce du destin qui m'a permis de poursuivre mon évolution, sans que les explications soient forcément rationnelles.

À la base, donc, le don pour le pilotage m'a été inoculé. Je ne suis certainement pas le seul dans ce cas, mais d'autres n'ont peut-être jamais eu l'opportunité de l'exploiter ou n'ont pas su saisir leur chance quand elle s'est présentée.

Bien sûr, à l'époque de mes premiers exploits pétaradants, je ne pouvais pas imaginer que je serais un jour champion de rallyes. J'avais juste compris que l'attrait de la vitesse rythmait les palpitations de mon cœur et que j'allais toujours plus vite que mes copains, que ce soit à vélo, en mob ou en bagnole. Beaucoup de gens sont toutefois plus doués que la moyenne dans leur domaine de prédilection. Ils ne deviennent pas pour autant des cracks en compétition. Alors, pourquoi moi ?

Au début, je ne me posais pas trop la question. Faut-il seulement chercher à expliquer les choses à tout prix ? Aujourd'hui, j'en discute de temps à autre avec Marc Germain. Celui que tout le monde appelle Centurion chez Citroën – avec un casque de Romain sur la tête, il pourrait sans mal tenir un rôle dans un film d'Astérix – est l'ostéopathe de l'équipe depuis 2004. C'est un Belge tout en rondeur, passionné de sports mécaniques. Il a appris à me découvrir anatomiquement et psychologiquement. Selon lui, je suis un gâté de la vie. Ce n'est pas faux.

D'un point de vue physique, je n'ai pas eu à fournir énormément d'efforts pour me forger une carrure d'athlète. Le socle était sain et solide, apparemment. Centurion pense même qu'aucun mérite particulier ne m'en revient. C'était inscrit dans mes gènes, voilà tout. Merci papa, merci maman ! Certes, la pratique intensive de la gym a permis de développer l'intensité de ma force musculaire, d'accentuer ma vivacité et de consolider les fibres rapides à la fin de ma période de croissance. J'ai juste affiné le potentiel génétique dont j'ai hérité, en somme.

Côté endurance, en revanche, je suis une bille. Peut-être, justement, parce qu'il faut beaucoup s'entraîner pour parvenir à un résultat probant. Courir seul en forêt ? Je m'y astreins, parce qu'il le faut bien, mais ça m'emmerde profondément. Je suis en admiration devant les marathoniens ou les cyclistes du Tour de France. Je n'ose imaginer les sacrifices que ces types ont endurés pour percer au meilleur niveau. Il faut quand même les avaler, tous ces kilomètres, sous la pluie, face au vent et dans des cols ! Quand j'enfourche un vélo, c'est pour m'essayer à des roues levées ou à des dérapages, histoire d'amuser la galerie. Pédaler comme un sourd le nez dans le guidon me rebute. J'en serais bien incapable, au demeurant.

Centurion s'est aussi penché sur l'aspect neurologique. Au-delà des constantes de base, il voit une clé de ma réussite dans la coordination exceptionnelle entre les yeux, les mains et l'oreille interne. Mon acuité visuelle hors norme – j'ai quatorze sur dix aux deux yeux, j'aurais pu être pilote de chasse –, qui me permet de voir de façon large et précise, n'explique pas tout. Ce qui l'interpelle, c'est la stabilité de mon regard en course. Il m'a expliqué le rôle prépondérant joué par l'oreille, en tant qu'organe d'équilibre. Je stabilise mon corps dans l'espace, et comme je suis attaché à la voiture, cette capacité-là m'aide à développer l'anticipation, l'adaptation, la réactivité – ce qui est fort utile en rallye où des milliers de virages, tous différents, se succèdent –, sans passer par un cerveau conscient qui réfléchit à ce qu'il fait. La perte de temps qui en découlerait coûterait trop d'énergie. À ce titre, les cabrioles de mon enfance m'ont bien servi. Comme quoi, de la gym à l'auto, il n'y a peut-être qu'un pas !

Ces explications pointues me dépassent un peu. Ce qui est sûr, c'est que j'ai l'impression de piloter naturellement, sans avoir à travailler outre mesure. Certes, mon potentiel s'est développé et affiné au gré des nombreuses séances d'essais organisées par Citroën. C'est en forgeant que l'on devient forgeron, dit-on. Dans mon équipe, le soufflet est toujours en action. Cette pratique intensive en dehors de la course a dû aiguiser mes six sens.

Mais au Florival, lors de mon tout premier rallye en avril 1997, j'allais déjà vite. Et je ne suis pas sûr que je puisse améliorer de beaucoup mon temps de l'époque si je devais y retourner aujourd'hui avec la même voiture. J'imagine que certains de mes rivaux ont dû énormément bosser pour y arriver. Le Finlandais Mikko Hirvonen, mon principal adversaire ces dernières saisons, est parti de très loin. Quand il a débuté en Mondial, à la même époque que moi, personne n'avait pensé qu'il puisse un jour se battre pour le titre. Il était à mille lieues des meilleurs temps. Mais il a fini par combler son retard et « comprendre » sa voiture en travaillant d'arrache-pied.

Dans une discipline comme la Formule 1, à laquelle je me suis un peu frotté, la notion de labeur est bien plus poussée. La part d'improvisation est pour ainsi dire nulle. Les pilotes connaissent les circuits par cœur. Quand il s'agit de gagner un centième de seconde dans un virage, de passer au millimètre près, ça demande une approche plus besogneuse, parce qu'il faut s'appliquer, chipoter, recommencer encore et encore avant d'atteindre la perfection. J'imagine qu'un champion comme Michael Schumacher a maintenu son niveau d'exigence au sommet en remettant constamment l'ouvrage sur le métier, pour glaner ses sept titres mondiaux.

Avec le temps, je me suis rendu compte que je dispose d'un autre atout. Je parviens à mémoriser la route avec facilité. Au début, je pensais que c'était normal pour un pilote. Mais à force d'en discuter avec les autres, j'ai compris que ce n'est pas aussi simple pour tout le monde. À croire que mon cerveau a été tout spécialement conçu pour le rallye. Car pour le reste, je suis plutôt du genre tête en l'air. À vrai dire, je ne retiens rien. Ni les noms, ni les dates, encore moins les situations, que ce soit dans la vie quotidienne ou même dans ma discipline de prédilection. Je peine à me rappeler les rallyes dans lesquels je me suis imposé l'année dernière, par exemple. Le problème, c'est que j'ai une mémoire très sélective. C'était déjà le cas à l'école, ça l'est encore aujourd'hui. Au grand désespoir de ma femme Séverine, qui peste quand j'ai le malheur d'oublier l'anniversaire de notre mariage. Heureusement qu'il existe des agendas électroniques !

En course, en revanche, je suis presque en mesure de réciter par cœur et dans son intégralité le tracé d'un parcours chronométré de trente kilomètres de long, au virage près. Dani Sordo, le deuxième pilote dans mon équipe, en est incapable, même après le troisième passage dans une même « spéciale ». Quand je lui parle, au débriefing, d'un endroit précis, il peut le confondre avec le virage d'avant ou d'après. Cela ne m'arrive jamais. Je n'ai pas besoin de notes pour m'en souvenir. Je visualise parfaitement la courbe, le freinage qui précède, l'angle qui suit, la pierre enchâssée sur le chemin qu'il faut éviter, la profondeur de la corde à aller taquiner et, si leurs indications sont bonnes, l'endroit exact où mes potes sont venus se poster en bord de route. En Allemagne, où je suis peut-être un peu plus détendu, il m'arrive de penser à les saluer en actionnant les phares.

D'un passage à l'autre – le découpage actuel des rallyes fait que l'on emprunte à deux reprises la même boucle de spéciales, le matin et l'après-midi –, je sais exactement où je suis arrivé un peu limite, je me rappelle chaque petite erreur et je peux la corriger. Selon Centurion, l'explication est toujours kinesthésique. J'éprouve un ressenti, une sensation dont mes rivaux sont moins familiers. Pourquoi pas. C'est peut-être pour cette raison que je creuse généralement de gros écarts quand les conditions sont exécrables. Un brouillard à couper au couteau ne réfrène pas mes ardeurs. Là où les autres lèvent instinctivement le pied, par manque de visibilité et de confiance, je reste sur un rythme plus soutenu. Je sens la route plus que je ne la vois. Ou plutôt, je la visualise à travers une représentation mentale, comme si le voile blanc se déchirait devant le capot de ma voiture.

Pourtant, dans ces moments périlleux, quand le sol et le ciel se confondent en une masse uniforme, je suis aussi un peu perdu. Faute de repères, j'ai l'impression de me traîner sur la route, d'être hors du coup. Au début, je jetais un coup d'œil dans le rétro, de peur que la bagnole partie une ou deux minutes derrière moi finisse par me rattraper. Cela ne s'est jamais produit. Au contraire, il m'est arrivé de revenir sur les talons de la voiture qui s'était élancée devant moi.

Une fois, au pays de Galles, j'ai vécu l'enfer. Il pleuvait des cordes. Dans une indicible purée de pois, en pleine nuit, ma rampe de phares s'est révélée totalement inefficace. Avec les projecteurs allumés, un mur blanc apparaissait devant mes yeux. Au bout de deux kilomètres, j'ai décidé de tout couper. J'ai roulé sans la moindre lumière. Les spectateurs ont dû entendre rugir un moteur sans voir passer de voiture !

À l'arrivée, je n'avais perdu qu'une poignée de secondes sur le meilleur temps. Les gars de mon équipe, les adversaires, les suiveurs étaient estomaqués. Moi, je n'y voyais rien de prodigieux. La route, de toute façon, je la connaissais comme si je m'y étais aventuré des milliers de fois. Dans la boue galloise, le pâle reflet de la lune dans les flaques d'eau a servi de phare dans les ténèbres.

*

* *

La chance, il faut savoir la provoquer. Ce n'est pas en restant assis dans ton canapé, les bras croisés, qu'elle viendra frapper à ta porte. Tout au long de mon ascension, je me suis toujours échiné à me montrer à la hauteur de la confiance que les gens ont placée en moi. Mais il faut bien un déclencheur. Sans l'improbable coup de fil de Dominique Heintz, quelques jours après mon échec de 1996 à Rallye Jeunes, la pompe des événements heureux n'aurait probablement jamais été amorcée. J'en suis conscient, et je lui en serai éternellement reconnaissant. Quand je suis passé pro, j'ai tenté de lui renvoyer l'ascenseur, en l'intégrant dans l'équipe Citroën comme ouvreur, quand le règlement le permet. J'ai vite compris qu'un retour sur investissement sonnant et trébuchant n'a jamais constitué sa principale source de motivation. Participer à l'aventure de l'intérieur, en sillonnant le monde et en vibrant au rythme de la course, l'a en revanche comblé de bonheur. Je l'ai vu pleurer de joie lors de mes premières victoires. Pour tout ce qu'il a fait pour moi, elles lui appartiennent aussi.

Mes liens avec Rémi Mammosser, eux, se sont progressivement distendus, jusqu'à la rupture brutale à la veille de mon premier Monte-Carlo avec Citroën, en 2002. Je ne peux évoquer les raisons de la brouille, sur fond de divergences financières et de procédures pénales. Je ne l'ai plus jamais revu. Toutefois, je n'éprouve aucune animosité à son égard. Comme Dominique, il a joué un rôle prépondérant à mes débuts. Personne ne pourra le lui enlever.

Avant que je n'atteigne les sommets, une petite communauté de gens bienveillants, que rien n'unissait, si ce n'est la passion du sport auto, s'est penchée sur mon « cas ». J'ai d'abord sollicité mes potes. Certains ont mis parfois la main au porte-monnaie quand j'étais vraiment dans la dèche. Pierre Lambert, mon copain du lycée technique, m'a notamment tiré une belle épine du pied en me prêtant sa Saxo VTS pour effectuer les reconnaissances du rallye de Catalogne avec l'équipe de France Espoirs, en 1999. La veille de mon départ, j'avais explosé ma voiture contre un lampadaire, dans la zone commerciale de Schweighouse-sur-Moder. Avec Daniel, on a passé la nuit à démonter les pièces sportives de la voiture accidentée – suspensions, freins... – pour les remonter sur celle de Pierre. Le concessionnaire Citroën de Haguenau, Claude Oblinger, nous a laissé la lumière dans son atelier. J'avais toujours dans le coffre de ma voiture ma trousse à outils de fortune : vingt kilos d'ustensiles en tout genre qui tintinnabulaient dans une vieille sacoche en cuir, façon maître d'école. Elle nous a rendu de précieux services un peu partout en France !

Plus tard, j'ai pu bénéficier de soutiens financiers conséquents. En fait, il s'est toujours trouvé quelqu'un pour me donner une impulsion salutaire. L'une des plus précieuses est intervenue durant l'été 1998. Alors que la France avait les yeux rivés sur la Coupe du monde, j'ai failli sombrer pour de bon. Daniel avait d'ailleurs misé sur une victoire du Brésil. Comme cette question me laissait totalement indifférente, je lui avais fait confiance. C'est dire si on avait tout faux.

Fin juin, j'ai subi une grosse déconvenue dans les Cévennes. Sur la lancée de ma victoire un mois plus tôt au Val-d'Agout, où j'avais pour la première fois émargé en tête du classement général, et pas seulement dans ma catégorie, j'ai voulu remettre le couvert. La bagarre avec Jean-François Bérenguer, mon principal rival de l'époque Saxo, un type massif à la dégaine de Bud Spencer – la barbe en moins – qui deviendra rapidement un ami, est alors féroce. « Jef » évoluait sur ses terres. Il avait même annoncé – sans donner l'impression de rigoler – qu'en cas de défaite, il mettrait un terme à sa carrière de pilote. Au départ de la dernière épreuve chronométrée, Saint-Bresson, je suis en tête du rallye. « Jef » va-t-il mettre sa menace à exécution ? Heureusement pour lui, on ne le saura jamais.

À quatre bornes de l'arrivée, j'ai crevé dans un virage à droite. Je ne m'en suis pas rendu compte. Cela ne m'était encore jamais arrivé. Dans le « gauche » suivant, j'ai voulu mettre la voiture en appui mais je suis parti tout droit dans le rocher. L'impact a été violent. On s'est retrouvés à l'envers sur la route. Daniel s'est cassé la cheville – c'est la seule fois où je l'ai envoyé à l'hôpital –, la voiture était très endommagée. Rémi était fou furieux.

– Regarde-la bien, la voiture ! C'est la dernière fois de ta vie que tu la vois, a-t-il tempêté.

J'étais accablé. Avec cette sortie de route, je venais de mettre en péril notre petite entreprise qui commençait à peine à tourner. Au moins « Jef » pouvait-il continuer à piloter ! Ce jour-là, cette perspective constituait une maigre consolation.

Heureusement, Dominique et Rémi ont pu faire jouer l'assurance. La Saxo a été remontée pour le rallye d'après, celui du Rouergue, fin juillet. Au volant du « mulet », la voiture de série un peu améliorée dévolue aux reconnaissances, je suis parti à bloc. J'ai fait preuve d'acharnement et d'obstination maladive comme jamais. En une semaine, j'ai cramé une dizaine de trains de pneus, histoire de me persuader que ce n'était pas une bête sortie de route qui allait me faire peur. J'ai voulu coûte que coûte me rassurer. Je suis allé me « tanquer » dans tous les fossés, j'ai vraiment fait n'importe quoi.

En dehors de ma préparation acharnée, je me suis aussi un peu dispersé. Dans un café, sur la place de la Cathédrale de Rodez, j'ai rencontré une jolie serveuse, Sylvie, que j'ai draguée. Du coup, pour Daniel et moi, son bar est devenu notre quartier général : café le matin, repas à midi, et encore quelques verres le soir. Une nouvelle aventure amoureuse a commencé cette semaine-là. Mais peut-être ne faudrait-il jamais courir plusieurs lièvres à la fois...

La nouvelle voiture préparée par Bernard Piallat et PH Sport est arrivée à la veille du départ. De couleur verte, elle était encore vierge de tout autocollant publicitaire. On a improvisé une séance d'essais, histoire de la prendre en main. Dominique et Rémi venaient de quitter l'Alsace et devaient nous rejoindre dans la nuit. Bernard Piallat s'était de son côté aussi mis en route, depuis la Haute-Marne. Sur place, il n'y avait que deux mécaniciens, mais personne de responsable pour nous encadrer. Tout s'est très mal emmanché.

D'abord, Daniel a voulu démarrer la voiture mais s'est trompé de bouton. Il a actionné l'extincteur. Le mécano qui avait la tête sous le capot a été aspergé de neige carbonique. La poudre s'est répandue dans l'habitacle, devenu tout blanc... Il y en avait partout. En catastrophe, on a dû appeler Bernard, déjà arrivé à la hauteur de Lyon, pour qu'il rebrousse chemin et récupère dans ses ateliers un nouvel extincteur. Cela commençait fort.

Puis il y a eu des problèmes électriques et des coupures moteur. La rampe de phares déconnait, aussi. J'ai commencé à m'impatienter et à m'énerver sérieusement. Je me suis installé au volant et je suis parti bille en tête, sans Daniel mais avec un mécano à ma droite. Au bout de quelques virages, je suis un peu sorti de la trajectoire. J'ai pris les gravillons et filé dans le talus. La voiture a fini sur le toit. La coque, la structure même de l'auto, était tordue, donc irrécupérable. Bingo !

– Je suis un con. Mais quel con ! ai-je fulminé en serrant les poings.

Cette fois, la faute était impardonnable. Deux voitures pliées en un mois, cela relevait de l'inconséquence et de la stupidité. Plus personne ne voudrait m'accorder sa confiance. Le rallye, c'était terminé. À ce moment, je n'y croyais plus. Je consacrais tout mon temps et mon énergie à la discipline et je commençais tout juste à en récolter quelques fruits. Tout allait s'arrêter, désormais, c'était sûr... J'en ai pleuré de rage, en rebroussant chemin jusqu'à mon point de départ. À pied, cette fois.

Quand il a aperçu ma mine décomposée, Daniel a tout de suite mesuré l'ampleur des dégâts. Encore fallait-il prévenir nos deux « employeurs ». J'ai pris mon courage à deux mains pour composer leur numéro. Rémi a décroché. Vu la soufflante qu'il m'avait administrée la dernière fois, je n'ai pas eu la force de lui annoncer la nouvelle. Je lui ai demandé de me passer Dominique.

– Je suis désolé, mais le pire est arrivé.

Dom' est resté hébété, incapable de souffler le moindre mot. Je savais que la voiture n'était pas assurée en essais. J'ai essayé de sauver les apparences. Histoire de ne pas passer pour le parfait abruti, j'ai inventé une histoire à dormir debout. Sur la route des essais – la départementale 13, comme n'a pas manqué de le remarquer Daniel… –, un chevreuil aurait surgi des fourrés. C'est en essayant de l'éviter que je serais parti dans le décor.

Dominique a fait semblant d'y croire. Mais la cause de la sortie de route ne l'intéressait pas. Ce qui lui importait, c'était le résultat : son investissement et celui de Rémi, six cent mille francs, étaient réduits à néant par ma faute. Un amas de tôle verte qui ne valait plus un clou, voilà tout ce qui restait de leurs ambitions et de mes espoirs.

L'abattement a succédé à la colère. Dominique, le seul à se montrer encore un tant soit peu pugnace, a tenté de me remotiver. Durant l'épreuve, j'ai traînassé au parc d'assistance. Je me suis montré, tout penaud, sous la tente de Citroën et me suis présenté au boss de l'équipe officielle, Guy Fréquelin. Il n'avait pas le temps de s'apitoyer sur mon sort. De toute façon, je savais que le constructeur ne pouvait pas aider directement un concurrent de sa formule de promotion, par souci d'équité envers les autres participants. Mais il ne fallait pas que je tombe dans l'oubli. Qui sait, une âme charitable volerait peut-être à mon secours ?

Mon sauveur est entré en scène lors de la manche suivante, le rallye de la Châtaigne, entre Autun et Mâcon. Là encore, Dominique m'a presque emmené de force pour que tout le monde puisse voir le dépit du grand espoir de la discipline, désormais « à pied », comme on dit dans le milieu pour désigner les pilotes privés de montures. Philippe Soriano, à l'époque responsable de la formule de promotion rallye chez Citroën, a parlé de mes mésaventures au concessionnaire de la marque implanté à Mâcon et Chalon, Richard Parisot. Notre histoire l'a intéressé. En particulier celle de Dominique, ce « fou », comme il l'a longtemps surnommé, qui s'était embarqué dans cette incroyable aventure les yeux fermés. Il a bien voulu écouter nos doléances. C'était un samedi en fin de matinée. Comme le temps était maussade, à l'image de mon humeur, on s'est abrités sous un marronnier. Moi, j'affichais encore ma tête de Calimero toute déconfite et peinais à aligner trois mots sensés.

Dominique a résumé la situation. Pour repartir, il nous fallait une nouvelle coque, dont le prix était estimé à quatre-vingt-dix mille francs. Comme d'habitude, son discours a été combatif, enflammé et guidé par la seule passion. Richard Parisot, déjà sensibilisé par Philippe Soriano qui m'avait décrit comme « un avion de chasse », n'a toutefois pas voulu se prononcer tout de suite.

– Laissez-moi le temps d'y réfléchir. Je vous rappellerai dans une dizaine de jours. Je vous dirai oui ou non, mais vous serez fixés.

La réponse a été affirmative, sans aucune contrepartie, si ce n'est qu'un autocollant de sa concession figure sur la nouvelle voiture. Le soulagement a été immense. Dominique avait su trouver les mots qui ont fait tilt. Comme Parisot est originaire de Metz, je suppose que la solidarité alsaco-lorraine, entre gens de l'Est, a aussi joué. Aujourd'hui, Richard pense qu'il a eu un coup de bol phénoménal d'avoir pu aider un futur champion du monde, en portant une oreille attentive aux « complaintes du marronnier ». Pour moi, c'est le contraire qui prévaut. Sans cette intervention miraculeuse, tout se serait certainement terminé sur un talus de la départementale 13, un soir de juin, au fin fond du Rouergue.

Quand on me parle aujourd'hui de la pression que je subis en Championnat du monde, comme en 2009, où Mikko Hirvonen m'a poussé dans mes derniers retranchements, je parviens à relativiser. La pression ne glisse pas sur moi comme l'eau sur les plumes d'un cygne, loin s'en faut. Mais le stress est toutefois moins intense et oppressant qu'en 1998, l'année où tout aurait pu s'arrêter définitivement.

Après mon incroyable coup de bol à Autun, Dominique et Rémi avaient décidé de m'accorder une ultime chance lors des deux dernières épreuves de la saison, plutôt que de revendre l'auto et de stopper les frais. Dès lors, mes nerfs ont été mis vraiment à rude épreuve. Non seulement le droit à l'erreur était totalement proscrit, mais la victoire était devenue impérative. Je me suis en quelque sorte retrouvé coincé entre le marteau et l'enclume.

Début octobre, je me suis présenté au rallye du Touquet au volant de la nouvelle Saxo, de couleur jaune Bic. Une idée de Dominique par rapport à la campagne de pub nationale qu'avait lancée Citroën pour vanter les mérites de sa voiture de série destinée aux jeunes. L'appel du pied à l'adresse du constructeur devait être explicite.

J'étais tellement tétanisé dans la première spéciale que j'ai concédé dix-sept secondes à Daniel Forès, le vieux loup du Trophée Saxo. Je me voyais dehors à chaque virage. Dans la deuxième épreuve chronométrée, j'étais une dizaine de secondes plus rapide que lui ! Là encore, j'ai paniqué. Complètement « posé » puis trop rapide : je ne me trouvais plus. Et dès que j'ai repris mon rythme, Jean-François Bérenguer est venu me titiller. Le *mano a mano* avec le « gros » – son surnom en rallye – a été intense jusqu'à l'ultime spéciale, dans laquelle son moteur a explosé. Je me suis imposé, et j'ai récidivé deux semaines plus tard à La Rochelle, dans des conditions dantesques : tempête, chaussée détrempée, pièges à foison…

Mission accomplie. Les primes de victoire sont rentrées. La chance vient de tourner. Au final, j'ai quand même gagné trois rallyes du Trophée, soit autant que « Jef » Bérenguer, vainqueur du championnat. Si je n'avais pas manqué deux épreuves à cause de mes cabrioles, j'aurais pu me battre pour le titre dès la première année. Dominique et Rémi sont en tout cas soulagés et rassurés.

– OK, on repart l'an prochain. Mais tu vas éviter les conneries, hein ?

Je les ai évitées. En 1999, j'ai remporté le Trophée sans rien casser.

*
* *

De la veine, en course, j'en ai eu à plus d'une reprise. À la fin de la saison 2001, quand Guy Fréquelin m'a, pour la première fois, confié le volant d'une Xsara WRC dans une épreuve mondiale, à San Remo, pour un test grandeur nature, je ne suis pas passé loin de la « correctionnelle ». Juste avant, je m'étais déjà fait piéger au Touquet, en Championnat de France. J'étais parti tout droit, en aquaplaning, dans des meules de paille. Bien que la voiture fût détruite, je n'ai pas essuyé les foudres du boss de Citroën. Il m'a simplement demandé de me concentrer sur ce San Remo.

En retrait par rapport aux cadors le premier jour, sur les recommandations de Fréquelin, je suis passé à l'attaque le lendemain. J'ai commencé à me rapprocher de la Peugeot 206 de Gilles Panizzi, leader du rallye et spécialiste français sur asphalte. À un moment, je suis sorti d'un virage un peu large et j'ai été embarqué dans le fossé. Neuf fois sur dix, ce genre d'écart ne pardonne pas. Au mieux, la voiture reste plantée dans le trou. Au pire, elle part en tonneau. Là, j'ai gardé les gaz à fond et donné un grand coup de volant. Comme par enchantement, je me suis retrouvé sur la route, sans la moindre égratignure…

J'ai fini le rallye en trombe, dans l'échappement de Panizzi, à seulement une dizaine de secondes du *tarmac master*. Un véritable coup d'éclat pour un débutant. Cette performance a fini de convaincre Fréquelin de m'engager la saison suivante en Championnat du monde. Je ne sais pas, en revanche, ce qui serait advenu si ma Xsara n'était pas ressortie du trou.

En course, la chance ne m'a que rarement abandonné. Je me rappelle quelques situations vraiment chaudes qui ont tourné en ma faveur. Lors d'une de mes premières victoires en Allemagne, je suis parti en tête à queue à fond de sixième dans le camp militaire de Baumholder pour me retrouver sur la route en marche arrière. Par miracle, je n'ai rien touché. En Suède, aussi, en 2004, une pirouette à 360 degrés aux alentours des cent trente kilomètres/heure entre les rangées de sapins a provoqué de belles sueurs froides mais s'est terminée sans casse. Cette année-là, je me suis imposé pour la seule fois dans ce pays. Mais à voir les images des caméras embarquées, je me dis que les autres pilotes sont souvent vernis eux aussi…

*
* *

Question santé également, j'ai longtemps été épargné par les coups durs. En dehors de quelques entorses bénignes quand j'étais gymnaste et l'une ou l'autre grippe saisonnière, je n'ai jamais été ni blessé, ni malade. Jusqu'au mardi 26 septembre 2006, en fin d'après-midi. Ce jour-là, ma carrière a failli basculer sur un sentier forestier, à une poignée de kilomètres de mon domicile suisse.

La veille, j'étais rentré de Chypre nanti de mon huitième succès de l'année, un record en la matière. Cette année-là, tout me souriait. Pourtant, je n'étais plus, depuis le mois de janvier, pilote Citroën. Du moins, plus officiellement. Fin 2005, l'équipe avait été contrainte d'interrompre son programme sportif, sur les injonctions du groupe PSA qui n'avait plus envie de cautionner une lutte fratricide, à couteaux tirés, entre Peugeot et Citroën dans la même discipline. Du coup, les deux marques ont été invitées à ranger leur matériel et à quitter la scène mondiale.

Si Peugeot avait de toute façon prévu de se retirer, Citroën comptait poursuivre l'aventure. Guy Fréquelin l'avait carrément mauvaise, lui qui planchait déjà sur le développement de notre nouvelle arme, la C4 WRC. Du genre obstiné, mon patron n'a pas abdiqué, en dépit de ce gros coup de massue. Il a accepté de tirer un trait sur la saison mais a juré de convaincre les grands pontes du groupe de revenir sur leur décision. En 2007, Citroën serait à nouveau sur la ligne de départ, qui plus est avec une voiture toute neuve, m'a-t-il assuré.

Je lui ai toujours fait confiance. J'ai accepté de m'engager dans une année de transition, en repoussant poliment les offres de Ford et de Subaru. Je suis donc resté fidèle à ma « vieille » Xsara. Celle-ci a été repeinte en bleu, aux couleurs de l'équipe privée belge Kronos de Marc Van Dalen. Concrètement, cela n'a rien changé pour moi. La logistique était certes moins conséquente, mais la voiture restait tout aussi performante. Jean-Claude, le cuistot de Citroën, un véritable gourmet, a suivi ma migration. Finalement, c'était peut-être ça, l'élément prépondérant !

Dès le mois d'août 2006, en Allemagne, j'ai égalé le record qui comptait le plus à mes yeux : celui du nombre de victoires en Championnat du monde. Carlos Sainz, mon ex-équipier chez Citroën, ma référence en rallye, avait poussé le curseur à vingt-six unités. Début septembre, au Japon, je l'ai élevé d'un cran en m'imposant aux dépens de Marcus Grönholm pour une poignée de secondes. Ce week-end-là, dans les forêts d'Obihiro, j'aurais pu me contenter de la deuxième place. Mais l'envie de repousser mes limites avait pris le dessus. Je ne pouvais pas alors m'en douter, mais les points de cette victoire allaient être terriblement précieux.

Le dernier lundi de septembre, je suis rentré de Chypre le cœur léger. L'écart avec Grönholm avait encore enflé. Avec trente-cinq points d'avance sur le grand Finlandais à quatre rallyes du verdict, la validation de mon troisième titre mondial consécutif s'apparentait à une simple formalité.

« Si je le loupe, celui-là, je suis vraiment un couillon », m'étais-je dit. J'avais d'ailleurs invité mes amis à venir fêter avec moi la passe de trois, début octobre, en Turquie. Séverine était sur le point de réserver les billets d'avion. À Kemer, sur les bords de la Méditerranée, je pourrais leur offrir une chouette java.

Mardi, en fin d'après-midi, j'ai enfourché ma nouvelle acquisition, une moto d'enduro de 250 cm^3, histoire de me dérouiller un peu les jambes. Je suis parti en forêt, sur les hauteurs du lac Léman, au-dessus de chez moi. Il avait plu la veille, le terrain était assez gras. À peine parti, l'accident s'est produit : la roue avant a ripé sur une racine mouillée. Je suis tombé à plat, comme une pierre, directement sur l'épaule droite. J'avais pris le soin de revêtir la coque de protection. Je ne roulais pas très vite. Cinquante kilomètres/heure, tout au plus.

Quand je me suis relevé, j'étais sonné, à moitié dans les vapes. La douleur était vive, mais pas insupportable. J'ai seulement compris que quelque chose clochait quand j'ai essayé de ramasser la moto. Machinalement, j'ai cherché le guidon de la main droite, mais j'avais l'impression que mes doigts se refermaient sur le vide. Mon cerveau a de nouveau commandé à mon bras meurtri de se saisir de la bécane. Je pensais qu'il s'y était agrippé. Mais quand j'ai regardé de plus près, j'ai constaté que mon membre pendait le long du corps, sans la moindre réaction, comme une branche morte. Là, j'ai flippé. J'ai relevé la moto de l'autre main, je me suis remis en selle tant bien que mal et j'ai redémarré. Quand je suis sorti de la forêt, je ne savais plus où j'habitais. À gauche ou à droite ? D'instinct, certainement, j'ai tourné du bon côté. En arrivant à la maison, j'ai immédiatement appelé Séverine, qui était partie en ville, à la salle de sports.

– Rentre vite, je me suis « latté » à moto. Je crois que c'est grave.

À l'hôpital de Morges, le plus proche de chez moi, j'ai tout de suite mesuré l'ampleur des dégâts. La première radio était alarmante. Le médecin n'y est pas allé par quatre chemins.

– Honnêtement, monsieur, c'est la merde. Votre épaule est broyée. On peut vous opérer ici, mais on ne vous le conseille pas. À Lausanne, il y a des spécialistes. Allez-y, ce sera mieux.

Dans la seconde, j'ai compris que ma saison était terminée. Même si je n'en ai pas saisi toute la gravité, le verdict semblait carrément inquiétant : fracture de l'humérus, dont la tête était éclatée en cinq morceaux. L'urgence de la situation m'a conduit à appeler Guy Fréquelin. Je lui ai fait part du diagnostic, tout en me gardant bien de lui exposer les causes de l'accident. Il a immédiatement joint le professeur Saillant, dont la réputation dans le milieu du sport n'est plus à faire. Selon lui, l'hôpital de Lausanne était largement compétent en la matière.

Je suis passé sur le billard le mercredi matin, pour une intervention de près de trois heures sous anesthésie générale. À mon réveil, j'ai vu la photo de l'opération. Du travail d'artiste. Ou plutôt de menuisier. Le chirurgien a rassemblé les cinq branches de l'os et les a fixées sur une plaque à l'aide de seize vis. Dans mon malheur, j'ai eu de la chance : la partie arrière de l'humérus était restée d'un seul tenant. La surface de contact était propre, favorisant la reconsolidation. Comme je le redoutais, on m'a fait comprendre que je pouvais tirer un trait sur la fin de saison. Encore fallait-il officialiser les raisons de cet accident stupide, les questions de mon entourage devenant pressantes…

Je ne me voyais pas, mais alors pas du tout, expliquer à Guy Fréquelin que j'étais encore tombé à moto. Car deux semaines plus tôt, j'avais déjà chuté en bécane ! J'avais acheté une « super motard », machine de style cross adaptée à la route, à Genève. J'avais immédiatement voulu la tester en rentrant chez moi par les petites routes du Jura. Et vlan ! Je m'étais retrouvé le nez par terre en me cassant, au passage, le petit orteil. Cette blessure ne m'avait pas trop handicapé. J'avais pu disputer normalement le rallye de Chypre avec une attelle. Et comme je l'avais remporté, mon patron n'avait aucune raison de m'enguirlander. Cette fois, en revanche, j'aurais beaucoup de difficultés à me justifier. Et dire que le matin même de l'accident, j'avais rapporté mes béquilles à l'hôpital de Morges !

Vis-à-vis de Guy, je me sentais gêné. Après une courte réflexion, j'ai décidé que le plus simple était encore de ne pas trop pipeauter. Va pour la sortie en forêt, les sentiers glissants et la souche humide. Sauf que dans la variante personnelle, c'est la roue de mon VTT qui a dérapé. C'est pas mal, ça, le vélo, c'est une activité saine, non ?

– Toi, Seb, tu es tombé à vélo ? C'est ça, prends-moi pour un con.

– Je t'assure. Je n'ai vraiment pas eu de chance sur ce coup-là…

Guy a été plus que sceptique quand je lui ai livré mon explication. Mais il n'a pas trop insisté. Il a dû se dire que j'avais déjà assez de soucis pour ne pas en rajouter. Hormis ma famille, mes copains d'enfance et Guy, que j'ai fini par mettre au parfum quelques mois plus tard, personne n'a su la vérité. Mensonge avoué est à demi pardonné, non ?

Je suis sorti de l'hôpital le samedi et j'ai entamé immédiatement ma rééducation, dans le centre spécialisé de Capbreton, sur la côte landaise. Les médecins paraissaient plutôt optimistes concernant l'évolution de ma blessure. Moi, j'étais franchement inquiet. Après une semaine de soins, je n'arrivais toujours pas à lever mon bras. Je me suis renseigné sur le sujet et j'ai fait ma propre analyse, devant le miroir. Par rapport au côté gauche, mon deltoïde antérieur droit ne répondait plus. J'ai bassiné mon médecin avec cette histoire.

– Regardez, mon muscle ne marche pas. C'est mort, là.

– Mais non. Ne vous en faites pas. C'est normal après une intervention chirurgicale aussi lourde. Tout va rentrer dans l'ordre sous peu.

Je n'en ai pas démordu : si le nerf circonflexe était touché, il y avait un risque que je ne retrouve jamais l'usage de mon bras ! J'ai lourdement insisté pour que le médecin me prescrive un électromyogramme. Il a fini par céder, à contrecœur.

Le spécialiste auquel il m'a recommandé m'a accueilli avec le sourire. Lui aussi pensait que mes doutes étaient injustifiés. Jusqu'à l'examen en question.

– Ça alors, vous avez raison ! Il n'y a plus aucune activité dans le muscle… Si le nerf est écrasé ou étiré, tout se remettra en place d'ici trois ou six mois. S'il est coupé, c'est fichu.

Mon moral, déjà pas au beau fixe, en a pris un sérieux coup. D'autant que j'ai croisé au centre de rééducation un jeune qui était tombé, comme moi, en enduro. Son bras ballant traînait le long de son corps. On venait de lui expliquer qu'il devait apprendre à vivre avec ce handicap puisqu'il ne retrouverait jamais sa force. J'ai broyé du noir, seul dans ma chambre avec vue sur un océan de perplexité.

Comme souvent, comme toujours, ma bonne fée est venue à mon secours. Au bout de quelques semaines de rééducation, d'abord sans que je m'en rende compte, le muscle s'est remis à fonctionner. Je n'arrivais pas encore à soulever une canette de soda, mais je sentais qu'il y avait de nouveau de la vie dans cette fichue épaule.

J'ai aussi eu vent, un vendredi matin, d'une nouvelle inespérée. Une sacrée nouvelle, oui ! À des milliers de kilomètres de là, dans le bush australien, débutait le deuxième rallye en mon absence. Marcus Grönholm avait remporté haut la main le premier d'entre eux, en Turquie. Il lui restait encore trois épreuves pour faire le plein de points et me dépasser sur le fil. Mais dès la première « spéciale » australienne, il est sorti de la route en tapant une pierre. Mon rival a perdu dix minutes, pour se retrouver dans les profondeurs du classement. J'étais bien parti pour devenir champion du monde sans même avoir à piloter !

Cette annonce venue du bout du monde m'a remis en confiance. J'ai demandé un bon de sortie pour quitter les Landes l'espace d'un week-end et me rendre à Toul, en Meurthe-et-Moselle, auprès de Séverine et de mes beaux-parents. De là, j'ai suivi le dénouement du rallye, dans la nuit de samedi à dimanche, devant l'écran d'ordinateur. Grönholm n'est pas parvenu à combler son retard. Ce troisième titre mondial, je l'ai gagné dans un fauteuil, une coupe de champagne à la main ! Du coup, j'ai pu finir ma convalescence l'esprit serein, sans envisager un retour prématuré en décembre au pays de Galles, comme je l'avais un temps planifié.

Cette douloureuse parenthèse de quatre mois s'est refermée, fin janvier 2007 au Monte-Carlo lors de l'ouverture de la nouvelle saison, par une victoire, la toute première de la nouvelle C4. Je conserve une belle cicatrice de quinze centimètres sur l'épaule et un bout de ferraille dans le bras. Cela aurait pu être bien pire.

Je n'ai plus jamais touché à ma moto. En fait, un peu par superstition, je me suis hâté de la revendre. Mais j'en ai rapidement racheté une autre, juste un peu plus puissante ! Écoute, gentille fée, je ne vais quand même pas m'arrêter de vivre à cause d'une mauvaise chute, non ?

– 8 –

JOUE-LA COMME UN PRO

Le passage de l'amateurisme au monde pro ne s'est pas fait du jour au lendemain, d'un simple claquement de doigts. Comme dans une épreuve spéciale chronométrée, nous avons, Daniel et moi, emprunté des routes sinueuses, traversé des gués, failli nous y enliser pour de bon, connu des moments d'euphorie puis de doute, ou vice versa. Nous avons vécu trois ans et demi de débrouille, de plans à la petite semaine, d'attentes, d'espoirs et de rêves secrets, avant de voir nos efforts enfin récompensés au bout de l'année 2000. Ce parcours cahoteux a certainement contribué à forger notre caractère de compétiteurs, jamais résignés, toujours prompts à repartir de plus belle après une déconvenue.

À force d'être plongé dans l'incertitude et l'action, je ne me suis pas réellement rendu compte de l'intérêt que je suscitais dans le milieu. En sortant vainqueur du Trophée Saxo fin 1999, la formule de promotion majeure en France chapeautée par Citroën, il me paraissait naturel de convaincre la marque au double chevron de m'embaucher. Comment, par quels moyens ? Aucune idée.

Dans ma tête, j'étais encore et toujours un petit amateur, contraint de me dépatouiller avec les moyens du bord, obligé d'aller tambouriner à la porte de sponsors potentiels pour boucler un budget. J'étais constamment sur le qui-vive, conscient que tout pouvait brutalement s'arrêter au détour d'un virage mal négocié, faute de moyens financiers.

Très tôt, j'ai toutefois compris que pour transformer ma passion en métier, il fallait se remettre perpétuellement en question, sans jamais se reposer sur ses acquis. Guy Fréquelin, celui qui deviendra mon patron chez Citroën Sport, n'a eu de cesse de me le répéter durant nos six années de collaboration. Il prêchait un converti. Car Dominique et Rémi me l'avaient rentré dans le crâne dès le début de l'aventure Ambition Sport Auto.

Fin 1999, j'aurais ainsi pu choisir de repartir livrer bataille avec « Jef » Bérenguer, mon éternel rival, sur les routes des Cévennes, de Loire-Atlantique ou du Touquet. Une perte de temps, selon Dominique. Mieux valait se fixer un nouveau défi et explorer des territoires encore inconnus. Notre choix s'est porté sur le Championnat de France terre, compétition assez obscure et peu reconnue. Une démarche presque incongrue dans l'Hexagone, où la plupart des pilotes ne jurent que par l'asphalte. Sur les sentiers boueux ou poussiéreux, l'approche en termes de pilotage et de sensations est totalement différente. Surtout, cette surface est la plus utilisée en Championnat du monde. Même si cet objectif-là me paraissait à cette époque inaccessible, j'ai quand même commencé à m'y préparer, au cas où un beau jour je devais l'atteindre.

Dominique et Rémi ont profité de la nouvelle orientation donnée à ma carrière pour solder les comptes. Mes deux tuteurs d'Ambition Sport Auto étaient allés au bout de ce qu'ils pouvaient faire. D'un commun accord, nous avons décidé de vendre ma belle voiture de couleur jaune Bic, celle avec laquelle j'avais remporté le Trophée Saxo. Les primes de victoire et la berline de Citroën offerte au lauréat leur ont permis de renflouer les caisses. Au terme de deux saisons périlleuses, durant lesquelles j'avais risqué de les mettre sur la paille, ils n'avaient certes pas gagné d'argent, mais ils n'en avaient pas non plus perdu. Leur part du contrat était largement remplie.

Comme pour un enfant qui apprend à faire du vélo, je devais désormais pédaler sans les petites roues stabilisatrices. C'était une sage décision. Un pilote qui veut progresser ne doit jamais s'installer dans le confort. Or le fait de disposer d'une voiture en toute circonstance, de ne jamais avoir à me soucier des frais et, luxe suprême mais néanmoins malsain, de bénéficier d'un peu d'argent de poche de leur part pour ne pas vivre comme un clochard, m'avait un peu éloigné de la réalité. Avec Daniel, nous étions devenus des assistés. À nous, désormais, de voler de nos propres ailes.

À défaut de pouvoir nous acheter une auto de course, nous avons emprunté la voie classique dans notre discipline : trouver le budget pour louer une bagnole compétitive, correctement préparée, et payer l'inscription au coup par coup. Dans notre situation précaire, ça se joue à quitte ou double. Une victoire permet de rentrer les primes et de s'aligner au rallye suivant. Un échec remet tout en cause. Quoi qu'il en soit, il faut à chaque fois repartir de zéro.

Au début, j'ai vraiment dû me faire violence. Aller démarcher des mécènes, « vendre » ma personne à des passionnés du sport auto prêts à investir, savoir leur forcer la main, cela m'a paru presque indécent. J'étais trop timide et introverti. Je peinais à dépasser le stade de la conversation polie et totalement désintéressée. Courant 1999, un de mes premiers contacts téléphoniques avec Guy Fréquelin a ainsi été assez laconique. Dom', toujours à l'affût, avait lourdement insisté pour que je l'appelle et lui demande s'il ne voulait pas me confier, l'espace d'un rallye, le volant de la voiture de course la plus puissante et la plus aboutie de Citroën : la rugissante Xsara Kit Car. J'ai déjà dû prendre mon courage à deux mains, histoire de ne pas remettre ce coup de fil aux calendes grecques. C'était un peu comme si je redevenais un môme qui quémandait maladroitement un Carambar au boulanger, une boule au ventre.

Naturellement, j'ai été envoyé sur les roses. Poliment, mais fermement. Je n'ai pas dû me montrer très persuasif, encore moins insistant. De sa voix grave et posée, le patron a coupé court à mes bredouillements.

– Écoute, garçon, ne brûle pas les étapes. Continue ton apprentissage avec la Saxo avant de penser à vouloir piloter une grosse auto. Laisse-toi le temps de mûrir un peu.

– Merci monsieur Fréquelin. Au revoir monsieur. Et excusez-moi encore de vous avoir dérangé...

Je lui en ai voulu, à Dominique, d'avoir eu cette idée fumeuse. C'était couru d'avance, de toute façon. En quoi le grand patron de Citroën Sport allait-il s'intéresser à mon histoire ? En plus, j'avais maintenant l'impression de passer pour un gars prétentieux. La belle affaire.

Je ne l'ai pas compris sur l'instant, mais grâce à ces premiers refus, j'ai fourbi mes armes. Petit à petit, j'ai appris à préparer mes entretiens, en listant mes points forts et en tentant de les mettre en avant. J'ai monté un semblant de dossier, glissé quelques feuilles dans une pochette que je pouvais présenter à mes interlocuteurs. C'est quand même plus sérieux que de venir les mains vides et les bras croisés. J'ai gagné en consistance et en crédibilité.

En même temps, je n'avais plus le choix. Mon curriculum avait certes gagné en épaisseur, je n'étais plus le parfait inconnu du plateau, je commençais même à connaître des gens importants dans le milieu, jusque dans les rangs de Citroën. Mais je n'avais toujours pas de voiture à piloter pour attaquer la saison 2000.

Mon image de « jeune qui monte » a quand même fini par m'ouvrir quelques portes. Je suis parvenu à convaincre Frédéric Schmitt, un industriel féru de rallyes basé à Thionville, de m'aider. C'était mon premier rendez-vous fructueux, seul, sans l'aide de quiconque. Son chèque de cinquante mille francs et quelques autres avantages nous ont permis de louer une Saxo spécialement configurée pour nous aligner au départ de la première manche de la saison, le rallye terre de l'Auxerrois. Nous nous sommes imposés dans notre « petite » catégorie, celle des deux roues motrices.

Cette fois, Citroën, par l'entremise de Michel Périn, le bras droit de Guy Fréquelin, s'est intéressé de près à moi. Puis Jean-Pierre Champeau s'est penché sur mon sort, de manière totalement inattendue et dans des proportions insoupçonnées. C'était un monsieur bien installé dans la vie. Son activité dans la charpente industrielle, à Limoges, était florissante, m'avait-on dit. Il nous avait déjà vus à l'œuvre, Daniel et moi, puisqu'il courait pour le plaisir, à la manière d'un *gentleman driver*, les mêmes épreuves que nous. Je crois même qu'il s'était pris d'affection pour nous. Au rallye du Rouergue, avant le départ d'une spéciale en 1999, il nous avait apostrophés :

– Les jeunes, ça vous dit de manger au resto ce soir ?

– Désolé, monsieur, mais on n'a pas de sous, m'étais-je excusé.

– Ne t'inquiète pas. C'est moi qui régale !

Il avait l'air cool, ce gars. Pour une fois que quelqu'un nous invitait, on n'allait pas faire les antisociaux ! Ce soir-là, j'ai découvert un homme affable et généreux, atteint au plus haut degré par la passion du sport auto. Il plaçait beaucoup d'espoirs en son fils, Mark, d'un an mon cadet. Jean-Pierre lui avait payé une grosse Subaru WRC, auto de course hors de prix avec laquelle Mark se battait pour le titre en Championnat de France asphalte, la compétition phare dans le pays en rallye.

Je n'étais pas engagé au rallye du Mont-Blanc, quelques semaines plus tard, quand le drame s'est produit. Le 30 août 1999, Mark s'est tué lors des reconnaissances du parcours, quelques jours avant la course. Sa voiture a heurté de plein fouet un camion. Il avait seulement vingt-quatre ans et toute la vie devant lui.

Par pudeur, je n'ai jamais trop voulu évoquer le terrible accident avec Jean-Pierre Champeau. À demi-mot, il m'a par la suite fait comprendre que s'il s'était montré aussi généreux à mon égard, sans attendre le moindre retour sur investissement, c'est pour poursuivre avec moi ce qui s'était brisé après la disparition de son fils. Un jour, il m'a même dit que j'avais contribué à lui redonner goût à la vie. Si tel est le cas, c'est peut-être l'une de mes plus grandes fiertés.

Pourtant, la première fois que j'ai directement sollicité Jean-Pierre Champeau, au début de la saison 2000, j'ai essuyé un refus catégorique.

– Tu as besoin de vingt-cinq mille francs pour louer une auto ? Désolé. Je ne te les donnerai pas.

J'étais un peu désarçonné. Ce que j'ignorais alors, c'est qu'il « mijotait » un coup énorme, directement avec Guy Fréquelin. Jean-Pierre a proposé au patron de Citroën de financer pour plus de la moitié le budget de ma saison, ce qui se chiffrait à plusieurs centaines de milliers de francs ! Comme ça, juste parce qu'il estimait que je méritais d'être soutenu à bout de bras.

J'ai remporté le Championnat de France sur terre dans ma catégorie, en gagnant sept manches sur neuf, l'esprit serein et dégagé de toute contingence matérielle. C'était une sacrée avancée, un bond décisif vers le professionnalisme.

*
* *

Mine de rien, mon expérience est devenue conséquente. Lors de mes premières années de compétition, j'avais prouvé que mes qualités de pilotage sur asphalte étaient prometteuses. J'avais mis la saison 2000 à profit pour apprivoiser la terre, dont je commençais à comprendre les subtilités. Je m'étais notamment familiarisé avec le « freinage pied gauche », un élément devenu prépondérant en rallye grâce aux pilotes nordiques, précurseurs en la matière. Cette technique évite de perdre du temps en passant, comme le fait tout conducteur normal, de la pédale d'accélérateur à celle du frein avec son pied droit. Puis j'ai appris à jouer avec les deux pédales en même temps, dans les courbes, ce qui permet de mieux contrôler l'auto et d'être plus précis pour gérer la dérive. À force de « gratter » des fractions de secondes de-ci de-là, je suis devenu de plus en plus efficace.

Dès lors, les portes se sont ouvertes les unes après les autres : Jean-Pierre Champeau nous a maintenu sa confiance, la Fédération française nous a sélectionnés pour courir deux manches du Championnat du monde, le vrai, celui des grands, au volant d'une Toyota Corolla WRC. Tout s'enchaînait alors à merveille. Pour Daniel et moi, le rallye constituait désormais notre quotidien. Il est devenu notre métier le jour où Guy Fréquelin m'a appelé, courant novembre.

*
* *

– Seb, est-ce que ça te dit de faire le rallye du Var au volant de la Xsara Kit Car ?

Et comment, que ça me dit ! Je serais descendu sur la Côte d'Azur à pied, à dos de mulet ou à la nage, s'il l'avait fallu, pour me glisser pour la toute première fois dans le baquet de la voiture de pointe de Citroën. Comme Philippe Bugalski, le pilote officiel de la marque, avait été sacré champion de France dès la manche précédente, une place se libérait pour moi.

Avant de croiser le patron, le jour même du départ, je ne savais pas du tout à quoi m'attendre.

En ce 1er décembre 2000, au petit matin, Sainte-Maxime était bordée d'une pâle mais chaleureuse lumière qui invitait à la langueur. La cité varoise, si agitée l'été, s'apparentait à un havre de paix. Mais mon regard ne se portait pas au-delà du parking occupé par les voitures de course, vers la mer où se dandinaient paisiblement les voiliers dénudés, laissés à l'abandon jusqu'au retour de la saison estivale. Je buvais les paroles de Guy Fréquelin.

– Tiens, je te propose un petit contrat. Je connais le degré d'exigence et sais apprécier les risques encourus pour en arriver là. J'espère que ça te va.

Les mots du patron ont résonné à mes oreilles comme une mélopée venue de l'au-delà. J'ai le souffle court. Je suis pris au dépourvu, plongé dans un état presque vaporeux. J'avais envie de dire à Daniel : « Pince-moi, je dois être en train de rêver ! »

Nous étions déjà tellement excités de pouvoir piloter une voiture officielle que nous n'avions pas du tout pensé à une éventuelle rétribution. À la vue de la somme, le choc a été brutal. J'ai fermement fixé les six chiffres qui semblaient clignoter au bas d'un papier à l'en-tête de Citroën Sport. Non, ce n'était pas un mirage. J'ai incliné légèrement ma tête vers Daniel. Mon volubile équipier en avait la chique coupée.

Il n'y avait désormais plus de doute. Monsieur Fréquelin nous offrait, sur le capot de sa voiture de location, à nous les deux traîne-savates, la bagatelle de cent cinquante mille francs ! De toute ma vie, je n'avais jamais « rentré » plus de six mille francs, et encore dans les meilleurs mois, à force de boulots à la petite semaine. Comme d'habitude, j'étais dans une galère noire. Mon banquier avait fini par perdre patience. Depuis un bail, j'étais dans la cave. Mon débit se chiffrait alors à vingt mille balles. Et là, en cette matinée bénie des dieux, on me proposait une somme faramineuse pour un CDD de deux jours, juste histoire de disputer un rallye !

Je me suis ressaisi. J'ai maladroitement tenté de feindre l'indifférence, ou tout au moins un certain détachement. Puis je me suis empressé de signer le contrat sans souffler un mot. De cette griffe nerveuse de ma patte de gaucher, je refermais pour de bon le chapitre de l'amateurisme pur. J'avais vingt-six ans, et j'étais émoustillé comme si je sortais de mon tout premier rendez-vous galant, un sourire béat sur les lèvres.

À l'arrivée du rallye, j'ai émargé en tête du classement. Guy Fréquelin m'a « claqué » la bise, de ses joues glabres, toujours rasées de près. Cette étreinte virile, chaleureuse, chargée de fierté et d'émotion, fut la première d'une longue série. À chaque victoire ou titre de champion, le rituel est immuable. J'ai fini par y prendre goût ! Mais ce jour-là, j'étais quand même un peu surpris.

Pour moi, Fréquelin était un « monsieur ». Et comme tout « monsieur », il me semblait parfaitement inabordable. Ce n'est pas qu'il m'intimidait, mais l'homme m'impressionnait, de par son statut, son vécu, sa réputation, sa prestance, son aura, son charisme, sa poigne de fer, son imposant gabarit de catcheur ou d'ours mal léché, qui lui a valu le surnom de « grizzly ». Au début, je le vouvoyais. Très vite, il m'a demandé d'arrêter de faire autant de manières et de l'appeler par son prénom. Normal, entre gens du métier ! Je me suis exécuté, non sans mal. Monsieur Fréquelin est devenu Guy. Quand je parle de lui en son absence, dans le cadre professionnel, je l'appelle, comme tout le monde chez Citroën et dans la famille du rallye, « le Frèq ».

*
* *

Avant que Guy Fréquelin ne me propose cette opportunité, j'avais vaguement sondé le terrain auprès de Jean-Pierre Nicolas, son pendant chez Peugeot. Sans succès. J'avais aussi envoyé une lettre de motivation aux écuries étrangères, Mitsubishi et Subaru. Il ne fallait pas être anglophone émérite pour comprendre leur réponse lapidaire :

– Nous vous remercions de l'intérêt que vous portez à notre marque, mais…

En fait, comme j'étais engagé dans la filière Citroën depuis trois ans, à travers les formules de promotion, Guy Fréquelin constituait ma seule véritable porte d'entrée pour décrocher un contrat à l'année. Encore fallait-il la forcer.

À Sainte-Maxime, je crois avoir gagné la confiance du boss. J'étais parvenu à dompter la fougueuse Xsara Kit Car. Avec le recul, je me dis que c'était un bel exploit. De toutes les Citroën que j'ai eues à piloter, cette auto était la moins docile, la plus volumineuse, la plus nerveuse dans les courbes, la plus virile. Le fait que j'aie gagné sous la pluie, sur des routes glissantes, a dû rassurer « le Frèq » concernant mon potentiel. À mon arrivée victorieuse, il s'était même départi de son habituelle retenue et fendu d'un compliment, en interpellant les journalistes.

– Messieurs, une étoile est née !

Quelques jours plus tard, le boss m'a fait signer mon contrat de pilote – et celui de copilote pour Daniel – pour disputer dans son intégralité le Championnat de France asphalte 2001 avec la Xsara Kit Car. Grâce à Jean-Pierre Champeau, qui a remis la main au portefeuille en signant un énorme chèque pour participer au financement du projet, je me suis lancé dans ce nouveau challenge. Cette fois, je jouais en première division française, tout en haut de l'affiche.

*

* *

Avec une voiture largement au-dessus du lot et un coup de volant de plus en plus affirmé, j'ai remporté l'édition 2001 du Championnat de France haut la main. J'ai quand même commis une grosse boulette au rallye du Rouergue, que je connaissais pourtant par cœur. J'ai réussi « l'exploit » de casser la voiture en sortant de la route juste après... la ligne d'arrivée d'une spéciale. À mi-course, j'étais paisiblement installé en tête avec une minute et demie d'avance – un gouffre – sur le deuxième. Je n'avais strictement aucune raison de rouler à bloc. Mais comme je n'avais pas vraiment de rival, je me battais finalement contre moi-même, en cherchant à me lancer de petits défis personnels. Sur ce coup-là, j'avais cherché à établir le meilleur temps absolu de ce parcours chronométré. En clair, j'avais voulu m'amuser. Or on ne s'amuse pas quand on est pro. Je l'ai appris à mes dépens.

Devant ma voiture aux roues arrachées, j'ai dû appeler Guy pour expliquer les causes de cette rocambolesque sortie de route. Je n'en menais pas large. C'est peu de dire qu'il n'a pas apprécié. Je m'attendais à essuyer une bonne soufflante. À ma grande surprise, il n'a pas élevé la voix et s'est contenté de me faire culpabiliser, d'un ton sec et froid.

– Seb, je ne comprends pas. Ton comportement me déçoit. Vraiment, là, je ne comprends pas...

À la limite, j'aurais préféré me faire engueuler. J'ai eu tout le loisir de ressasser mon erreur. J'ai surtout compris que l'amusement gratuit était à proscrire de mon lexique.

Heureusement pour moi, j'ai plus souvent eu l'occasion de satisfaire les attentes du patron que de les décevoir. En 2001, j'ai finalement rempli toutes les missions qui m'avaient été assignées : remporter le titre national, mais aussi celui du premier Championnat du monde Junior. Guy avait décidé de me faire participer à cette compétition réservée aux pilotes de moins de vingt-sept ans, sorte d'antichambre de l'élite mondiale. Le tracé, le format, le déroulement de l'épreuve sont en tous points pareils à ceux des « grands ». Sauf que la voiture, une Saxo Super 1600 cm^3 en ce qui me concerne, est moins puissante, rapide et sophistiquée que les WRC utilisées par les pilotes confirmés.

Mes bonnes performances, tant en France qu'à l'étranger, ont incité Guy Fréquelin à gravir la dernière marche, la plus haute, avant la fin de saison. J'ai gagné le droit de participer au San Remo, manche à l'époque incontournable du Championnat du monde, au volant de la Xsara WRC ! J'allais enfin pouvoir me mesurer à armes égales aux pointures internationales du rallye, les Tommi Mäkinen, Carlos Sainz, Colin McRae ou Richard Burns, tous ces grands noms de la discipline, sans parler des spécialistes français sur asphalte. Guy, quatre ans après m'avoir vu pour la première fois à l'œuvre au rallye d'Alsace, quand il avait demandé à ses responsables sportifs de garder un œil sur moi, m'invitait à jouer dans la cour des grands.

Comme un pro, l'espace de quelques jours, j'ai réellement découvert le fonctionnement de la structure sportive Citroën et les exigences inhérentes au sport de haut niveau. Jusque-là, je m'étais toujours adapté au dernier moment, pour ne pas dire en course, sans temps de préparation. Là, j'étais convié à ma première vraie séance d'essais sur le circuit de Montlhéry, dans l'Essonne. Le but du jeu consistait à prendre la voiture en main et à tester la gamme de pneus. En deux jours, j'ai avalé huit cents kilomètres. La principale différence avec toutes mes voitures précédentes, hormis la Toyota Corolla WRC, se situait au niveau de la transmission, puisque je suis passé de deux à quatre roues motrices. En termes de glisse, c'est devenu plus simple. La voiture était beaucoup plus facile à conduire que la Xsara Kit Car.

J'ai aussi fait connaissance avec celui qui deviendra mon ingénieur d'exploitation en Mondial, l'homme qui sera responsable de ma voiture sur le terrain, Didier Clément. Dans l'équipe, tout le monde l'appelle « Dildo », le godemiché en anglais ! C'est Tina Thörner, copilote de Thomas Radström – il deviendra mon équipier chez Citroën en 2002, lors de notre première demi-saison en Championnat du monde –, qui l'a affublé de ce surnom. Didier s'occupait de cet équipage. Et comme la Suédoise n'arrivait pas à prononcer correctement son prénom, le « Didiou » est devenu « Dildo ». Ça lui est resté…

Loin de l'image de la grosse tête bien pleine et pas marrante pour un sou, Didier est un homme sympathique et très attachant, prompt à se plier en quatre pour nous faciliter la tâche en course et la vie de manière générale. Rapidement, une véritable complicité nous a unis. C'est un vrai pro. Dans un métier où le risque est permanent, une relation de confiance absolue est indispensable. Là, c'est le cas. Je peux me reposer sur l'expertise de Didier en toute circonstance. Parfois, la victoire se joue sur un détail, un choix stratégique, un réglage plus ou moins offensif de la voiture. Il m'expose alors la situation de manière claire, liste les avantages et les inconvénients des différentes options possibles et me laisse me forger ma propre opinion, sans chercher à m'influencer. Je suis épaté par sa capacité de mémorisation.

– Seb, tu te souviens, il y a deux ans, dans la même « spéciale », on avait opté pour ces réglages-là. Et ça avait marché…

Son cerveau doit être sacrément ordonné. En dehors de la course, quand il tombe sa chemise d'ingénieur, j'apprécie aussi l'homme. Même dans la victoire, il reste discret et pudique. Ça ne lui arrive pas souvent, mais quand il « dégoupille » en soirée, après un titre de champion, « Dildo » affiche un tout autre tempérament : décomplexé, jovial et parfois même surexcité sur la piste de danse !

Au moment de rencontrer Didier, j'ai été confronté à une nouvelle facette de mon métier. Il ne s'agissait plus seulement de piloter, mais il me fallait aussi livrer une analyse technique et faire remonter des informations exploitables à ceux qui sont chargés de développer l'auto. Or, moi, je ne parlais pas la langue des ingénieurs ! J'étais déjà tellement heureux de pouvoir mettre la voiture dans tous les sens et de m'éclater que j'avais tendance à oublier, les premiers jours, de formuler avec la précision requise mon ressenti. Passé le temps d'adaptation, je me suis mué en « analyste » averti. Les discussions avec « Dildo » et les autres, totalement incompréhensibles pour les non-initiés, du genre « enlève un cran de différentiel, ça peut diminuer le sous-virage », sont devenues de plus en plus pointues.

Avant de devenir pro, je pilotais sans trop me soucier de savoir comment ma voiture pouvait fonctionner ou réagir. J'ai affiné ces notions abstraites au contact de Guy, dont les connaissances techniques sont quasi encyclopédiques. En discutant avec ses cadres, il pouvait rentrer dans des détails tellement fins qu'ils paraissaient insignifiants.

Auprès des « ingés », ma voix ne portait pas trop, au début. Mon avis technique n'était pas suffisamment éclairé. Comme ce sont eux qui ont conçu le bolide, leur façon de voir les choses est forcément la bonne. Mais parfois, les pilotes peuvent aussi avoir des idées pertinentes. Quand un truc technique me paraissait important ou intéressant à développer, je m'en ouvrais à Guy. Il me suffisait de le convaincre de la validité de ma démarche pour que cette piste soit explorée jusqu'au bout. C'était un bon moyen de pression pour faire bouger les choses et obtenir des réglages à ma convenance. Les ingénieurs savent être têtus. Quand je pense être dans le vrai, je peux l'être aussi.

*
* *

Avec Guy, j'ai été à bonne école en ce qui concerne la rigueur. En tant que patron, il a fait en sorte que rien ne lui échappe. Il a toujours tout géré, vérifié, contrôlé, et plutôt deux fois qu'une. C'était un bûcheur acharné, un infatigable bourreau de travail. Dans son bureau de Citroën Sport, à Versailles-Satory, il arrivait avant 7 heures et repartait rarement avant 21 heures. Et encore, faute de temps, il était obligé de déléguer quelques tâches. Mais s'il avait eu le don d'ubiquité, il aurait tout fait seul...

Je me suis rapidement accommodé de son côté professoral et « obsessionnel » qui en effrayait plus d'un. Les premiers débriefings sous ses ordres, d'authentiques morceaux de bravoure, reflétaient assez fidèlement son sens du devoir.

Le rallye se finissant toujours le dimanche, Guy nous convoquait deux jours plus tard à Satory pour décortiquer point par point le week-end de course. Pilotes, copilotes, ingénieurs et responsables de chaque département, une quinzaine de personnes en tout, prenaient place autour de la grande table de réunion où régnait « Frèq » en maître d'école. La ponctualité était une règle d'or. À 10 heures précises, le mardi matin, la réunion débutait. Malheur aux retardataires... Et c'était parti pour six à sept heures de discussions et de fines analyses, tout juste entrecoupées d'un plateau-repas.

Tout était passé au crible, de la technique à la logistique, jusqu'au choix de l'épaisseur du papier pour la photocopieuse ! J'exagère à peine. Comme en classe, personne n'avait le droit de parler. Impossible de discuter avec son voisin sans se faire rabrouer par le patron, qui s'empressait de tambouriner du poing sur la table.

– S'il vous plaît, messieurs, un peu de sérieux.

Fatalement, au bout de la troisième heure, tout le monde commençait à piquer du nez, à tour de rôle. On rigolait sous cape, lorsque l'un des « dormeurs » était repéré par ses petits camarades !

Mais nous n'étions vraiment pas à plaindre, au regard du calvaire que vivait Thomas Ràdström, mon coéquipier scandinave en 2002, lors de notre première demi-saison en Championnat du monde. Thomas venait pour les débriefings du mardi du fin fond de sa Suède natale. Le problème, c'est qu'il ne parlait pas un traître mot de français. Pour lui, les interminables heures de notre charabia devaient compter triple ! Il avait fini par trouver la bonne posture, en se laissant glisser tout en douceur dans le fauteuil, pour s'assoupir sans que cela se remarque. Quand Guy l'apostrophait, une fois toutes les deux ou trois heures, dans son incomparable « franglais », le réveil était brutal.

– *And you Thomas, what you think ?*

– *Mmm, yeah, OK… The, euh, the car is very good. No problem.*

– *Thank you, Thomas.* Messieurs, passons au point suivant : amélioration à apporter sur l'antipatinage…

Qu'est-ce qu'on a pu se marrer !

Dieu merci, Colin McRae et Carlos Sainz sont arrivés dans l'équipe en 2003. Ces deux-là, avec quinze ans de rallyes, cinquante victoires équitablement réparties et trois titres de champion du monde cumulés derrière eux, n'avaient nullement l'intention de perpétuer la tradition. Ils sont parvenus à formuler en un rien de temps ce que je n'aurais jamais osé demander. J'étais encore jeune dans le métier. Ces réunions faisaient partie des obligations incontournables. Je l'avais intégré. Mais McRae a rapidement mis les choses au point avec Guy, en toute simplicité.

– Venir mardi à Paris ? Vous n'y pensez pas. Je suis déjà pris.

Le fameux « débrief' du Frèq » avait vécu. Dès lors, le cérémonial lénifiant a été remplacé par une réunion allégée dans la foulée du rallye, sur place, le dimanche soir. J'ai économisé cinq heures de mon temps et un aller-retour à Paris. Mais les parties de rigolade sont devenues moins fréquentes.

S'il a ses défauts, comme tout le monde, finalement, Guy est un homme intègre, honnête, droit et franc. Son bon sens de « paysan haut-marnais », comme il se définit lui-même, m'a toujours plu. Il a été brocardé, parfois moqué, pour son côté maniaque ou psychorigide. Je ne me permettrai pour ma part jamais de le critiquer sur ce point, c'est peut-être même la clé de la réussite. Il a bâti de ses propres mains une équipe compétitive, une véritable machine à gagner, en partant de rien. Il a été l'artisan des succès de la marque sur les pistes du Dakar au début des années 1990, avant d'opérer avec réussite le virage vers le rallye classique.

Dès que j'ai signé mon contrat « semi-officiel » fin 2000, et encore plus l'année suivante après mon coup d'éclat à San Remo, il m'a pris sous son aile protectrice. Cette deuxième place, pour mon premier rallye mondial dans la Xsara WRC, m'avait pourtant ouvert toutes les portes. Mitsubishi et Subaru, pour qui mes CV étaient restés lettre morte quelques mois plus tôt, étaient prêts à m'engager sur-le-champ. J'aurais pu disputer une saison complète avec l'une de ces deux équipes dès 2002.

Guy ne pouvait me proposer que de participer à la moitié des rallyes, l'engagement complet en Championnat n'étant programmé pour Citroën qu'en 2003. Je n'ai pas hésité bien longtemps. Il m'a toujours fait confiance. Je ne me voyais en aucun cas trahir cette confiance. Au final, commencer par une demi-saison n'était pas fait pour me déplaire. Le temps d'apprentissage se poursuivait ainsi avec moins de pression. J'ai signé pour deux ans. Je n'ai pas eu à regretter mon choix.

*
* *

J'ai entamé la saison 2002 par une déception. Sur le terrain, pourtant, j'avais remporté le rallye Monte-Carlo devant le quadruple champion du monde Tommi Mäkinen. J'ai finalement perdu cette épreuve mythique sur tapis vert, quelques jours plus tard, à cause d'une pénalité infligée en raison d'une histoire de changement de pneus dans une zone non autorisée qui ne nous avait en rien avantagés. Mais j'ai toujours considéré que mon palmarès en Mondial a été défloré fin janvier, sur le port de Monaco, et non au mois d'août en Allemagne. J'avais gagné cette course à la régulière, comme un grand, sous le regard admiratif et l'œil humide du « Frèq ». On m'a peut-être ôté la victoire, mais pas ces images de joie intense et de bonheur partagé.

Aux yeux de Guy, un pilote mérite infiniment de respect. Du coup, il le dorlote, le chouchoute, le place sur un piédestal. Carlos Sainz et Colin McRae bénéficiaient du même traitement, peut-être un peu moins mâtiné de paternalisme. Il est vrai que j'étais le petit jeune de l'équipe. J'ai grandi avec Citroën Sport. Je m'y suis épanoui et toujours senti à l'aise. Guy m'a d'ailleurs un peu considéré comme son second fils. Plus que des ordres, il m'a donné des conseils. Hormis lors du rallye du pays de Galles 2003, quand les intérêts de la marque sont passés avant mon sort personnel, il ne m'a jamais rien imposé. Notre relation a très vite plongé ses racines dans le terreau d'un respect mutuel.

Sous ses airs autoritaires, Guy, en définitive, était un vrai papa poule. Avant chaque départ de rallye, il extirpait un carnet de sa poche et nous lisait machinalement les mêmes recommandations un peu décalées, sans même se rendre compte de nos sourires entendus.

– Messieurs, n'oubliez pas l'essentiel. Petit un : pas de régime moteur excessif sur les parcours de liaison.

Pas de risque. Avec la Xsara WRC, techniquement, on ne pouvait pas monter dans les tours…

– Petit deux : pensez à mettre vos casquettes au soleil. Petit trois : n'oubliez pas de vous hydrater régulièrement.

Sainz et McRae n'avaient jamais entendu ça ! Si l'équipe a été surnommée « l'Armée rouge » pour sa façon très carrée de travailler, Guy exigeant toujours le meilleur de chacun, Citroën reste avant tout une grande famille. Je sais que tous se décarcassent pour que nous puissions être placés dans les meilleures conditions en course. Quand nous rencontrons un problème, il y a toujours quelqu'un pour nous aider à inventer une solution. Comme le dit Daniel, nos mécaniciens sont des MacGyver. Un jour, en Turquie, nous avions perdu une vitre arrière latérale en pleine « spéciale ». Avant d'attaquer la suivante, il fallait imaginer un moyen de calfeutrer l'ouverture. Les gars, qui connaissent notre bagnole de A à Z ont fini par trouver l'astuce. Par téléphone, ils nous ont conseillé de décoller le gros autocollant en forme de double chevron sur le toit et de l'utiliser comme vitre de fortune !

Collectivement, nous nous sommes aussi tirés d'un mauvais pas lors du rallye d'Irlande, avant-dernière manche du championnat 2007. C'est une épreuve que nous devions absolument remporter pour nous relancer dans la course au titre. Mais avant même le départ de la première « spéciale », le vendredi matin, j'ai constaté qu'un des amortisseurs, une pièce vitale, avait lâché. Quand j'ai appelé Didier Clément pour le prévenir, il était abattu. Pour lui, cela signifiait que nous n'avions aucune chance de gagner, ni même de voir la ligne d'arrivée. Passé les quelques minutes de découragement, tout le monde s'est mis à cogiter, des « mécanos » aux « ingés ».

– Dites à Seb d'isoler les circuits électriques pour éviter que ça prenne feu.

– Qu'il essaye de réparer avec une sangle…

Mis bout à bout, les conseils ont permis de parer au plus pressé et d'éviter le pire. Au volant, j'ai trouvé le bon compromis pour ne pas trop solliciter la pièce défectueuse, sans pour autant perdre du temps. Ça a tellement bien fonctionné que nous avons signé le meilleur chrono dans la « spéciale » ! Puis nous avons limité la casse jusqu'à pouvoir réparer lors de l'assistance mécanique de la mi-journée. Nous avons gagné le rallye, puis le titre dans la foulée…

On pourrait se dire qu'il n'y a là rien d'exceptionnel, que chacun a juste fait son boulot proprement, point barre. Mais je veux bien croire que Guy a su insuffler dans l'équipe un petit supplément d'âme, poussant les gars à fournir encore plus d'efforts que ce qui leur est normalement demandé.

Je n'ai jamais eu recours à un manager ou à un agent parce que je savais qu'avec Guy, il n'y aurait pas d'embrouilles. Quand il a décidé de partir à la retraite, à l'issue de la saison 2007, après avoir remporté trois titres de champion constructeurs, on m'avait demandé de le convaincre de revenir sur sa décision. Je m'y suis refusé. Le « grizzly » a travaillé dur toute sa vie et il est en droit de goûter à un repos mérité.

Son successeur, Olivier Quesnel, que « Frèq » a lui-même adoubé, dirige l'équipe d'une façon très différente. Déjà, il n'a pas le même vécu d'ex-pilote. Du coup, Olivier laisse à chacun le soin de gérer son domaine, sans se mêler de choses qu'il ne maîtrise pas. En revanche, lorsqu'il a une idée, il ne va pas par quatre chemins pour l'imposer. Le développement de Citroën Racing au sens large, la promotion de la marque, les stratégies dans divers domaines lui importent plus que la technique et le pilotage. Sa démarche est tout à fait respectable. Et cela ne l'empêche pas, au demeurant, de continuer à gagner. Au-delà du rôle de patron d'équipe à la double casquette – il dirige aussi depuis deux ans Peugeot Sport –, Olivier est un homme ouvert, amoureux de la nature comme son prédécesseur. J'ai déjà eu l'occasion de passer quelques journées agréables avec lui, de partager sa passion pour le ski sur les glaciers, près de Chamonix, loin du monde des rallyes.

Depuis que Guy s'est retiré, je le vois encore régulièrement, même s'il ne remet plus les pieds sur les rallyes. Il habite juste en face de chez moi, de l'autre côté du lac Léman, sur le plateau d'Assy. Comme il est aussi féru de ski et de parapente, il m'a déjà embarqué dans quelques virées. Sorti du cadre de la compétition, il ressemble à monsieur Tout-le-monde, se montre détendu, abordable, aimant la nature et la vie. Son côté carré ne l'a pas pour autant abandonné. Quand il m'invite à un barbecue, l'affaire est rondement menée. D'une main il manie la pince, de l'autre il tient un chronomètre, son ustensile préféré quand il était directeur sportif. En course, Guy en avait toujours deux pendus autour du cou, avec les yeux perpétuellement rivés dessus. L'objet a trouvé une nouvelle fonction dans le domaine culinaire… Car la côte de chevreuil, sur le feu, c'est trois minutes quatorze secondes recto, trois minutes quatorze verso ! Le repas à peine fini, il manipule frénétiquement la brosse métallique sur la grille pour tout nettoyer. À vrai dire, cela ne me surprend pas. Comment pourrait-il en être autrement pour un homme aussi consciencieux ?

Avant chaque décision importante dans ma carrière sportive, je ne manque jamais de l'appeler. Son avis, comme celui de Dominique Heintz, m'est précieux. Pour moi, Guy Fréquelin est l'incarnation même du professionnalisme, une sorte de phare inamovible qui, en toute circonstance, indique la voie à suivre. Celle qu'il a balisée avec acharnement m'a permis d'atteindre les sommets. Je lui voue un respect infini.

*

* *

Depuis que je suis passé pro, il est des aspects que je n'ai pas trop travaillés. Je considère en particulier le pilotage comme un élément inné. J'ai quand même observé le comportement en course de mes contemporains, les Grönholm, Solberg, Märtin, histoire d'en retirer le meilleur et de l'adapter à ma sauce. J'ai notamment compris que l'époque de la glisse, très spectaculaire mais peu efficace, était révolue. Le pilote de demain roulera « proprement » ou ne roulera plus ! Mes diverses expériences en circuit, ces dernières années, mon aussi permis d'optimiser mon coup de volant sur l'asphalte.

Certes, j'ai traversé quelques périodes de doute, quand je « ramassais » des minutes à la pelle par rapport aux meilleurs, comme sur la terre australienne lors de ma première apparition à l'autre bout du monde, en 2002. Je n'arrivais pas à savoir si le problème venait de moi ou si la voiture n'était pas assez efficace. Mon équipier Thomas Radström avait cherché à me rassurer.

– Ne t'inquiète pas. C'est la caisse qui ne fonctionne pas. Tu verras, l'an prochain, Carlos Sainz et Colin McRae n'iront pas plus vite que toi.

Le pilote suédois, dont le contrat n'a pas été renouvelé à la fin de cette saison-là, avait vu juste. Quand les deux pointures sont arrivées, j'ai été immédiatement à leur niveau, et même régulièrement plus rapide qu'eux. À leurs côtés, j'ai beaucoup appris. Carlos, un gros bosseur, et Colin, un type adorable et déconneur, ont apporté toute leur expérience pour améliorer le comportement de notre Xsara. Ils ont su mettre le doigt sur les défauts et proposer des solutions que j'étais encore en peine de formuler. Cette voiture marchait déjà beaucoup mieux que toutes celles que j'avais pilotées jusqu'alors. Grâce aux deux champions, les améliorations ont été substantielles. J'en ai profité, indirectement, avant d'être à mon tour capable de rectifier le tir.

En définitive, je me suis adapté au professionnalisme sans trop de mal, presque naturellement, comme si je m'étais glissé dans un costume taillé sur mesure. Dans certains domaines, je fournis quand même de gros efforts. Séverine me charrie souvent quand je me montre un peu trop maniaque.

– Chéri, si tu continues comme ça, tu vas devenir comme « Frèq » !

Elle exagère, même si l'allusion n'est pas sans fondement. Comme mon ex-patron, j'ai mes petites marottes qui peuvent vite virer à l'obsession. Mais si je me montre pointilleux à l'excès, c'est pour limiter les risques et circonscrire le danger. Je ne néglige jamais cet aspect-là.

– 9 –

LES RISQUES DU MÉTIER

Le rallye reste un sport dangereux. Rouler à près de deux cents kilomètres/heure sur de petites routes cabossées et sinueuses, entre les rangées d'arbres, les rochers ou les fossés, poser ses roues dans les bas-côtés en cherchant à trouver le point de corde idéal sans savoir ce qui se cache derrière les buissons, apprécier les changements d'adhérence entre les tronçons secs, humides, parfois verglacés ou enneigés, est un exercice hautement périlleux.

Comme je ne me considère pas comme un casse-cou, en dépit des apparences, je limite au maximum les risques. J'essaye de les mesurer, de les appréhender de manière cartésienne et réfléchie. Certes, je suis conscient que tout le monde peut se tromper en calculs. Mais je cherche à réduire autant que possible la marge d'erreur.

Dans ma jeunesse, déjà, je ne tentais pas le diable. Contrairement à Christophe Albon, alias Albi, mon copain d'enfance qui était une vraie tête brûlée. Quand on allait à la gravière d'Offendorf, à quelques kilomètres d'Oberhoffen, notre grand jeu consistait à grimper sur les engins d'extraction et à exécuter des saltos « plongeons » dans l'eau. Avec mes acquis de la gymnastique, cela ne me posait pas trop de problèmes. Mais j'y allais quand même progressivement, en intégrant tous les paramètres. Je commençais en bas, prudemment, pour voir, avant de me risquer au grand saut sur la plate-forme de onze puis de quatorze mètres. Albi, lui, suivait les yeux fermés.

– Ce que tu arrives à faire, moi aussi, je le fais ! disait-il avant de plonger n'importe comment.

Et tant pis si une gamelle ou un « plat » monumental l'attendait en bas. Il n'avait pas peur. Je crains que ce soit ce grain de folie qui lui ait coûté la vie, quelques années plus tard, dans son accident de moto…

À l'époque des premières bagnoles, Fred Willmann avait aussi ce côté fougueux qui me fait défaut. Lui, lors de nos virées sauvages, il « jetait » sa voiture dans les virages, complètement en vrac, sans se soucier de savoir si elle allait décrocher ou pas. Souvent ça passait. Parfois, non.

Même aujourd'hui, en Championnat du monde, quelques pilotes s'en remettent parfois exclusivement à leur talent naturel de pilotage, leur maîtrise innée, leur instinct. Fatalement, ils sont obligés de prendre des risques que l'on pourrait croire inconsidérés.

Bien sûr, il m'arrive aussi, de temps à autre, de « péter un câble » et de piloter à la manière d'un kamikaze. Je ne m'en remets pas pour autant au seul destin. J'essaye de garder un minimum de lucidité.

Parfois, j'aurais aimé pouvoir « dégoupiller » comme Fred, sauter avec insouciance d'un pont comme « Albi », sans jamais me poser de questions. Ce n'est pas le cas. Je calcule, encore et toujours. Comme ma mère quand elle enseignait les mathématiques.

*
* *

Le prolongement de mon héritage maternel réside dans mon système de prise de notes, en amont de la course, lors des reconnaissances du parcours. C'est ma partition, la seule que j'ai écrite à ma façon. Cet exercice imposé, que je pourrais comparer aux répétitions d'un soliste, isolé dans son coin, constitue la face cachée de mon métier. Sauf que moi, je ne suis pas enfermé dans une chambre, derrière un pupitre. J'avale des kilomètres et des kilomètres par monts et par vaux, sur les routes que j'emprunterai ensuite à vive allure dans le baquet de la voiture de course, trois jours durant.

Cela dit, il n'y a là rien d'amusant. Au contraire, le côté barbant et répétitif a de quoi lasser. Malgré l'expérience, j'y apporte pourtant toujours le même soin. Je me montre extrêmement consciencieux. Comprendre mon système de prise de notes permet d'expliquer, en grande partie, mon comportement et peut-être ma réussite en rallye.

En Championnat du monde, ce décryptage sur le terrain se fait en deux journées pleines, généralement le mardi et le mercredi quand le départ est donné le vendredi. Installé au volant du mulet, je suis à mon affaire. À mes côtés, Daniel consigne sur son carnet les indications que je lui donne.

À mes débuts, dans les épreuves régionales ou nationales auxquelles je participais, et même en Mondial, les « recos » n'étaient ni encadrées ni limitées. Chaque pilote pouvait passer une semaine entière à se familiariser avec le parcours, virage après virage. Cette répétition générale grandeur nature servait alors autant à déchiffrer le parcours qu'à s'entraîner, comme lors d'une séance d'essais.

Pour une question de sécurité – les routes étaient ouvertes à la circulation, d'où le risque de tomber nez à nez avec un conducteur lambda… – et de coût, le règlement est devenu plus contraignant. Depuis quelques années, les reconnaissances se limitent à deux passages dans chaque épreuve spéciale. Notre mulet est équipé d'un GPS qui contrôle notre vitesse. Celle-ci est limitée entre soixante-dix et quatre-vingt-dix kilomètres/heure suivant la règle en vigueur dans le pays où l'on se trouve. Dès lors, il faut optimiser au maximum la collecte d'informations.

Je suis passé expert en la matière. Au fil des années, j'ai amélioré mon système déjà complexe, apporté de petites retouches subtiles, gagné en précision. Du coup, je chipote, je pinaille, je me montre tatillon à l'excès. Même dans une spéciale que je connais, pour l'avoir empruntée les années précédentes, j'apporte beaucoup de modifications. J'essaye d'améliorer les notes, quitte à revenir en arrière lors de notre second passage. Durant les deux jours de reconnaissances,

Daniel sait que je serai imbuvable et ronchon. L'heure n'est pas à la plaisanterie.

Car un pilote qui bâcle ce travail préparatoire, quand il s'agit de « lire » la route à vitesse réduite, ne peut pas être efficace en course. Sauf à accepter que le hasard s'invite dans l'habitacle de la voiture. Moi, il faut que je sache où je mettrai les roues, à quel endroit je devrai freiner, au mètre près, et comment il me faudra « placer » la voiture à l'entrée du virage pour que je puisse en sortir de la manière la plus efficace possible.

La note me permet de visualiser le virage et de le décrire de la façon la plus précise. Ces indications, récitées ensuite par Daniel en course, me donnent une image mentale de la courbe, même si je ne la vois pas.

En déchiffrant mon carnet de notes, je pense qu'un topographe pourrait sans mal dessiner le tracé d'une épreuve spéciale. Les distances que j'indique sont réelles. Je les mesure en reconnaissances à l'aide d'un compteur que je me suis fait installer au volant. Et les angles de courbes sont fiables, à une poignée de degrés près. Je m'astreins systématiquement à me montrer aussi pointu, pour mettre le maximum de chances de mon côté en course.

Pour apprécier un virage, ou plutôt lui « donner un nom », je m'étais basé sur la méthode de Dominique Heintz, en mesurant l'angle de braquage. Au début, je plaçais un bout de Scotch au milieu du volant, et d'autres de différentes couleurs sur le tableau de bord comme repères fixes. Je parvenais ainsi à mesurer l'angle de la trajectoire idéale de chaque courbe. Quand j'ai estimé un virage à cent trente degrés, je sais que je peux arriver en quatrième vitesse et « jeter » la voiture de course en étant sûr que cela va passer.

Toute la difficulté de la tâche réside dans la précision de cette appréciation. Si je suis en dessous de la réalité, je vais perdre un temps précieux. Si je me montre trop optimiste, je vais immanquablement terminer dans le décor. Cela se joue à rien. À cinq ou six kilomètres/heure près, tout peut basculer. Les lois de la physique et de la mécanique sont ainsi faites. Je n'ai peut-être pas eu le temps de les étudier en classe, mais je suis bien placé pour les apprécier sur le terrain !

Après tant d'années, je n'ai plus besoin de regarder le volant pour mesurer les angles. Les degrés sont désormais indexés dans ma tête. Petit à petit, j'ai rajouté une foule de détails de plus en plus subtils. Longueur, largeur, trajectoire, profondeur de la corde et relief : rien n'est laissé au hasard. Du coup, cela peut déboucher sur une note à rallonge.

– Droite cent quarante moins moins long tard vraiment pas corde jette sur, attention, quarante mètres gauche ferme quatre-vingt dix moins long tard corde étroit.

Même si j'essaye de compacter les informations au maximum – puisqu'il faut que Daniel ait le temps de les lire et que moi, je puisse les assimiler et les comprendre –, cette note décrit juste un enchaînement de deux virages. Et des virages, lors d'un week-end de course, il y en a plusieurs milliers !

Même si je l'ai personnalisé, mon système n'est pas une marque déposée. N'importe qui peut s'en inspirer. Il suffit pour cela de décrypter les images de la caméra embarquée et d'écouter la bande sonore, à condition de supporter la chansonnette de Daniel ! Chez Citroën, Sébastien Ogier, le jeune qui monte cette année, l'a adopté. Mais en Championnat du monde, il est le seul. Les autres pilotes, nordiques ou anglo-saxons, s'embarrassent de moins de détails. Ils se contentent de relever le rapport de boîte de vitesses en entrée de courbe, sans se soucier des angles. Un « droite cinq plus pour gauche deux moins » se substitue à ma longue note. Je ne suis même pas sûr que mon système soit plus efficace. Mais c'est la seule méthode que j'ai trouvée pour me mettre en confiance.

À la veille du départ, dans ma chambre d'hôtel, je m'impose presque toujours une séance vidéo quand il s'agit d'un tracé nouveau. Je décortique les images de la caméra embarquée dans la voiture de reconnaissances, en vitesse accélérée. Cela me donne une vue globale de la « spéciale ». Je me fais mon propre rythme dans ma tête, comme si j'étais au volant. Je contrôle ce que j'avais noté, je me rassure. J'apporte aussi quelques corrections, si besoin est. Je retiens les endroits dangereux, les petits détails, les repères visuels. Je m'astreins à une seconde lecture et à partir de là, je connais pour ainsi dire la « spéciale » par cœur, même si elle est longue de trente kilomètres.

Comme je suis doté d'une bonne mémoire visuelle, cela me facilite la tâche. Enfin, tout dépend du rallye. Au Japon, par exemple, tout se ressemble. Tu es immergé dans une forêt où strictement rien ne change sur vingt bornes : l'essence des arbres, la couleur des feuilles, la nature du sol sont uniformes. Il est impossible de distinguer un endroit d'un autre. Dès lors, il faut se fier aux seules notes. Mieux vaut qu'elles soient précises.

D'autres tracés sont faciles à retenir. En Allemagne, je pourrais quasiment rouler sans écouter ce que me raconte Daniel. J'ai le tracé en tête : tu es dans les vignes, tu descends puis tu prends un petit bout de route nationale, avant de bifurquer à gauche à un carrefour, de remonter pour trois « équerres » dans le vignoble et de replonger à droite dans un autre vallon... Toutes ces « cassures » dans le paysage sont autant de repères qui me permettent de savoir exactement où je me situe dans l'espace.

Comme j'ai tendance à ne faire confiance qu'à moi-même, je m'efforce quoi qu'il en soit de mémoriser un peu la route. J'évite ainsi quelques mauvaises surprises, quand la langue de Daniel fourche dans la lecture de la note. Cela se produit très rarement, mais ça arrive quand même... Comme en Suède, lors du premier rallye de la saison 2010.

– Gauche cent trente plus.

Quand j'entends l'indication, je sais pertinemment que Daniel s'est planté.

– Non ! C'est un cent trente moins !

– Cent trente plus, je te dis !

– Si c'est cent trente plus, tu t'es gouré en recopiant la note…

Si je ne m'en étais pas souvenu, j'aurais fini dans le décor, comme au Japon en 2007. Au lieu d'aborder la courbe à cent vingt kilomètres/heure, je l'aurais prise à cent trente. Suffisant pour que cela ne passe pas !

En toute circonstance, je veux savoir où je vais. Je refuse de me présenter au départ d'une spéciale, la fleur au fusil, sans être sûr de mon coup.

– C'est moi qui ai pris les notes ici ? Ça alors, je ne me le rappelle pas…

Voilà bien le genre de situation que je veux éviter. Rouler à nos vitesses constitue déjà un danger suffisamment prégnant. Pas la peine d'accroître le risque inutilement.

*
* *

À ce travail contraignant mais nécessaire s'ajoute un besoin naturel et impérieux de maîtriser les éléments. À vélo, dans mon enfance, je privilégiais déjà l'aspect technique, la maniabilité, l'agilité, à la vitesse pure. Dans ma cour, derrière la maison, il fallait que j'arrive à bloc, pour freiner et passer en dérapage contrôlé, bien « propre », derrière le poteau de l'étendoir à linge. Pourquoi ? Je n'en sais rien. Personne ne m'encourageait à le faire. Cela me procurait juste du plaisir. Le même qui m'anime aujourd'hui en course, quand je parviens à la fois à donner le maximum et à aller plus vite que les autres.

Cela peut paraître paradoxal, mais je n'estime pas vivre dangereusement. Certes, je suis amateur de ce que l'on peut appeler les sensations fortes. J'aime les choses qui bougent, sur terre, dans les airs ou sur l'eau, qu'il s'agisse d'escalade, de saut à l'élastique ou en parachute. Quand il y a un moteur qui rugit, la montée d'adrénaline est encore plus grisante. Daniel, lui, peut passer des heures et des heures assis sur une chaise à scruter son écran d'ordinateur. Moi, ça me rend dingue au bout d'une minute. Et encore, il faut que le truc fonctionne instantanément, au premier clic, sans quoi je tourne les talons aussi sec.

En fait, je ne supporte pas l'inaction. Je ne peux pas me tourner les pouces plus de dix minutes ! J'ai l'impression de gaspiller mon temps et, quelque part, ma vie. C'est pour cette raison que j'ai toujours une moto, une voiture, un kart ou tout autre moyen de se défouler à portée de main.

Dans mes activités, le souci de maîtrise, avec la finesse et la précision requises, reste ma priorité. Quand je monte dans un avion d'acrobatie, comme j'en ai eu l'occasion pour la première fois voilà deux ans avec la Patrouille de France, je suis animé par le goût de la découverte, mais aussi par l'envie de comprendre comment toute chose fonctionne. Je ne veux pas me contenter d'être simple spectateur. Avant de prendre place dans l'Alphajet, je m'en étais ouvert au chef d'escadron.

– Dites, est-ce que je pourrai essayer par moi-même ?

Au bout de quelques loopings et deux-trois explications, le pilote m'a confié le manche, grâce au système de double commande. Je me suis amusé comme un petit fou, tout en étant persuadé d'évoluer en toute sécurité. Or en terme d'excellence, la Patrouille de France est une référence. Si on m'avait dit, avant de décoller, qu'une fois sur dix l'avion risquait de se crasher, j'aurais refusé d'embarquer. Va pour les émotions fortes, pas pour l'inconscience. C'est une règle d'or.

C'est la même curiosité qui m'a poussé, voilà deux ans, à m'attaquer au brevet de pilote d'hélicoptère. Guy Fréquelin m'avait donné envie de franchir le pas. Mon patron pilotait un appareil en rallye et n'avait ainsi aucun mal à suivre l'évolution de la course. Il lui suffisait de se poser dans un champ et de se poster en bordure de route pour voir passer ses voitures. Moi, j'y ai immédiatement décelé un avantage majeur, en dehors du sentiment de liberté que cela procure : le gain de temps.

Comme je pouvais me payer ce luxe, je n'ai pas hésité à me lancer dans une exigeante formation. Moi qui n'avais plus plongé le nez dans un bouquin depuis l'époque du lycée, j'ai passé des soirées entières à potasser la théorie et à tout décortiquer dans le détail. En vol, mon instructeur n'en revenait pas.

– Mon gars, tu es le premier élève à me demander autant de choses qui sortent de l'ordinaire…

Je l'ai harcelé de questions pointues, histoire de cerner les limites extrêmes de mon appareil. Les instructions basiques, décoller, voler puis me poser proprement, ne me suffisaient pas, loin s'en faut. Il fallait que j'aille un peu plus loin, en effectuant quelques figures hors norme, du genre « demi-tour au frein à main » dans les airs ! J'y suis allé progressivement, non pas par goût du risque, mais pour connaître de nouvelles sensations de pilotage et savoir ce que l'on peut ou ne peut pas faire.

Quoi qu'il en soit, je sais pertinemment que cela reste une activité dangereuse, même si tous les paramètres semblent sous contrôle. Colin McRae, mon ex-équipier chez Citroën, y a perdu la vie en septembre 2007. L'hélicoptère qu'il pilotait s'est écrasé dans sa propriété, en Écosse.

Mes petites acrobaties, je ne les exécute que quand je suis seul. Le reste du temps, je suis sage et prudent. Sans quoi je n'embarquerais pas ma fille et ma femme à bord.

*
* *

Si je tente à chaque fois d'approcher mes limites, je ne cherche jamais à les dépasser. Quand je parviens déjà à les atteindre, c'est comme si je découvrais, à perte de vue, un incroyable espace de liberté.

Cette sensation de plénitude et de félicité, un truc presque métaphysique, je ne l'éprouve pas à chaque rallye. À vrai dire, elle se fait plutôt rare. Déjà faut-il que tous les ingrédients soient réunis. En Argentine, en plein hiver austral 2005, j'ai vécu un moment assez magique.

J'étais engagé dans une grosse bagarre avec Marcus Grönholm et Petter Solberg, les pilotes Peugeot et Subaru. Question intensité, on se serait cru dans le film de Sergio Leone, *Le Bon, la Brute et le Truand*, quand les trois héros de retrouvent dans un cimetière pour un « triel » haletant.

Le premier jour, j'avais pris l'ascendant sur des chemins de terre boueux et glissants. Dans le brouillard, pourtant, je n'avais pas pu éviter une rencontre frappante avec… une vache venue se poster au milieu de la route ! Enfin, je ne l'avais qu'effleurée, sans quoi ma course se serait terminée brutalement, pare-choc contre cornes…

Dans des paysages à couper le souffle, Grönholm est ensuite venu me pousser dans mes derniers retranchements lors de la deuxième étape. La délivrance est intervenue le dimanche, dans la spéciale d'El Condor, ainsi nommée parce que l'on dit que le patron du restaurant perché là-haut, à quelque deux mille mètres d'altitude, a la faculté de faire poser les condors sur son bras. Je n'ai jamais eu le loisir de le vérifier.

Au même titre qu'Ouninpohja dans les sombres forêts finlandaises ou Whaanga Coast en Nouvelle-Zélande, en surplomb de l'océan Pacifique, El Condor relève quasiment du mythe pour les pilotes de rallyes. C'est un endroit à nul autre pareil, dans une vallée rocailleuse où les passionnés venus par milliers se posent sur les promontoires ou tout au bord de la piste. Ils attendent patiemment le passage des voitures, regroupés par grappes autour des *asados* où grille la viande rouge, en sirotant le maté, leur boisson nationale. L'atmosphère, la ferveur populaire, les odeurs sont enivrantes.

En scellant ma victoire dans ce décor surréaliste, presque lunaire, j'ai goûté à cette euphorie singulière. Tout au long du week-end, je m'étais de plus en plus approché du précipice, aux confins du raisonnable et de la folie. Et puis là-haut, au bout du monde, s'est ouvert un territoire encore inexploré, mêlant grâce, vertige et volupté. J'étais quasiment en extase.

En avril 2010, j'ai eu la chance de revivre cette expérience en Nouvelle-Zélande. Cette course était complètement échevelée. Je m'y suis amusé comme jamais. De la première à la dernière spéciale, je n'ai pas une seule fois levé le pied, en étant vraiment sur le fil du rasoir. Même si le degré de concentration était à son apogée, je crois n'avoir jamais autant malmené mon auto. C'est bien simple, aucune pièce de carrosserie n'a été épargnée. J'ai tout « plié », de ma portière à l'aile arrière. Il faut dire que ce parcours, rapide et spectaculaire, se prête à une attaque totale.

Dans les décors somptueux qui ont servi de cadre au *Seigneur des Anneaux*, je me suis pris pour Frodon ! Sauf que j'ai échoué d'un rien dans ma quête, puisque j'ai dû me contenter de la troisième place. Généralement, ce rang ne me satisfait pas. Dans ces circonstances-là, après avoir traversé tous les états, du plus bas au sommet, j'étais presque aussi comblé qu'un jour de victoire.

A contrario, il est des succès qui ont l'âcre goût de la douleur et de la peur. Celui acquis en Finlande à l'été 2008, sur la terre des spécialistes nordiques, reste unique en son genre. Je m'y suis imposé pour neuf petites secondes, au terme de trois jours de course à couteaux tirés, aux dépens de Mikko Hirvonen.

À l'arrivée, Séverine pleurait à chaudes larmes. Non pas de joie, mais de soulagement.

Pour une fois, j'ai allégrement dépassé les bornes de la prudence. Car pour battre les Finlandais sur leurs terres, il a fallu se lâcher complètement et surtout accepter de prendre de gros risques. Presque tout le temps, je rentrais dans les virages plus vite que je ne l'avais initialement calculé. La marge était devenue très faible. J'arrivais à cent quatre-vingts kilomètres/heure, je donnais un coup de volant, je partais en glisse et je sortais au ras des arbres. À mes côtés, Daniel n'était pas trop rassuré. Il avait remarqué que je faisais « de l'huile d'olive », comme il dit, en raison de mes petits tics – la jambe droite qui flageole frénétiquement – et des onomatopées que je n'arrive pas à contenir en pleine action :

– Pfft, pfft, pfft, putain, c'est chaud, là !

Durant l'effort, je n'avais pas le temps de gamberger, tellement j'étais concentré. Mais au départ de la spéciale suivante, je n'en menais pas large.

– Merde, c'était déjà limite avant. Et dire qu'il va falloir remettre ça. Vivement que ça se termine...

Sur la première marche du podium, j'étais extrêmement content d'avoir remporté ce rallye au moins une fois, parce que je considère qu'il s'agit du challenge ultime en Championnat du monde. Mais je me suis aussi dit que ce serait certainement la seule. Tenter le diable, ça va un moment, sauf qu'il ne faut pas en abuser.

*

* *

J'ai beau m'entourer de toutes les précautions du monde, avoir la tête sur les épaules, préparer ma course avec minutie, le risque zéro n'existe pas. Je ne suis pas à l'abri d'un problème mécanique ou d'une erreur humaine. Personne n'est parfait : ni Daniel, ni moi. Jusque-là, nous n'avons pas subi beaucoup de grosses sorties de route, des « boîtes » comme on dit dans le jargon. Une petite quinzaine, essais et rallyes additionnés, qui n'ont en général pas prêté à conséquence. L'une des plus marquantes m'a quand même sérieusement choqué. C'était lors de notre premier rallye mondial, en Catalogne, à l'automne 1999, au volant de la petite Saxo aux couleurs de l'équipe de France.

La voiture ne fonctionnait pas normalement. Il y avait un souci avec la boîte de vitesses, et je ne réussissais pas à passer correctement les rapports. Je n'étais pas parvenu à m'en accommoder. Et puis, à deux kilomètres de l'arrivée de la dernière spéciale du jour, le vendredi, le pire s'est produit.

J'ai perdu le contrôle de l'auto dans un virage. Je suis parti dans un talus à gauche, qui nous a renvoyés en tonneau de l'autre côté de la route. Là, des spectateurs étaient assis sur le muret d'un pont. Je les ai percutés. Quand je me suis extirpé de la Saxo, j'ai paniqué. Il y avait un type couché sous la voiture. D'autres étaient tombés en contrebas et avaient reçu sur le dos des pierres détachées du muret. Avec Daniel, nous nous sommes sentis perdus, abandonnés au milieu des cris puis des sirènes d'ambulances. Les minutes semblaient durer des heures. Une petite voix résonnait dans ma tête. « Merde, Seb, mais qu'est-ce que tu as fait ? C'est ta faute, là ! »

Je ne m'étais pas préparé à une telle catastrophe. Je n'étais alors qu'un petit électricien qui ne voyait pas plus loin que le bout de son nez. Participer à une manche mondiale devait être un grand événement. On m'avait juste demandé de rouler, sans me soucier du reste.

Et voilà que je venais de faucher huit personnes ! Huit inconnus qui étaient venus assister à un rallye, en famille ou entre amis... J'ai été considéré comme un chauffard, un bandit de la route. La police a dressé un procès-verbal et constaté que je roulais à vive allure avec des pneus lisses, les « slicks » utilisés en course sur toutes les manches asphalte...

Je n'ai jamais été aussi mal que ce jour-là. Par chance, il n'y a eu en tout et pour tout « que » deux bras cassés. Le lendemain, je me suis rendu à l'hôpital, au chevet des blessés. Je ne savais pas quoi leur dire, à part que j'étais désolé pour eux. Mais je me sentais obligé de leur apporter un minimum de soutien. Sur ce coup-là, c'était vraiment la faute à pas de chance. Les victimes de l'accident étaient placées dans une zone autorisée, censée être non dangereuse. Elles ne s'attendaient pas à voir une voiture être renvoyée comme une balle de flipper droit sur elles. Ce sont les aléas de la course. Dire qu'il y a des gens imprudents qui ne respectent pas les consignes de sécurité et viennent se poster au bord de la route en dépit du bon sens, sans être inquiétés...

Après cette épreuve, j'étais soulagé de quitter l'Espagne. J'ai passé deux jours auprès des miens, entre potes, à Oberhoffen, pour tenter d'évacuer ce traumatisme. Puis j'ai relevé la tête, en repensant petit à petit au rallye et en me projetant sur la course suivante. Parce qu'il faut bien continuer à regarder devant soi. Ce qui se situe derrière est de toute façon impossible à rattraper.

*
* *

Heureusement, les accidents sont souvent plus spectaculaires que dangereux. J'en veux pour preuve la cabriole que nous avons faite lors du rallye de Grèce, en 2009. Quand je les ai vues, les images de mes six tonneaux dans un champ m'ont paru impressionnantes. Moi, sur le moment, j'ai à peine eu le temps de m'en rendre compte. La voiture ne m'a même pas échappé. J'ai simplement tapé un rocher caché sous un buisson. Et pom ! La C4 a été envoyée en l'air, puis est retombée sur la roue qui avait été arrachée à l'impact. Dès lors, il m'était impossible de contrôler quoi que ce soit. Tout est allé tellement vite… Quand la voiture a fini par s'immobiliser, deux cents mètres plus loin, je me suis extrait de l'habitacle en une poignée de secondes. Daniel n'a pas tardé à me rejoindre, indemne lui aussi. Dans ces cas-là, le sentiment de frayeur s'estompe aussi vite que celui de la déception enfle.

« OK, c'est cool, on n'a rien. Mais on vient de perdre des points précieux au Championnat », me dis-je. Cela semble futile, au regard de l'accident subi trente secondes plus tôt. Sans pour autant les banaliser, ces péripéties fracassantes sont finalement intégrées dans mon raisonnement. Elles font partie des risques du métier. Il faut bien s'en accommoder et les accepter.

Je suis immédiatement remonté à pied sur la route pour voir ce qui avait pu nous envoyer aussi brutalement dans le décor. La grosse pierre était bien là, planquée sous un manteau végétal. Des milliers de fois dans ma carrière, je suis allé « couper » la trajectoire dans les buissons sans qu'un gros obstacle surgisse de nulle part. Cette fois-là, le sort en a décidé autrement. Comme quoi, on ne peut pas tout maîtriser à la perfection.

Après une grosse « boîte », le plus dur consiste toujours à se remettre dans le rythme lors du rallye suivant. Il faut vaincre la petite appréhension qui empêche de desserrer mentalement le frein à main. Moi, je tâtonne souvent un peu lors des premières spéciales, avant que la confiance revienne et que je sois de nouveau dans mon élément. Sauf quand la loi des séries s'en mêle. Car après mes ennuis en Grèce, le mauvais sort s'est acharné.

En Pologne, deux semaines plus tard, j'ai cassé une pièce de direction sur une souche d'arbre que j'avais omis de répertorier dans mes notes. Cette fois encore, je n'ai rien pu contrôler, les roues avant s'étant « ouvertes », une à gauche, l'autre à droite. Au-delà de ma négligence, les ingénieurs ont constaté par la suite que la pièce avait un défaut de fabrication. Avec le recul, je me dis que j'ai eu de la chance. Car je suis sorti de la route à faible vitesse, à un endroit où il n'y avait pas de danger particulier.

Cela aurait tout aussi bien pu se terminer à deux cents kilomètres/heure contre un arbre.

Le fait de pratiquer un sport mécanique m'expose forcément à ce genre de risques ingérables. Ces deux incidents successifs ont un peu instillé le doute dans mon esprit. Ils auraient pu refroidir mes ardeurs. Je me suis même posé la question :

– Est-ce que j'aurai peur la prochaine fois ?

Mais non, passé le temps de réadaptation, je suis reparti comme si de rien n'était.

*
* *

Ma discipline a su évoluer avec le temps, heureusement. Les apports technologiques et une réglementation plus contraignante ont grandement accru la sécurité, tant pour les pilotes que pour les spectateurs. Dans les années 1980, je sais que le danger était beaucoup plus conséquent. C'était l'époque du fameux « groupe B », le lointain ancêtre du WRC, une catégorie marquée par la démesure et une course effrénée à la performance pure.

Les constructeurs se tiraient la bourre pour développer le prototype le plus puissant possible. Les Audi Quattro, les Peugeot 205 Turbo 16 ou les Lancia Delta étaient de véritables machines de guerre, légères comme l'air, fragiles comme du carton, qui développaient plus de cinq cents chevaux ! Il fallait avoir le cœur bien accroché pour rouler avec ces « Formule 1 » sur des petites routes sinueuses, à flanc de montagne, au bord des précipices ou au ras des arbres.

Une seule fois, j'ai directement été confronté à un accident tragique. Et je croise les doigts pour ne pas en connaître d'autre d'ici à la fin de ma carrière. C'était en septembre 2005, un dimanche gris et maussade, au rallye du pays de Galles.

À l'entame de cette dernière journée de course, mon horizon était pourtant bleu azur.

J'étais confortablement installé en tête. Il ne restait plus que deux épreuves spéciales pour ramener la voiture à bon port et signer mon premier succès sur cette terre revêche, là même où j'avais dû abandonner mes rêves de titre mondial deux ans plus tôt. Tout au long du week-end, j'avais contenu les assauts de Marcus Grönholm et de Petter Solberg, mes deux principaux rivaux en terre galloise.

Tout a basculé en début de matinée, quand la Peugeot 307 de Markko Märtin, l'un des pilotes talentueux de la nouvelle génération, qui avait percé au meilleur niveau en même temps que moi, a quitté la route dans Margam Park. Sur le moment, je n'ai pas été informé de la gravité de l'accident. Les commissaires de course nous ont immobilisés sur la ligne de départ.

– Vous ne pouvez pas partir. Il y a eu un gros carton trois kilomètres plus loin.

Sans nous en dire plus, on nous a enjoint de rallier le parc d'assistance, là où sont regroupées toutes les équipes, par un itinéraire bis. Le trajet a paru terriblement long. Les questions se bousculaient chez Daniel et moi. En liaison radio avec l'équipe, on a tenté d'en apprendre plus. Mais les informations ne nous parvenaient qu'au compte-gouttes.

– Que s'est-il passé ?

– Markko a percuté un arbre.

– C'est grave ?

– Il faut croire, oui. Markko est indemne, il est sorti de la voiture, mais son copilote est toujours prisonnier de la tôle. On ne sait rien d'autre.

Ce n'est qu'à notre arrivée sous l'auvent de Citroën que la terrible nouvelle est tombée. Michaël Park, dit « Beef », n'a pas survécu au violent choc latéral, dans un virage très dangereux. J'en suis resté pétrifié. Daniel, lui, était complètement effondré.

Une heure plus tôt, il déconnait encore avec « Beef » dans la zone de pointage, avant le départ de la spéciale. C'était son pote, un chic type, un Anglais apprécié de tous pour sa bonhomie et son humour *british*.

Soudain, j'ai pensé à sa femme et à ses enfants. Daniel m'a dit qu'ils étaient venus pour la première fois le voir en course… J'ai essayé de me mettre à la place de Markko Märtin, de m'immiscer dans sa tête. La sale affaire. Sa conscience devait être lestée d'un poids immense, insupportable. Sa vie en serait forcément bouleversée. En effet, il ne s'en est jamais remis : quelques semaines plus tard, il a mis un terme à sa carrière.

En dépit du chagrin et de la profonde affliction qui s'étaient abattus sur le parc d'assistance, nous avons tous été rattrapés par la réalité de la course. Celle-ci m'avait complètement échappé. Je n'y pensais même plus. Pour moi, l'épreuve était finie. Mais non…

Bien qu'endeuillé, le rallye devait aller au bout. Quoi qu'il arrive, un classement serait établi et un vainqueur désigné. Or c'est mon nom qui figurait encore en tête de liste ! Quand j'ai compris que j'allais non seulement remporter l'épreuve, mais en plus être sacré champion du monde – Marcus Grönholm, le coéquipier de Märtin chez Peugeot et mon dernier rival pour le titre, s'était retiré de la course après l'accident –, j'ai immédiatement réagi.

Je ne me voyais en aucun cas gagner quoi que ce soit dans ces circonstances tragiques. Dans mon esprit, c'était clair comme de l'eau de roche. Je suis allé voir Guy Fréquelin. Moi qui ne suis pourtant pas quelqu'un de très vindicatif, j'ai donné mon point de vue sans ambages. Peut-être même me suis-je affirmé pour la première fois vis-à-vis de mon patron.

– Guy, ne compte pas sur moi pour rester en tête. Je m'y oppose fermement. Si ça ne tenait qu'à moi, j'abandonnerais sur-le-champ.

Il a abondé dans mon sens. Je n'en attendais pas moins de lui. Mais dans une logique d'entreprise, au regard des sommes engagées, cette décision radicale n'était pas la plus pertinente. Nous avons opté pour un compromis acceptable. Volontairement, j'ai écopé d'une pénalité qui m'a fait rétrograder à la troisième place. L'échéance du titre mondial a ainsi été repoussée au rallye d'après, au Japon.

Cette décision me paraissait naturelle. Une maigre contribution à l'hommage rendu à un homme qui a perdu la vie en course. Une heure avant l'accident, Michaël Park souriait encore à pleines dents, heureux de vivre de sa passion, pressé de retrouver sa petite famille. Tout cela ne tient vraiment qu'à un fil.

*

* *

Si je ne crains pas le danger, d'autres tremblent pour moi. Séverine, qui m'accompagne sur quasiment tous les rallyes, refuse pourtant de vivre dans la peur et l'angoisse. Elle connaît mon sport, elle s'est déjà sanglée à mes côtés, en lieu et place de Daniel, lors de l'une ou l'autre épreuve hors Mondial, pour le fun. Il n'empêche. Elle flippe quand même de temps en temps.

Je mets ses nerfs à rude épreuve. Une fois, en Australie, j'ai provoqué une crise de panique. Pour être précis, c'est plutôt Daniel qui l'a déclenchée. Mon copilote s'est trompé de route, après l'arrivée d'une spéciale, sur le parcours de liaison. On a tourné trop tôt par rapport aux indications données. Manque de chance, Séverine m'attendait sur l'itinéraire prévu. Elle a vu passer tous les pilotes, sauf moi ! Comme son téléphone ne passait pas à cet endroit-là, elle n'a pas pu me joindre, comme elle a l'habitude de le faire, ni prendre des informations auprès de l'équipe Citroën. Je crois qu'elle n'a jamais été aussi heureuse de me revoir, sain et sauf, le soir venu.

Les rares fois où elle ne se déplace pas avec moi, ma femme vit un authentique cauchemar. Elle essaye malgré tout de suivre mon évolution en course, grâce à Internet. Dans l'angoisse, Séverine attend que mes chronos s'affichent sur l'écran de son ordinateur. Mais le système n'est pas fiable à cent pour cent. Parfois, les temps n'apparaissent qu'avec quelques minutes de décalage. Le doute puis la peur gagnent alors insidieusement son esprit…

Mais il y a pire. Quand nous sommes partis dans le décor au Japon, en 2007, Séverine, alors enceinte de sept mois, était restée à la maison. Elle a passé un quart d'heure horrible devant son écran, en pleine nuit, à échafauder les pires hypothèses, avant d'avoir enfin la certitude que ma sortie de route était sans gravité.

Ce que je fais vivre à mes proches n'est pas facile. Comme pour la gestion du danger, je tente de faire abstraction de cette donnée perturbante lorsque je suis en course. Fondamentalement, la naissance de Valentine n'a pas modifié ma manière d'aborder la compétition. Je n'ai jamais adhéré à l'idée qu'un enfant te fasse inconsciemment lever le pied. À vingt ans, j'étais jeune et con, mais je n'estimais pas vivre dangereusement. J'ai trente-six ans et plus que jamais l'impression de maîtriser mon sujet.

*
* *

Mon analyse a toutefois évolué, au fil des années. Je me dis que ça fait quand même un paquet de temps que je m'expose aux risques. Il va bien falloir que je devienne raisonnable et que je raccroche. La question revient de plus en plus régulièrement.

Quoi qu'il en soit, je ne vais pas prendre ma décision de raccrocher définitivement sur un coup de tête. J'aborderai le problème de manière cartésienne, en prenant le soin de bien peser le pour et le contre. L'équation, je l'ai déjà posée. Le jour où j'aurai l'impression que le plaisir n'est plus assez important par rapport aux risques que je prends, il sera temps d'arrêter. Je sens que le moment approche.

– 10 –

LE QUOTIDIEN DU RALLYE

Combien de temps ai-je passé, depuis le début de ma carrière, assis derrière un volant ? Je ne le sais pas avec précision, mais le chiffre doit être assez impressionnant. Si l'on considère que je parcours peu ou prou trois mille kilomètres par rallye, reconnaissances et courses additionnées, et que j'en suis à plus de cent trente départs en Championnat du monde, le calcul est vite fait : sur les dix dernières années, j'ai avalé quelque quatre cent mille kilomètres à travers le monde juste en compétition. Sans parler des heures, ou plutôt – en les mettant bout à bout – des jours et des semaines que j'ai passés dans les avions. Je dois être à plus de dix tours du globe. Moi qui ne m'étais guère aventuré au-delà d'Oberhoffen-sur-Moder et ses environs proches les vingt premières années de ma vie, je me suis bien rattrapé depuis !

À vrai dire, cette vie de voyageur itinérant – qui peut faire rêver – me fatigue plus qu'elle ne me fascine. Je ne compte plus le nombre de fois où j'ai poireauté, au côté de Daniel, dans les aéroports, à guetter fébrilement le panneau d'affichage, espérant que notre vol ne soit ni retardé ni annulé, les explications sans fin dans les bureaux « *Lost and Found* » parce que l'un de nos bagages n'est pas apparu sur le tapis roulant, les heures d'attente à l'autre bout du monde, entre deux correspondances…

Alors qu'en compétition, je me bats perpétuellement contre les aiguilles d'une montre, à coups de petites secondes, j'exècre cet aspect statique mais pourtant inévitable de mon métier. Dans l'agitation, le mouvement et le bruit des halls d'aéroport, je suis un zombi. Daniel, lui, parvient à s'occuper sans mal. Il feuillette des magazines ou se plonge dans un film. Moi, je ne lis quasi jamais. Jusqu'à tout récemment, je n'avais pas de lecteur MP3 – enfin si, mais il traînait quelque part au fond d'un tiroir, chez moi –, je ne prenais pas mon ordinateur portable pour mes déplacements, parce que je n'en avais pas l'usage. Sur le clavier de mon nouveau « Mac », désormais, je tâtonne encore un peu, mais j'ai rattrapé mon retard pour tenter à mon tour d'être à la pointe de la technologie !

Mon gadget électronique le plus utile reste le BlackBerry, appareil avec lequel je peux aussi bien appeler que consulter mes mails. Je téléphone énormément, surtout dans les aéroports. Daniel me charrie souvent.

– Si on pouvait greffer un téléphone miniature à l'oreille ou directement dans le cerveau, tu serais le premier client !

C'est vrai que cet outil m'est indispensable. En déplacement, j'appelle Séverine et Valentine, puis mes potes, histoire de tuer le temps. On parle un peu de boulot, mais surtout de tout et de rien. Peu importe le continent sur lequel je me trouve, je jongle avec les fuseaux horaires et finis toujours par joindre quelqu'un qui soit déjà réveillé, ou pas encore couché.

Mes conversations sont tout juste interrompues par mon passage devant les douaniers puis sous le portique de sécurité. Je suis toujours le dernier à embarquer. Je repousse au maximum le moment où je devrai raccrocher. Souvent, l'avion s'élance déjà sur la piste quand l'hôtesse vient gentiment me tancer, en faisant les gros yeux, pour que je daigne enfin lâcher le téléphone, mon seul lien avec ceux que j'aime, mon unique remède contre la monotonie et l'ennui.

*

* *

L'impatience est l'un de mes défauts majeurs, si ce n'est le principal. Je suis détendu, nonchalant, parfois je-m'en-foutiste, sauf quand j'ai l'impression de perdre mon temps. Je peux alors devenir irascible. Être bloqué sur l'autoroute dans un bouchon ou ralenti derrière un camion suffit à me faire sortir de mes gonds.

Je considère que chaque instant gagné sur l'inertie est précieux. Ce principe que j'ai érigé en règle d'or me joue aussi parfois des tours, quand il ne se retourne pas carrément contre moi. Je ne suis jamais arrivé à un rendez-vous, fût-il important, avec cinq minutes d'avance. Je préfère me mettre en route au tout dernier moment plutôt que risquer d'attendre mon interlocuteur ne serait-ce qu'une minute. À force de vouloir calculer au plus juste, je me mets à vrai dire souvent en retard. Cela agace profondément mon entourage. À commencer par Daniel, qui subit en premier lieu mon manque de ponctualité.

Depuis que mes moyens financiers me le permettent, je me simplifie grandement la vie. J'ai pu m'affranchir en partie des contraintes de distance et de temps. Pour les trajets courts, inférieurs à trois heures de vol, je me déplace avec mon hélicoptère, celui que je me suis acheté et que je pilote moi-même. Au-delà, dans les frontières de l'Europe, j'utilise de plus en plus souvent un avion privé, à partir du moment où le gain de temps est substantiel par rapport à un vol régulier. Je cherche à aller au plus direct et au plus rapide.

Cet hiver, j'ai affrété mon petit avion habituel pour me rendre en Espagne à une séance d'essais Peugeot, non pas en rallye mais en endurance, dans l'optique des 24 Heures du Mans. J'ai atterri sur l'aéroport de Saragosse. De là, il y avait encore plus d'une heure de route pour rallier le circuit flambant neuf d'Alcaniz. Dès que je suis arrivé sur place, j'ai cherché à savoir s'il était envisageable d'y faire atterrir le jet. Au volant de la voiture de location, j'ai mesuré la longueur de la ligne droite. À pied, j'ai estimé la largeur, repéré les alentours, sondé le propriétaire du circuit pour obtenir son autorisation et celle de l'aviation civile. Eh bien, le pilote de mon zinc, un crack des airs que je surnomme Satanas – en référence au dessin animé *Diabolo et Satanas* de mon enfance… –, est venu me récupérer le lendemain directement sur zone, non sans avoir fait preuve d'audace puisqu'il s'est posé du premier coup, à la nuit tombante, alors que la piste était dépourvue d'éclairage.

Bien sûr, j'ai conscience d'être un sacré privilégié, dont les exigences peuvent passer pour des caprices de star. Moi, je n'y vois qu'un aspect purement pratique. Cet atterrissage de fortune m'a fait gagner deux bonnes heures que j'ai pu consacrer, le soir même, à ma femme et à ma fille. Or ces heures-là n'ont pas de prix.

*
* *

J'ai la chance de pouvoir parcourir le monde et de découvrir des endroits fabuleux. Contrairement à la Formule 1, où les pilotes n'ont guère le loisir de voir autre chose que leur hôtel et le circuit, généralement situés à proximité de l'aéroport, le rallye autorise une plongée dans le cœur même du pays visité, loin de l'uniformité des grandes villes, hors des sentiers battus, parfois même du monde tel que j'ai l'habitude de le concevoir.

Au fil des années et de mes pérégrinations sur les cinq continents, j'ai eu un aperçu assez vaste de la richesse et de la diversité de notre vieille Terre.

Ma première course en dehors de l'Europe reste un souvenir impérissable. Avec Daniel, il nous arrive encore d'en reparler aujourd'hui. C'était en 2002, au Kenya. Nous en avons pris plein les yeux. Peut-être aussi parce que c'était la première fois, l'émerveillement et l'enthousiasme ne nous ont pas quittés durant tout notre séjour. Ce saut dans l'inconnu a aussi provoqué, a posteriori, quelques franches parties de rigolade. Il faut reconnaître que nous n'étions pas vraiment préparés à ce choc culturel. Ma connaissance de l'Afrique noire était proche du néant, les aventures de *Tintin au Congo* étant à peu de chose près ma seule référence en la matière !

Les reconnaissances, à travers la brousse, ont été épiques. Le parcours en soi avait de quoi nous déboussoler. Sur des pistes ravinées quelques semaines plus tôt par les pluies, nous sommes restés plantés dans une ornière. Je savais pertinemment que personne n'allait passer à cet endroit, qui était répertorié comme un itinéraire bis par rapport au tracé prévu. La seule solution consistait donc à rebrousser chemin à pied jusqu'à la jonction, cinq cents mètres en contrebas, et demander de l'aide à un autre équipage. Je m'y suis collé, laissant Daniel seul au côté de la voiture. Mais au bout de cinq minutes à patienter en vain, au milieu de nulle part, un doute m'a assailli. J'ai fébrilement scruté l'horizon en pivotant sur moi-même. À perte de vue, les herbes folles des prairies dansaient dans le vent sec et chaud. « Attends une seconde, on est en pleine savane, là… Si ça se trouve, il y a des lions ! »

Ni une, ni deux, j'ai piqué un sprint dans l'autre sens. Je crois que je n'ai jamais couru aussi vite de ma vie. Arrivé à la hauteur de la bagnole, j'ai incité Daniel à redoubler d'efforts. On est finalement parvenus à se tirer seuls de ce mauvais pas. Mais les ennuis ne faisaient que commencer.

Dans l'après-midi, j'ai percé le radiateur de la voiture sur une souche. Cette fois, on ne pouvait plus redémarrer. De mon téléphone portable, j'ai appelé nos mécaniciens, qui se sont immédiatement mis en route. Nous avons d'abord souri de notre mauvaise fortune. D'humeur joyeuse, nous avons improvisé une partie de pétanque avec des cailloux, avant de contempler, le souffle coupé, le lent coucher de soleil. Mais plus les heures défilaient, moins nous avions envie de nous amuser. Puis la nuit a fini par tomber. Et la peur nous a gagnés, imperceptiblement.

– Daniel, t'as rien entendu ?

– Ben si, il y a des bruits bizarres dans les buissons, là…

– Tu crois qu'il y a une bête ?

– Peut-être un guerrier masaï. Il va nous décocher une flèche empoisonnée…

– Arrête de déconner ! Va voir plutôt… Daniel, eh ! Daniel, t'es où ?

Mon équipier s'était déjà engouffré dans la voiture à la vitesse de l'éclair. Je lui ai emboîté le pas en prenant soin de verrouiller les portes derrière moi.

– Ça fait combien de temps qu'on les a appelés ?

– Quatre heures, exactement.

– Putain, mais qu'est-ce qu'ils foutent ? Je vais les rappeler… Merde, je n'ai plus de réseau. Et toi ?

– Non, c'est mort, je ne comprends pas…

– Où est le téléphone satellite ?

– Derrière, dans le coffre.

– Tu vas le chercher ?

– T'as qu'à y aller, toi !

Il n'y en avait pas un pour rattraper l'autre. Nous avons décidé de jouer le coup à pile ou face. J'ai perdu. Je me suis rué comme un dingue hors de la bagnole, j'ai ouvert le coffre, agrippé le boîtier pour bondir à toute vitesse dans mon baquet, en apnée, comme si l'air était mortellement vicié à l'extérieur de notre cocon douillet. Ouf ! Opération réussie.

J'ai composé le numéro des mécanos. Manque de chance, ça ne sonnait pas. Je me suis aperçu que la batterie du téléphone était vide ! L'instinct a alors guidé mes pensées. J'ai fait appel à mes acquis d'électricien. J'ai dénudé les fils du chargeur, démonté l'ampoule du plafonnier pour essayer de trouver du « jus » et tenter un branchement de fortune.

Alors que j'avais l'impression de me lancer dans l'opération de la dernière chance, un quitte ou double vital, nous avons distingué deux lumières dans le rétro. Les mécaniciens sont arrivés tout peinards, quatre heures et demie après avoir réceptionné notre SOS. Leur gros 4×4 ne les a pas empêchés, en quarante bornes de piste, de connaître quelques galères mécaniques. Pour un peu, nous les aurions embrassés.

Je n'ai plus jamais vécu, par la suite, une expérience aussi dépaysante, voire hallucinante que celle du Kenya. De tous les rallyes que j'ai disputés, c'est le seul où chaque concurrent était accompagné, en course, par un hélicoptère qui le survolait en permanence. Les organisateurs nous avaient attribué un ouvreur – Gérard Auriol, le frère de Didier, l'autre

Français champion du monde des rallyes – qui, du ciel, livrait des informations précieuses.

– Attention, dans deux cents mètres, troupeau de girafes traverse la chaussée. Danger dans prochain village : ânes au milieu de la piste…

Bienvenue en Afrique !

Sans parler des singes que l'on a vus en action. Quelle bande de roublards, ceux-là ! En reconnaissances, dans un col, on a été « scotchés » derrière un camion fruitier, sans possibilité de dépassement. Un singe a surgi des fourrés pour se hisser dans la remorque et trifouiller dans les cartons. Et hop ! Il balançait, ni vu ni connu, un régime de bananes à son complice qui courait le long de la route, avant de s'évanouir dans la nature !

Je n'ai pas eu l'occasion de retourner au Kenya, puisque l'épreuve a disparu du programme mondial après cette édition-là. C'était trop cher, trop compliqué à organiser. La course en soi a pourtant été marquante, en ce qui nous concerne. Notre Xsara WRC a été rendue aussi confortable qu'une planche en bois en raison de problèmes d'amortisseurs. Les secousses devenaient insupportables. Dans une « spéciale » particulièrement accidentée, je me suis arrêté au bord du chemin, résolu à abandonner. Daniel m'a secoué.

– Remonte dans cette voiture et roule ! m'a-t-il ordonné.

– Non, on reste là. J'en ai marre d'être ballotté dans tous les sens.

– OK. Monte à côté, je vais conduire.

Voir Daniel au volant ? Non merci ! J'ai préféré serrer les dents et redémarrer. Mais en raison d'un dos en compote, je me suis installé au volant sans attacher mon harnais. Je me suis redressé sur mon siège et j'ai piloté à la manière d'un motard, debout sur les pédales pour amortir les chocs avec les jambes ! Dans tous les sens du terme, cette expérience a été raide, unique et inoubliable.

*

* *

Voir du pays est certes plaisant, mais je me limite au strict minimum. Je ne suis pas blasé, mais ce qui peut sembler extraordinaire pour le voyageur occasionnel s'apparente désormais à une certaine routine, en ce qui me concerne. Que ce soit au Mexique, en Australie ou en Norvège, j'évolue dans un cadre assez rigide, dénué de fantaisie ou d'exotisme. Les hôtels de standing, proprets et neutres, à l'ambiance aseptisée, se ressemblent un peu tous, aux quatre coins du monde.

À l'époque du Championnat de France, quand nous nous retrouvions à huit ou dix dans un gîte de montagne une semaine durant, la convivialité entre les équipages était élevée en art de vivre. La découverte de l'autre était finalement facilitée, la part d'inattendu plus importante. Nous étions une bande de jeunes, insouciants, déconneurs, heureux d'être réunis autour d'une passion commune. Je ne me déplaçais déjà pas en touriste, mais l'ambiance était moins professionnelle, plus détendue.

Quand je me rends aujourd'hui à l'étranger, ce ne sont pas des vacances. Je ne peux pas prendre le temps d'aller à la rencontre des gens, de dormir chez l'habitant, de me familiariser avec la culture locale. Je me détache même de l'environnement et du contexte. Je le déplore, mais je voyage avant tout pour bosser. Quand je serai retraité, j'aurai tout le loisir de visiter les chouettes contrées que j'ai repérées durant mes années de compétition.

*

* *

En Mondial, le rituel est toujours le même. Comme le rallye débute invariablement par deux jours de reconnaissances, à partir du mardi, les équipages doivent être sur place au plus tard la veille au soir. Pour un rallye en Europe, je quitte donc mon domicile suisse le lundi. Cela me permet généralement de passer le week-end en famille avant de préparer mon sac. Celui-ci n'est pas bien gros, sauf pour les épreuves hivernales, mon équipe se chargeant d'acheminer ma tenue de course. J'emporte une trousse de toilette, mes chaussures de rallye, les sous-vêtements ignifugés, les tee-shirts et le blouson Citroën ainsi que quelques fringues « civiles » que je porte le soir.

Lors des épreuves outre-mer, en revanche, le départ est anticipé. Quand il s'agit de mettre le cap à l'ouest, au Mexique ou en Argentine, il faut partir le samedi. Vers l'est, au Japon, en Australie ou en Nouvelle-Zélande, je suis dans l'avion dès le vendredi, soit exactement une semaine avant le départ de la première spéciale. Ah ! Les vingt-quatre heures de vol pour arriver jusqu'à Auckland...

Le fait de partir tôt pour les destinations lointaines nous laisse a priori un jour et demi pour profiter du pays. Je le passe plutôt à dormir et à m'adapter au décalage horaire. Je me dérouille tout au plus en pratiquant un peu de sport dans la salle spécialisée de l'hôtel. Parfois, je loue une moto pour me défouler et découvrir les alentours.

J'apprécie l'ambiance de début de semaine. L'équipe, qui rassemble sur chaque épreuve entre trente et quarante personnes, des mécaniciens aux ingénieurs, n'est pas au complet. Nous sommes alors en comité restreint, dans une sorte de veillée d'armes apaisée. L'effervescence de la course n'est pas encore palpable. L'hôtel et la ville sont calmes, préservés du remue-ménage qui ne manquera pas de les agiter en fin de semaine quand la bruyante caravane du rallye aura pris ses quartiers.

Le dîner du lundi soir reste un moment privilégié. Avec Daniel, à défaut de pouvoir visiter le pays, nous essayons systématiquement de faire honneur à la cuisine locale. Il est des endroits qui se prêtent mieux à nos goûts que d'autres. En Argentine, une bonne viande rouge, tendre, fondante et épaisse, accompagnée d'un verre de malbec, constitue un ravissement pour les papilles. Au Japon, en revanche, il nous a fallu un peu de temps pour nous faire aux spécialités. Mais rien ne nous rebute. Parfois, dans de minuscules gargotes on ne peut plus typiques, l'assiette bouge presque toute seule sur la table. Beurk ! Le gage de fraîcheur est peut-être assuré, mais l'estomac doit quand même être bien accroché…

Nous avons converti Dani Sordo, mon jeune coéquipier espagnol, à notre rituel culinaire. Cela n'a pas été une mince affaire. Sportif dans l'âme au sens noble du terme, il est plutôt hermétique aux charmes de la gastronomie. Nous avons tellement insisté que Sordo commence à évoluer, même s'il refuse obstinément de boire la moindre goutte d'alcool et s'il se met à trépigner comme un enfant dès que le repas dure un peu trop longtemps. Je ne cesse de le chambrer à ce sujet.

– Comment veux-tu gagner un rallye si tu ne bois pas de temps en temps une bière ou un verre de vin ? Ça n'est pas possible, voilà tout !

Si je n'ai pas d'affinités particulières avec tous les pilotes, chacun étant immergé dans sa bulle, je m'entends très bien avec Dani. C'est un garçon attachant, toujours souriant, éminemment sympathique et qui parle de mieux en mieux le français. Cela favorise la discussion.

Pourtant, son statut dans l'équipe n'est pas évident. Depuis 2007, il accepte sans broncher d'être dans mon ombre. Il a une étiquette collée dans le dos. Celle du pilote « numéro deux », qui doit ramener des points à l'équipe sans trop penser à lui. Un rôle essentiel mais ingrat. Cette hiérarchie n'interdit toutefois pas la rivalité entre nous. Comme à l'époque de « Jef » Bérenguer en Championnat de France, celle-ci est saine, franche, dépourvue de coups tordus. Dès que je découvre un truc qui améliore le comportement de l'auto ou que je décèle un piège sur la route, je lui transmets les informations. Au bout du week-end, la victoire reviendra à celui qui le mérite le plus. J'estime que l'investissement de Sordo devrait déjà avoir été récompensé par un succès. Mais bon, comme il ne boit pas de bière…

Passé cette agréable soirée du lundi, le boulot reprend le dessus. À 6 h 30, le lendemain matin, la sonnerie du réveil vient me le rappeler de façon brutale, au cas où je l'aurais oublié. Durant les deux jours de reconnaissances, les moments de détente sont rares. Seule la coupure de midi permet de se changer les idées. Nous bénéficions, chez Citroën, d'une pause déjeuner améliorée. Même au fin fond de la pampa argentine ou dans le bush australien, une cantine de fortune est montée. Un repas chaud nous y attend. « Coco » Chiaroni, ex-copilote corse en charge de la logistique lors des reconnaissances, ou encore « Centurion » Marc Germain, l'ostéopathe, se démènent pour égayer ces deux journées monotones. Cette parenthèse est la bienvenue.

Jusqu'au mercredi soir, je ne suis pas trop bousculé et peux me concentrer exclusivement sur la préparation du rallye. Mais dès le lendemain, soit la veille du départ, tout s'accélère.

La journée de jeudi débute à l'aube par l'incontournable séance d'essais, le « *shakedown* », à 8 heures tapantes. L'intérêt de cet exercice, sorte de répétition générale sur un court tracé censé donner un aperçu du rallye, n'est que limité. Pilotes et ingénieurs cherchent à se rassurer au sujet des réglages et du bon fonctionnement de la voiture. L'ambiance est bon enfant. Les spectateurs commencent à affluer derrière les barrières de sécurité, au parc d'assistance. Entre deux galops d'essai, je peux aller à leur rencontre et leur consacrer un peu de temps.

Interviews, séance de dédicaces puis conférence de presse à laquelle je suis souvent convié : les rendez-vous imposés s'enchaînent ensuite à un rythme effréné. Mon emploi du temps est réglé comme du papier à musique. Marie-Pierre Rossi, responsable de la communication de l'équipe, qui me suit depuis mes débuts en Mondial, se charge de le dérouler dans le bon tempo. J'ai tendance à vouloir répondre favorablement à toutes les demandes alors que je sais pertinemment que je n'en ai pas le temps. Du coup, Marie joue le rôle de garde-fou. Ferme et autoritaire, elle dissuade les intrépides et éconduit les plus récalcitrants. Les journalistes ne l'apprécient pas tous, mais d'une certaine manière, elle me préserve et me protège. Sans elle, je serais envahi. D'année en année, cet exercice qui consiste à répéter les mêmes choses tout au long de la journée m'est de plus en plus désagréable. Encore une fois, c'est souvent Marie qui se retrouve coincée entre le marteau et l'enclume : les demandes insistantes des journalistes d'un côté, et moi qui préférerais rentrer à l'hôtel me reposer…

Aujourd'hui, je suis à l'aise devant une caméra ou un micro. Je plaisante avec les reporters que j'ai l'habitude de croiser sur les épreuves et me montre affable avec ceux que je ne connais pas. Je mesure le chemin parcouru en dix ans. Car au début, j'étais littéralement pétrifié. À la manière d'un escargot, je rentrais dans ma coquille dès qu'un journaliste s'approchait de moi. Je n'avais aucune expérience en la matière. C'était un cauchemar. Comble du comble, je passais pour un gars arrogant et hautain, alors que j'étais simplement sur la défensive en raison de ma timidité.

Au contact des pros de la communication chez Citroën, j'ai gagné en assurance. On m'a donné quelques astuces pour mieux me présenter, on m'a aidé à utiliser un lexique plus adapté, moins cru. En anglais aussi, j'ai acquis avec le temps le vocabulaire nécessaire pour répondre à toutes les questions qui ont trait à ma discipline. À l'époque du Championnat de France, j'avais décidé de retravailler les fondamentaux. J'avais acheté une méthode très scolaire, avec un bouquin que je n'ai jamais ouvert, et une cassette qui est restée au fond de ma boîte à gants. Heureusement, l'anglais était l'une des seules matières que je n'avais pas délaissées à l'école : la prof était sympa ! Du coup, les bases étaient quand même solides.

Sorti du cadre sportif, en revanche, il m'est plus difficile de soutenir une conversation. Ça limite les échanges avec les pilotes anglophones. Question pneus et adhérence, je suis intarissable. Mais pour ce qui est de parler de mes prochaines vacances, c'est plus compliqué !

Quand je suis en rallye, avec la chemisette ou la parka frappée du célèbre double chevron, je suis en quelque sorte l'ambassadeur de la marque. Même si ce rôle n'a pas été défini noir sur blanc, je sais bien que je suis en représentation pour Citroën. Je ne peux donc pas dire n'importe quoi, sans réfléchir aux conséquences. J'ai compris que les lecteurs de journaux n'avaient pas forcément envie de lire à tout bout de champ des « putain, ça fait chier » mis dans ma bouche après une défaite, même si c'est la meilleure façon d'exprimer ce que je ressens.

Si j'ai travaillé la forme, le fond m'appartient exclusivement. Je ne pense pas avoir un discours formaté et ne renie jamais mes principes. J'essaye d'être disponible et honnête en toute circonstance. Parfois trop, aux yeux de Marie, qui estime que cela peut me desservir. Quoi qu'il en soit, je ne me prends pas pour un autre. Je suis comme je suis, un peu brut de décoffrage, avec mon franc-parler, un petit accent qui trahit de temps à autres mes origines alsaciennes, mes qualités et mes défauts.

Le jeudi après-midi, après avoir rempli toutes mes obligations, j'arrive souvent à saturation. Je sais en outre qu'une fastidieuse séance vidéo m'attend encore dans ma chambre d'hôtel pour préparer les spéciales du lendemain. Le réconfort, je le trouve auprès de Séverine et, de temps à autre, de Valentine, qui me rejoignent généralement le jeudi après-midi. Je passe la soirée avec elles, parfois aussi en compagnie de ma mère, de ma belle-famille ou de l'un ou l'autre copain qui font le déplacement, dans un resto hors du cadre de la compétition, sans penser à la course du lendemain. Je m'aère l'esprit. Ça me fait un bien fou.

À la veille du départ, je m'endors généralement sans souci. Peu importe l'enjeu. Si je n'ai pas mes huit heures de sommeil, je deviens vite invivable ! À 22 heures, je me glisse donc dans mes draps, au côté de Séverine, et ne suis réveillé le lendemain que par « Centurion » qui téléphone environ une demi-heure avant le départ de l'hôtel. Ce rituel sert à se prémunir contre une panne de réveil.

Jusque-là, mes nuits en rallye n'ont été perturbées qu'à deux reprises. La première fois, c'était en Allemagne, en 2005. Je me suis tourné et retourné dans mon lit jusqu'au petit matin. Je n'avais pourtant aucune raison de stresser. Je m'étais imposé lors des trois éditions précédentes. Cette nuit blanche que je ne m'explique toujours pas n'a pas prêté à conséquence, puisque je suis toujours invaincu en Allemagne après sept participations. Certes, le vendredi matin, je bâillais souvent, les yeux piquaient un peu, mais ma performance ne s'en est pas ressentie. J'ai pu attaquer à ma guise et m'installer en tête du rallye. Le soir, fourbu et épuisé, j'ai dormi comme un loir.

La seconde nuit agitée, en octobre dernier au pays de Galles, m'a en revanche plus affolé. C'était lors de la manche décisive, celle qu'il fallait que je gagne à tout prix pour m'adjuger mon sixième titre mondial. En dépit de l'enjeu, je n'avais pas eu de difficulté à trouver le sommeil. Mais ma fille Valentine, déjà grippée avant de partir, a fait un malaise respiratoire durant la nuit. Elle dormait avec la mère de Séverine dans une chambre contiguë. Il a fallu appeler une ambulance. Ma femme l'a accompagnée à l'hôpital en me demandant de rester à l'hôtel. J'ai vainement essayé de m'endormir. Heureusement, les médecins ont vite rassuré Séverine. La crise n'avait rien de grave. Trois heures de sommeil entrecoupées d'un gros coup de stress, ça fait léger avant d'aborder le week-end le plus important de la saison.

Au petit matin, j'ai fait abstraction de la situation, en me convainquant d'une vérité toute personnelle : « Ce n'est pas possible que ma petite Valentine me fasse perdre le titre ! Elle se porte mieux. Je ne peux que gagner ce rallye ! »

Sans que personne, en dehors de mon équipe, ne sache rien de cette histoire, j'ai remporté la course et la couronne mondiale.

Les matins de course, quand la nuit est paisible, je me réveille au cordeau. La journée est suffisamment longue pour que je n'empiète pas sur mon temps de repos. Si le « Centurion » a le malheur de m'appeler cinq minutes trop tôt, je suis capable de ronchonner...

Je n'éprouve pas le besoin de me mettre en condition le matin, à travers un exercice physique. Une bonne douche me suffit. Quand ça me prend, il m'arrive de temps à autre d'exécuter un petit salto arrière dans les couloirs de l'hôtel, à froid, histoire de voir si j'en suis encore capable.

En revanche, je ne pourrais pas envisager de partir sans avoir pris mes trois tasses de café, de préférence serré. J'en consomme beaucoup. D'abord dans la salle du petit déjeuner, à l'hôtel, puis au parc d'assistance, sous l'auvent de la structure Citroën, où je squatte la machine à expresso. Daniel doit quasiment m'en arracher, à l'heure de prendre la route. C'est qu'il ne s'agit pas de lambiner. En rallye, tout est minuté. Il faut pointer à la sortie du parc d'assistance puis dans différentes zones du parcours à un horaire bien précis, sous peine d'être pénalisé. Daniel est maître du timing. Sa relation avec le temps qui s'écoule est presque obsessionnelle.

Sur le parcours de liaison qui mène au départ de la première épreuve spéciale du vendredi, je ne pense pas encore à la course. Je me comporte presque comme un employé qui rejoint son lieu de travail, le gobelet d'un dernier café chaud encore à la main en quittant le parc d'assistance. Sauf que je ne dispose pas d'un autoradio pour écouter les informations du matin. J'en suis donc réduit à écouter les vannes de Daniel. Après une heure de trajet, je suis déjà fatigué pour la journée…

Je me prépare progressivement à entrer en action, à l'approche de la zone de départ. La mise en condition démarre selon un processus bien établi. Je m'arrête au bord de la route pour attendre notre heure de pointage. À cinq minutes de l'heure prévue, Daniel ajuste la pression des pneus. Puis nous mettons la cagoule et le casque que nous branchons sur la prise radio. Sans le micro et les écouteurs, je ne pourrais pas entendre les notes de Daniel, ni converser avec lui, en raison du hurlement du moteur. Le casque intégral est aussi pourvu d'un petit tuyau d'eau, relié à une poche au dos du siège. Le « Frèq » nous l'a toujours dit : « Pensez à vous désaltérer ! »

Je me cale dans mon baquet et boucle mon harnais, en bas puis en haut. Après avoir enfilé les gants, je suis fin prêt. La dernière étape sur les rallyes asphalte consiste à faire monter les pneus en température à coups de freinage, de réaccélération et de volant.

Ce cérémonial est parfois perturbé au gré des aléas et des impondérables rencontrés sur le terrain. Faute de temps, nous pouvons être amenés à nous préparer dans l'urgence. Une année, au Japon, j'ai été confronté à une péripétie inédite et cocasse. Un policier posté au milieu de la route, dans la version « Playmobil » avec un casque tout rond, des gants blancs et une matraque de couleur fluo à la main, nous a refusé l'accès à la « spéciale ». Seules les voitures identifiées sur son carnet étaient autorisées à passer : les officiels, les médias, les ambulances… Tout le monde, en somme, sauf les concurrents ! Et comme il ne parlait pas un mot d'anglais, la situation est vite devenue inextricable. L'heure du départ approchant à grands pas, j'ai pris le parti de démarrer. Mon « Playmobil », impassible et déterminé, s'est agrippé à la poignée de ma portière et a tenté de retenir la voiture. En vain ! À l'étranger, et tout particulièrement au Japon, où la barrière de la langue est infranchissable, la part d'incompréhension réciproque peut prendre des proportions surprenantes.

Je suis tenu de pointer à l'entrée de la zone de départ précisément trois minutes avant l'heure impartie. À ce moment-là, je suis encore imperméable à la pression. Mon esprit vagabonde à mille lieues des réalités et des exigences de la compétition. Une seule fois, Séverine est venue m'encourager sur la ligne de départ. Je suis sorti de la route quelques virages plus loin. Était-ce dû à sa présence dans la zone ? Franchement, je n'en crois rien. Toujours est-il qu'elle n'y a plus remis les pieds. Désormais, elle m'attend à l'arrivée, ou bien elle me regarde passer, au milieu des spectateurs, quelque part dans la « spéciale ».

Je me moque souvent des superstitions de Daniel. Moi aussi, pourtant, j'ai mes petites marottes, des trucs absurdes auxquels je prête soudainement une importance capitale. À la vue du chronomètre électronique placé sur la ligne de départ, j'ai longtemps détourné le regard quand apparaissait le chiffre treize. J'ai changé d'habitude après une épreuve où j'ai terminé dans le décor. Maintenant, je le fixe ardemment…

La dernière minute est celle qui me permet de basculer dans la course. Je fais alors le vide dans ma tête. Je ne me laisse plus perturber par les éléments extérieurs. J'ajuste et serre mon harnais. Je vérifie tous les interrupteurs qui commandent l'électronique, sur le tableau de bord. J'enclenche celui du *boost*, le système de départ assisté qui donnera d'emblée un coup de fouet aux chevaux sous le capot. À dix secondes du top, je passe la première vitesse. À six, je mets les gaz. Le moteur bourdonne furieusement. Une main posée sur le volant, l'autre sur le frein, je scrute le rail de lumières rouges, à côté des chronométreurs, qui s'allument l'une après l'autre pour égrener les cinq dernières secondes.

L'instant libérateur approche. Plus qu'une seconde. Le feu rouge s'éteint. C'est le signal. Je lâche le levier du frein et pars comme une flèche, enfin.

Les désagréments du voyage, les attentes dans les aéroports, les figures imposées, les obligations et les contraintes des derniers jours sont aussitôt oubliés. Je me déplace avec aisance et agilité, seul face à la route et contre le chronomètre. C'est parti pour trois longues journées de course. Toute ma vie ne tend que vers cette finalité. Je prends mon pied.

*
* *

Au fil des années, j'ai constaté que la première spéciale du rallye, celle du vendredi matin, est toujours la plus délicate. À croire qu'il me faut reparamétrer tous mes sens. Je ne peux finalement que formater ma disquette interne dans le feu de l'action. L'instant d'avant, je suis détaché du rallye. Celui d'après, je renoue avec le cours normal de la vie, en pensant à autre chose. Mais si l'enjeu est de taille, je parviens quand même à accélérer le mouvement et à forcer le mécanisme.

À voir ma tête couleur pivoine, déformée par le port du casque et toute dégoulinante de sueur, à l'arrivée d'une spéciale, je donne l'impression de souffrir le martyre. En soi, je trouve que l'effort physique fourni n'est pas trop intense. Même dans des conditions extrêmes, comme en Grèce, quand le mercure flirte avec les quarante degrés à l'extérieur de la voiture et qu'il grimpe à soixante dans l'habitacle, je ne ressens pas particulièrement la fatigue. J'endure les effets de la chaleur, dans mes vêtements ignifugés, assurément plus adaptés aux conditions du rallye de Suède, par moins dix degrés, qu'au cagnard grec. Je récupère rapidement mais, si je ne m'en rends pas toujours compte, l'organisme est quand même sérieusement sollicité. Une année, par curiosité, j'ai mesuré l'intensité de l'effort en disputant une spéciale avec une montre dotée d'un cardiomètre. En moyenne, mes pulsations affichaient cent cinquante-cinq battements par minute, avec des pointes à cent soixante-quinze. Cela m'a franchement étonné. J'ai refilé la montre à Dani Sordo, plus jeune et plus sportif que moi, histoire d'avoir un élément de comparaison. Son pouls montait à cent quatre-vingt-quinze durant l'effort. Plus de stress dû à son manque d'expérience, sans doute.

Les pilotes de circuit, tout particulièrement en Formule 1, sont soumis à des forces extérieures très violentes. Prendre cinq « G » dans un virage, cela signifie que ta tête subit une poussée équivalente à cinquante kilos. Les muscles du cou sont mis à rude épreuve, tous les organes sont comme plaqués, le souffle devient court. Les effets sont les mêmes que ceux auxquels sont exposés les pilotes d'avion de chasse, sauf que la pression est latérale. L'effort physique devient beaucoup plus important. J'ai eu l'occasion de tester les deux engins. J'ai alors compris toute l'importance de travailler l'endurance, ce que j'avais toujours un peu négligé.

En rallye, nous sommes certes secoués, mais nous ne sommes pas exposés à de telles contraintes. Selon moi, la difficulté ne réside pas tant dans l'intensité de l'effort que dans sa répétition. Il faut être capable de se remettre en condition à l'attaque de chaque spéciale, grosso modo une vingtaine par rallye, et ce durant trois longues journées. Heureusement, les plages de récupération sont longues.

À quelques rares exceptions près, les épreuves sont découpées de la même manière : une boucle matinale de trois ou quatre spéciales, un retour au parc pour une assistance mécanique sur la voiture aux alentours de midi, puis une seconde boucle identique à la première. Cela laisse le temps de souffler. Notamment lors de la coupure de la mi-journée, où Jean-Claude, le cuistot de l'équipe, nous mitonne toujours un plat « sportif », à base de pâtes ou de riz. Le soir, en revanche, après en avoir fini avec les interviews, je ne m'attarde pas au parc d'assistance. Je préfère dîner à l'extérieur, en famille ou entre amis.

La fatigue, finalement, est plus mentale que physique. Dans une « spéciale », la concentration est extrême. Écouter les notes, anticiper les pièges et les changements d'adhérence, optimiser l'efficacité du pilotage requiert un effort mental, une rapidité d'analyse et d'exécution qui pour ma part est sans égal. Ce qui me plaît, en définitive, c'est d'avoir à mobiliser toutes mes capacités pour éviter les difficultés ou, mieux encore, les anticiper.

*

* *

La dernière étape, celle du dimanche, est plus courte que les deux premières, qui débutent à l'aube pour se finir à la nuit tombée. Le rallye se termine généralement en début d'après-midi. Quand je suis en tête du classement, je passe cette ultime matinée à gérer mon avance. Comme je l'ai expliqué, ce n'est pas la situation que je préfère. Je suis, et de loin, bien plus à l'aise en roulant à bloc. Je me fais finalement moins de frayeurs à l'attaque qu'en cherchant à « soulager », c'est-à-dire en levant un peu le pied. Nos voitures sont conçues pour être optimales quand nous cherchons les derniers dixièmes de seconde. À vitesse moindre, leur comportement est plus imprévisible. Même doté d'une avance conséquente, je ne suis donc apaisé qu'après avoir coupé la ligne d'arrivée.

Si je suis dans la position du chasseur, et si j'estime que le coup est encore jouable, je lâche une dernière salve pour tenter de gagner. Il faut vraiment que je considère mes chances réduites à néant pour commencer à lâcher. Quand on se bat pour un Championnat, il faut de temps à autre savoir s'asseoir sur sa fierté. Ce n'est pas toujours facile à accepter. Je n'ai pas oublié la leçon galloise de 2003.

Pour peu que je termine la course à l'une des trois premières places, l'après-midi du dimanche s'étire jusqu'à n'en plus finir. Après la cérémonie du podium et l'incontournable douche de champagne, c'est un nouveau contre-la-montre qui commence. La conférence de presse officielle, les interviews d'après-rallye puis le débriefing technique m'amènent jusqu'en début de soirée.

C'est seulement à ce moment-là que je quitte mon costume de scène pour redevenir un homme ordinaire, débarrassé de toutes contraintes, libre de s'offrir du bon temps avec mes proches et de festoyer sans chichi dans un bar ou une boîte, pour les grandes occasions jusqu'au bout de la nuit. La pression accumulée tout au long de la semaine redescend progressivement, grâce à quelques déhanchements sur la piste de danse et de grands éclats de rire au comptoir.

Parfois, les soirées victorieuses se terminent de manière épique, comme en 2005 en Grèce. Ce dimanche-là, j'ai mis Didier Clément dans de sales draps. Après quelques verres à Lamia, ville-hôte de l'épreuve, nous sommes partis vers l'aéroport d'Athènes, distant de deux heures de route. Séverine, Daniel et sa femme Céline étaient à l'arrière, Didier occupait le siège passager. J'ai pris le volant. Même si ce n'était pas une voiture de course, j'ai quand même poussé la bagnole de location à fond. Didier somnolait à mes côtés quand j'ai été pris au flash puis intercepté sur la route par la police. Le temps de m'arrêter, j'ai compris que la situation pouvait devenir sérieusement compliquée. Pour piloter en rallye, j'ai besoin d'un permis en bonne et due forme. Or celui-ci risquait fort de rester consigné sur les bureaux de la maréchaussée locale un bon bout de temps… Sans qu'il comprenne de quoi il retournait, j'ai demandé à Didier de prendre ma place. Il s'est exécuté. Les flics n'ont rien vu. Mais les ennuis se sont abattus sur le dos de mon « ingé ». À cent quatre-vingt-douze kilomètres/heure, le pauvre s'exposait à une sanction immédiate vertigineuse : un mois de prison, alors qu'il n'avait strictement rien fait !

Heureusement, les forces de l'ordre s'intéressaient de près au rallye. J'ai joué notre va-tout en expliquant qui j'étais. Les gars étaient scotchés. Je leur ai signé quelques autographes, et on a pu repartir libre comme l'air avec les félicitations de la patrouille ! Il a beau être conciliant et serviable, je ne voyais quand même pas « Dildo » croupir dans les geôles grecques en plein été…

*
* *

Une fois remis de ces émotions et, enfin, de retour à la maison, je n'ai pas toujours l'occasion de défaire mon sac. Si ce n'est pour renouveler ma garde-robe. Tout compte fait, je suis rarement plus de trois jours de suite chez moi. En dehors des rallyes, les rendez-vous imposés noircissent mon agenda. À commencer par les incontournables séances d'essais. Un mal nécessaire pour se maintenir au sommet, diront les ingénieurs. Ils n'ont pas tort. Même arrivée au top du développement, notre C4 est encore perfectible. On cherche sans cesse à améliorer son comportement en affinant les réglages, même à dose infinitésimale. Je m'implique avec soin. Je suis devenu un « metteur au point », comme on dit dans mon métier, hors pair.

Une séance s'étire généralement sur quatre jours quelque part en Europe, soit deux jours pour chaque pilote de l'équipe, sur l'une des bases d'essais recensées par Citroën. Celles-ci se rapprochent toujours au plus près du type de terrain que l'on rencontrera en course. L'Espagne offre une grande variété de surfaces et permet de préparer des rallyes aussi différents que la Catalogne, le Mexique ou la Nouvelle-Zélande. Question pilotage, en revanche, il n'y a pas de quoi se relever la nuit. De 8 heures à 20 heures, je tourne pour ainsi dire en rond avec obstination, seule la présence de Daniel égayant un tant soit peu l'exercice répétitif.

Les essais nous mobilisent environs vingt-cinq jours par an, sans compter la durée du voyage. Cette année, ce total a quasiment doublé en raison du développement de la nouvelle voiture de course, la DS3, qui remplacera en 2011 notre C4 WRC. À ces cinquante jours imposés s'ajoutent aussi quelques obligations contractuelles, entre un tournage de pub à Montréal, une opération de communication à Paris ou un *road-show* à Prague.

Lors de la saison 2010, j'ai pour la première fois décidé de décliner l'invitation à relever un challenge grisant. Il faut dire que je voulais pousser le bouchon trop loin. En plus de mon programme déjà chargé en rallye, je m'étais mis en tête de participer aux 24 Heures du Mans, la course mythique en endurance, avec Peugeot. Comme je n'avais pas l'intention de plomber mon équipe par des performances moyennes par rapport aux pilotes de pointe, je m'étais imposé en toute conscience une surcharge de travail non négligeable. Pour être efficace dans cette discipline, il faut rouler, encore et toujours.

Les séances d'essais se sont multipliées. Mais après le premier rallye de l'année, courant février en Suède, je me suis retrouvé dans une situation intenable. En consultant mon agenda, je me suis rendu à l'évidence : entre les mois de mars et d'avril, seules trois cases étaient vides ! Je ne pouvais raisonnablement pas envisager de voir ma fille si peu de temps. Déjà rarement à la maison, je n'avais pas l'intention de me transformer en courant d'air.

J'ai préféré faire marche arrière plutôt que de prendre le risque d'arriver à saturation. Les 24 Heures du Mans se sont courues sans moi. Je me console en me disant que j'ai déjà eu la chance de participer à deux éditions, grâce à l'équipe d'Henri Pescarolo. Si la première tentative, en 2005, s'est terminée par un abandon, j'ai goûté à l'ivresse des sommets en terminant sur la deuxième marche du podium l'année d'après, en compagnie d'Éric Hélary et de Franck Montagny. Même si j'avais pris le soin de me préparer sérieusement à cette échéance, seul dans mon coin, j'étais un peu arrivé comme une « *guest star* » sur le circuit de la Sarthe. Mais comme je n'avais pas l'intention de décevoir, je me suis accroché. C'est avec le même acharnement, encore poussé à un niveau d'exigence supérieur, que j'ai touché à la Formule 1, la discipline reine en sports mécaniques. Je me suis lancé tête baissée dans l'aventure, avec le secret espoir de pouvoir participer à un Grand Prix. J'ai effectué une séance d'essais officielle avec Red Bull, la marque de boisson énergétique qui possède une écurie en F1 et qui me sponsorise aussi en rallye. Je me suis vraiment piqué au jeu, en travaillant d'arrache-pied mon point faible, mon endurance, et en enquillant les tours de piste au volant d'un kart. Je devais prendre part au Grand Prix d'Abu Dhabi, baisser de rideau de la saison 2009, juste après la validation de mon sixième titre de champion du monde des rallyes. Dans une discipline aussi médiatisée que la F1, cette possible participation a commencé à faire grand bruit. À tel point que les médias parlaient plus de cette perspective que de l'issue pourtant encore incertaine de ma saison avec Citroën… Au final, je n'ai pas obtenu la « super-licence » délivrée par la Fédération internationale pour être autorisé à courir. Sur le moment, ce rendez-vous manqué m'a contrarié. C'est peut-être le seul regret dans ma carrière, parce qu'une pareille occasion ne se représentera certainement plus jamais. Toutefois, je m'en suis vite remis.

Les défis sportifs à relever ne manquent pas. Le monde a beau être vaste, riche en surprises et en émotions, l'endroit que je préfère, au bout du compte, c'est chez moi, auprès des miens.

– 11 –

LE REPOS DU GUERRIER

Mon cadre de vie est confortable, pour ne pas dire idyllique. De ma terrasse qui surplombe le vignoble vaudois, je jouis d'une vue imprenable sur le lac Léman. Par temps dégagé, les neiges éternelles des Alpes françaises et du Mont-Blanc cisaillent ma ligne d'horizon. La nuit, les lumières de Lausanne et de Genève scintillent comme des diamants posés aux deux extrémités d'un écrin bleu sombre aux reflets argentés. C'est mon havre de paix, mon petit cocon douillet, à l'abri des regards indiscrets, là où je me ressource auprès de ma famille.

Si j'habite en Suisse, ce n'est bien sûr pas seulement pour la beauté du paysage. Au printemps 2002, quand j'ai commencé à gagner confortablement ma vie grâce au rallye, j'ai d'abord acheté un appartement à Haguenau. C'était un chouette quatre-vingts mètres carrés dans une résidence flambant neuve. À vingt-huit ans, il était grand temps d'abandonner ma chambre dans la cave de maman ! Cela me convenait parfaitement. Je pouvais proposer à Séverine un agréable chez-soi pour un jeune couple, sans pour autant m'éloigner de mes copains.

Rapidement cependant, on m'a fait comprendre que l'exil fiscal s'imposait comme une évidence. Honnêtement, je ne l'avais pas envisagé au début. Du moins pas jusqu'à ce que mon accession en Championnat du monde, en 2003, fasse considérablement gonfler mes revenus. Quand mon avocat m'a mis sous le nez un comparatif entre le taux d'imposition en France et celui pratiqué en Suisse, je suis tombé des nues. À quoi bon prendre autant de risques en course, si c'est pour voir la majeure partie de mon salaire partir dans les caisses de l'État ? Je ne suis pas du tout opposé à contribuer à l'effort national, pour peu que cela reste dans des proportions raisonnables. Or là, les ponctions étaient démesurées, d'autant qu'une carrière de sportif ne dure pas éternellement.

Au mois de décembre, je me suis résolu à quitter ma région. En soi, cela ne m'a pas trop coûté. À travers mon métier, j'ai vite appris à vivre en nomade. Mon sentiment d'appartenance est assez diffus. Mes racines sont certes plongées en Alsace, je ne les renierai jamais. Mais je ne cultive aucune fibre régionaliste. Je n'éprouve pas le besoin d'apercevoir la flèche de la cathédrale de Strasbourg chaque matin ou de déguster un *wädele* braisé sur lit de choucroute au dîner – quoique… c'est mon péché mignon – pour me sentir bien. Je suis avant tout français. Un Français exilé en Suisse, comme tant d'autres avant moi, qu'ils soient artistes, sportifs ou grands chefs d'entreprise.

Cela ne me pose pas de cas de conscience. Je refuse en revanche que l'on doute de mon attachement à la

France. Je ne l'ai ni répudiée ni trahie. J'ai toujours cru aux valeurs du travail, du mérite. J'ai rempli mes obligations militaires, en bon soldat. Quand je monte aujourd'hui sur la première marche du podium, c'est la *Marseillaise* qui retentit. Quelque part, je pense véhiculer une image positive de la France à l'étranger. J'en suis fier. Comme je l'ai été l'an dernier, au moment de franchir le perron de l'Élysée pour être fait chevalier de la Légion d'honneur par Nicolas Sarkozy.

Certes, je ne suis pas un citoyen modèle. Déjà, je dois faire partie de l'infime minorité qui est restée totalement indifférente au triomphe de la France à la Coupe du monde 1998 et aux déboires des Bleus en Afrique du Sud à l'été 2010 ! Je ne m'intéresse pas beaucoup à la vie publique. Les luttes partisanes et les querelles politiques me laissent de marbre. Je ne me reconnais dans aucun parti. Avant même d'y vivre, j'avais adopté le principe de neutralité cher à la Suisse. Je n'ai jamais voté, ni même demandé de carte d'électeur. À l'époque, cela me paraissait tellement éloigné de mes préoccupations quotidiennes. Mon raisonnement était celui d'un jeune désabusé : « Bof, cela ne changera de toute façon rien à ma vie… »

J'ai révisé mon jugement, aujourd'hui. Il me paraît important de faire entendre sa voix. Les grands sujets d'intérêt général me touchent plus. J'ai découvert une âme écologique qui sommeillait en moi. Cela peut sembler paradoxal, pour quelqu'un qui est souvent accusé par les « anti-rallyes » de polluer la planète ! Malgré mes activités motorisées, je n'ai toutefois pas l'impression d'être un bandit. Ces grandes théories me dépassent un peu. Je suis plutôt pragmatique.

Et je tente d'agir à mon niveau, en écoutant la seule voix du bon sens. Je ne jette par exemple jamais de déchets par la portière. En course, mes coéquipiers se sont longtemps comportés différemment. Mais ils ont évolué. Il faut dire que je les ai pris par les sentiments. Avec Daniel et Dani Sordo, cela a été facile. Il a suffi de jouer sur leur fibre superstitieuse. Même avant le départ d'une « spéciale », ça marche à la perfection.

– Dani, tu es fou de balancer cette canette dans la nature ! Ça porte malheur…

– Ah bon ? Tu crois ?

– Moi, j'ai en tout cas arrêté de jeter des trucs. La dernière fois que je l'ai fait, je suis sorti de la route. À toi de voir…

Interloqué, Dani a dégrafé son harnais, s'est extirpé de la voiture pour aller trifouiller dans les buissons et ramasser sa boîte métallique. Cela ne suffira ni à ralentir le réchauffement de la planète ni à éviter la fonte des glaces, mais c'est une humble contribution à la préservation de notre environnement.

Quand j'ai quitté la France pour m'installer en Suisse, j'ai procédé par étapes. La première d'entre elles ne m'a pas mené très loin de chez moi. En fait, j'ai opté pour une adresse de proximité. Biel-Benken, petit patelin rural qui exhale des odeurs de fumier et de crottin de cheval dans la campagne de Bâle, est adossé à la frontière française. Le Sundgau, la partie la plus au sud de l'Alsace, est juste à côté. J'ai ainsi évité une rupture trop brutale avec ma vie d'avant. De Biel-Benken, il y a une bonne heure de route jusqu'à Haguenau. Parfois moins, puisque j'empruntais l'autoroute allemande qui longe l'Alsace du sud au nord, et où la vitesse est illimitée sur certains tronçons…

À Biel-Benken, l'ambiance champêtre ne me déplaisait pas. J'appréciais de goûter à quelques jours de repos dans un calme absolu, au retour de mes incessants déplacements. Pour Séverine, en revanche, le changement a été assez abrupt. Elle commençait tout juste à se plaire à Haguenau, où elle avait déniché du travail dans une agence immobilière et s'était fait quelques amies. Du jour au lendemain, elle s'est transportée au fin fond de la cambrousse helvétique, au milieu de gens qui parlaient une langue « barbare » et incompréhensible : le suisse alémanique.

Au bout de deux ans d'acclimatation difficile, nous avons décidé de poursuivre notre incursion dans le pays, mais du côté francophone cette fois. Le canton de Vaud, son air pur, sa douceur de vivre entre les paisibles rives du lac Léman et les contreforts du Jura, semblait tout indiqué pour retrouver la « civilisation ». Cela dit, nous n'avons pas fait preuve d'une grande originalité. Dans ce coin, le nombre de sportifs exilés au kilomètre carré est assez impressionnant. Les stars de la Formule 1, Lewis Hamilton, Fernando Alonso et Michael Schumacher, sont pour ainsi dire mes voisins.

Avant de trouver notre bonheur, nous avons quand même cherché un bon bout de temps. L'œil de Séverine, habitué grâce à son activité professionnelle à déceler les moindres défauts dans un logement, était particulièrement aiguisé. La maison que nous avons finalement choisie ne lui plaisait pas du tout. À première vue, elle avait de bonnes raisons de tourner les talons aussi sec. En dehors du panorama, les handicaps s'accumulaient : tout était vieillot, mal agencé, peu fonctionnel, avec de la moquette moche partout. Il a fallu faire preuve d'imagination pour se représenter un foyer à la fois pratique et coquet. Mais nous y sommes parvenus. Nous avons abattu quelques cloisons et, du sol au plafond, fait entièrement réaménager la bâtisse. Au printemps 2006, la maison était fin prête.

Le produit fini a du cachet, sans pour autant verser dans le luxe et la démesure. L'intérieur est sobre et confortable, avec juste le nombre de pièces qu'il faut pour vivre à trois et pouvoir accueillir, de temps à autre, quelques amis. Notre propriété ne sort pas du lot par rapport aux maisons environnantes, habitées par des Helvètes, des gens « ordinaires ». La seule fantaisie est la piscine en plein air, qui n'a rien d'extraordinaire. En Suisse, comme en Alsace d'ailleurs, son utilisation est plutôt limitée, au regard des conditions climatiques.

Mon apport personnel, celui auquel je tenais vraiment, concerne le garage. Je l'ai fait agrandir pour y stocker tous mes engins motorisés, des deux-roues version enduro, routières ou trial aux bagnoles. C'est ma caverne d'Ali Baba.

Nous sommes tombés amoureux de ce petit coin de Suisse. À tel point qu'on ne se verrait pas vivre ailleurs aujourd'hui. En mon absence, Séverine n'est pas coupée du monde, comme ce fut le cas à Biel-Benken. Elle peut pratiquer ses activités, voir des copines, emmener Valentine au parc ou rejoindre de temps en temps Céline, la femme de Daniel Elena, qui habite à six kilomètres de chez nous. Les rares moments où je suis à la maison, je trouve le calme, la sérénité, le repos auquel j'aspire. Je ne vis par pour autant reclus et isolé du monde. Pour se balader dans les rues piétonnes ou prendre un café en terrasse, Genève la « bourgeoise » est très agréable la journée. En outre, son aéroport lui confère un aspect éminemment pratique en ce qui me concerne. De l'autre côté, Lausanne l'« agitée » bouge pas mal la nuit. C'est une ville jeune et multiculturelle, avec beaucoup de bars et de boîtes. L'ambiance y est très sympa pour les sorties nocturnes.

Ce qui est aussi appréciable, c'est la légendaire discrétion suisse. Il ne s'agit vraiment pas d'un cliché. Ici, les gens ont beau te reconnaître, ils respectent ta vie privée. Il m'arrive – pas souvent, je dois l'avouer – d'aller faire quelques courses au supermarché Coop du coin. Je peux acheter ma salade, en tongs et en bermuda, sans être dévisagé ni interpellé, le tout en deux minutes trente montre en main. À Haguenau, le même achat me prendrait une heure, le temps de serrer des mains, de poser pour une photo et de signer des autographes jusque sur le tapis roulant de la caisse. Je ne dis pas que c'est déplaisant. Il y a même un côté gratifiant. Mais j'aime aussi, parfois, évoluer dans l'anonymat. À ce titre, la Suisse est l'endroit rêvé.

*

* *

Jusqu'en 2003, personne, en dehors des spécialistes du rallye et de mes voisins à Oberhoffen-sur-Moder, ne me connaissait. Les choses ont commencé à changer lors de ma première victoire au Monte-Carlo en janvier de cette année-là. Les sollicitations médiatiques ont augmenté. Mais je pouvais encore me promener, peinard, dans les rues sans être reconnu. Au lendemain de mon premier titre de champion du monde, en 2004, tout s'est accéléré. Je ne m'étais pas préparé à susciter soudain autant d'intérêt. J'étais même un peu débordé et je n'arrivais plus à gérer mon temps, au grand dam de Marie, l'attachée de presse de Citroën, qui a commencé à s'arracher les cheveux face à mes retards répétés. Au fur et à mesure, on ne s'est plus seulement focalisé sur mes performances au volant d'une bagnole, mais aussi sur ma vie de manière générale.

Je suis devenu le sportif français qui gagne tout, « le type sympa et nature avec la tête du gendre idéal », comme dit Marie. Je n'avais jusque-là affaire qu'à des journalistes spécialisés dans le domaine de l'auto, avec qui j'avais établi de bonnes relations. Quand la presse « people » s'est intéressée à moi, j'ai commencé à réaliser. J'ai senti que sans une vigilance accrue, cette histoire pouvait vite déraper. Je ne me voyais pas aller faire le gigolo sur les plateaux télé. J'ai rapidement décidé d'instaurer une ligne de démarcation nette et prononcée entre la vie publique, quand je suis en combinaison Citroën, et la vie privée. Je n'avais aucune envie de trouver dans les magazines une photo de sortie de boîte de nuit en compagnie des potes, comme pour les stars du foot ou de la Formule 1.

Je ne suis donc pas rentré dans ce système de strass et de paillettes. Une seule fois, j'ai participé à un talk-show avec Cauet. Seulement parce que je l'avais rencontré un jour sur un circuit et que le contact avait été sympa. Mais je me suis fait piéger par un autre animateur, au téléphone, qui m'a gentiment asticoté et a voulu me faire passer pour un gros benêt. Je lui ai raccroché au nez. Depuis cette mésaventure, je reste sur mes gardes quand on m'invite pour une émission qui sort du cadre sportif. De toute façon, répondre positivement à ces sollicitations ne m'apporte rien. J'y vais à reculons, craignant d'être pris au dépourvu.

Question culture générale, je ne suis pas une référence. Cela me gêne d'être incapable de dire quoi que ce soit sur le dernier film qui fait un tabac en salle ou sur le tube du moment. En même temps, je ne fais aucun effort pour m'y intéresser. Daniel, lui, est plus à la page. Il suit de beaucoup plus près l'actualité culturelle.

– Seb, tu as vu le dernier film avec Pénélope Cruz ?

– Euh, ben non…

– Et celui avec Scarlett Johansson ?

– Qui ça ?

Si ça se trouve, j'ai vu les films en question. Et ils m'ont même plu. Le souci, c'est que cinq minutes après le générique de fin, j'ai déjà oublié le titre, le nom du réalisateur et celui des acteurs. Idem pour la musique. Il y a plein de mélodies que j'aime, mais je ne peux pas citer le nom du chanteur. En dehors de Gossip, de James Blunt ou de Christophe Maé et quelques autres dont j'ai téléchargé les morceaux récemment, je suis bien en peine de m'exprimer sur le sujet. C'est la limite de ma mémoire sélective.

Depuis deux ans, maintenant, je passe difficilement incognito. Même à Paris, où je parvenais à me fondre dans la masse, il y a toujours quelqu'un qui me reconnaît. Je mesure aussi cette cote de popularité dans les aéroports, lieux cosmopolites par définition. Un peu partout dans le monde, des gens m'apostrophent ou m'encouragent. La notoriété vous procure parfois des avantages inattendus. À Noël dernier, nous étions en rade de couches pour Valentine, à Haguenau. Forcément, aucun commerce n'était ouvert. J'ai tenté ma chance à la pharmacie de garde. En vain. Une jeune maman, qui faisait la queue derrière moi, m'a reconnu et m'a spontanément proposé de me dépanner. Je l'ai accompagnée jusque chez elle pour récupérer les langes !

Le fait d'être célèbre implique aussi un comportement irréprochable. Même si je ne la travaille pas, je suis quand même soucieux de l'image que je renvoie. Je fais en sorte qu'elle soit positive en toute circonstance. Je suis parfois obligé de rembarrer les gens, poliment, parce que, après une heure de dédicaces, je n'ai pas d'autre choix. Cela me met quand même mal à l'aise.

Quoi qu'il en soit, j'essaye d'utiliser cette image à bon escient, sans me disperser sur tous les fronts. La contrepartie, c'est que je ne peux pas satisfaire tout le monde, sinon le message deviendrait inaudible.

Pourtant, les demandes sont nombreuses, notamment pour les bonnes causes. Je préfère me concentrer sur une action. Je suis un des ambassadeurs de l'association Rêves, qui permet à des enfants gravement malades de réaliser leur souhait le plus cher. De temps à autre, j'accueille un môme sur un rallye ou lors d'une séance d'essais. Je ne suis pas très habile, encore moins expressif, mais j'essaye de faire en sorte qu'il passe un bon moment. Des yeux qui pétillent, un simple sourire ou un éclat de rire en retour me font comprendre que le but est atteint : l'espace d'un instant, l'enfant semble heureux et oublie sa maladie. Mais le répit est de courte durée. Surtout quand l'accompagnateur de l'association m'annonce dans la foulée :

– Cet enfant a encore entre un et deux mois à vivre.

Souvent, je donne l'impression que toute chose glisse sur moi, que j'ai un cœur de pierre. Pour la plupart des événements tragiques de la vie, je suis d'ailleurs fataliste. La misère, la faim, la détresse, les guerres, les attentats ou les catastrophes me révoltent, certes, mais me bouleversent moins que de voir un enfant sur le point de mourir. C'est profondément injuste. J'ai beaucoup de mal à l'accepter. Alors, si je peux lui apporter un peu de joie ou de réconfort, ne serait-ce que l'espace d'une matinée, j'ai l'impression de me rendre utile. C'est le minimum que je puisse faire. Mais ce n'est hélas pas grand-chose.

En tant que personnage public, je m'expose aussi à la jalousie ou à l'inconséquence des gens. On guette le moindre faux pas, et pas seulement en rallye. Je sais que mes faits et gestes sont susceptibles d'être interprétés, mes paroles amplifiées ou déformées. J'ai découvert récemment que plusieurs personnes ont créé des profils Facebook à mon nom. Ils peuvent raconter tout et n'importe quoi, sans que leurs « amis » virtuels sachent s'ils conversent avec le vrai Sébastien Loeb ou non. Je trouve ça gênant. À tel point que j'ai créé mon propre profil, alors que je n'y connais strictement rien, juste pour faire savoir que tous les autres s'exprimant en mon nom sont des « faux » ! Ces réseaux sociaux sont d'ailleurs une porte ouverte à tous les abus. Ma vie privée est étalée sur la place publique. Je ne peux plus sortir sans qu'une photo de la soirée n'apparaisse le lendemain sur le Net. Comme je ne refuse jamais de prendre la pose quand on me le demande, je me retrouve parfois dans des situations embarrassantes. Heureusement, Séverine, bien qu'un peu jalouse, me fait confiance et se montre compréhensive. Pour elle, pourtant, ce n'est pas évident.

*
* *

Je pense que Séverine est la femme de ma vie. Elle est douce, tendre, délicate. Pour un « rustre » de mon espèce, j'ai trouvé en elle un complément salvateur ! Pourtant, à la base, nous n'étions pas faits pour nous rencontrer, à moins de croire aux contes de fées.

Ma femme est issue d'un milieu aisé. À Toul, son père, Richard, était le plus important concessionnaire automobile de la ville et des environs. Il dirigeait à travers un réseau qui s'étend aujourd'hui sur toute la Lorraine quelque deux cent cinquante salariés.

Séverine a grandi dans un cadre confortable, aux côtés de Richard, de sa mère Monique et de sa petite sœur Sandra. Elle ne s'est pas égarée, comme moi à l'adolescence, sur des chemins tortueux. Ses soucis étaient d'une autre nature que les miens, bien que cela ne dût pas non plus être facile à l'école, avec l'étiquette de la « petite bourgeoise » collée dans le dos. Élève modèle, elle a suivi un cursus sans anicroche : bac, maîtrise de droit des affaires à Nancy, mastères à Paris, préparation au concours d'avocat…

À l'époque, rencontrer une fille comme elle me paraissait totalement impossible. Avec mes anneaux dans les oreilles, ma mèche rebelle et mon look de traîne-savates, je ne correspondais pas forcément à ses goûts. Pourtant, la première fois qu'elle m'a vu, lors de la sélection Rallye Jeunes de 1997 sur le circuit de Chenevières, je lui ai tapé dans l'œil. Content de m'être qualifié pour la finale, je m'amusais au volant de ma BMW à exécuter des *donuts*, ces figures consistant à décrire des 8 en faisant crisser et fumer les pneus. La grande classe version « Jacky » ! Je ne l'avais pas repérée dans la foule de candidats ce jour-là. Elle m'a appris par la suite qu'elle concourait aussi pour décrocher un volant Peugeot. Bien plus que moi à cette époque-là, Séverine était férue de rallyes. Son père, longtemps pilote amateur d'un bon niveau, lui a transmis cette passion. Encore dans le ventre de sa maman, elle suivait déjà les courses de Richard au bord des « spéciales ».

Nous avons échangé quelques mots seulement deux ans plus tard, lors de la finale Rallye Jeunes de Lédenon, près de Nîmes, où j'étais allé en touriste. Je la trouvais mignonne, certes, mais je n'avais pas cherché à aller plus loin. L'histoire s'est accélérée en 2000. Séverine est venue en spectatrice au rallye d'Italie, que je courais sous la bannière de l'équipe de France. Elle est devenue un peu plus entreprenante, engageant la discussion.

– La course se passe bien ? Tu te souviens de moi, l'an dernier, à Lédenon, à Rallye Jeunes ?

– Euh, oui, je crois bien…

Ce n'était pas tout à fait vrai, mais qu'importe ! Séverine m'a envoyé, à la suite de ma dixième place à San Remo, une carte de félicitations. Je l'ai remerciée au téléphone. À partir de ce moment-là, nous avons échangé quotidiennement de petits textos sans pour autant nous voir. Durant deux mois, je lui ai raconté ma vie, elle la sienne, comme si nous formions un vrai couple. Puis elle est venue au rallye du Var, à Sainte-Maxime, lors de ma première course « officielle » avec Citroën. Avant de se déplacer, elle m'a charrié :

– Tu crois que tu vas me reconnaître, cette fois ?

Au départ de la dernière « spéciale », je lui aurais adressé un clin d'œil, selon elle. Ce côté jeune coq, dont je surjoue aujourd'hui avec elle pour déconner, dans le registre « regarde, poupée, ce que je suis capable de faire », l'avait fait beaucoup rire. Une semaine plus tard, je l'ai à mon tour soutenue lors de son ultime tentative à Rallye Jeunes. C'était le jour de son anniversaire. Nous avons dîné en tête à tête, au grand dam de ses parents, alors séparés, qui se faisaient une joie de retrouver leurs deux filles autour d'un repas. Il n'y avait toutefois rien de romantique, dans cette bruyante pizzeria investie par tous les participants à la finale. Séverine ne m'a pas laissé régler l'addition, prétextant que le jour de ses vingt-trois ans – soit trois de moins que moi –, c'était à elle de m'inviter...

J'ai décidé de franchir le pas la semaine d'après, le 19 décembre 2000. Je rentrais alors de Paris après avoir récupéré ma première voiture de fonction, une Citroën Xsara couleur « rouge Lucifer » du tout meilleur effet, celle à laquelle j'avais désormais droit en tant que pilote pro. Cela faisait plus d'une heure que nous bavardions au téléphone. À hauteur de Saint-Avold, en Moselle, je me suis rendu compte que je n'étais pas trop loin de Toul.

– Dommage, on a raté l'occasion de se voir ! a-t-elle soupiré.

– Si tu veux, je rebrousse chemin et on se donne rendez-vous à Metz.

À 23 heures, un mardi, la cité mosellane n'est pas franchement en ébullition. On s'est attablés dans un bar glauque, le seul encore ouvert dans le quartier. En sortant, on s'est embrassés pour la première fois. C'était parti pour de bon !

Pour me suivre, Séverine a sacrifié sa carrière professionnelle, qui lui tenait pourtant à cœur. Son père espérait qu'elle reprenne un jour ses affaires. Si

Richard avait gagné un gendre champion du monde, il avait en revanche perdu une fille pour lui succéder ! Au début de notre relation, Séverine refusait d'être dépendante de moi. L'image de la demoiselle entretenue l'effrayait. Même quand nous avons vendu notre appartement de Haguenau pour nous installer à Biel-Benken, elle a continué à bosser pour l'agence immobilière dans laquelle elle s'était investie avec entrain, quitte à rester en Alsace durant la semaine. Mais comme elle m'a d'emblée accompagné sur tous les rallyes, ma copine était de moins en moins disponible. Elle a fini par démissionner, la mort dans l'âme, refusant toutefois de demeurer inactive.

Rapidement, Séverine a plongé le nez dans ma paperasse, les contrats, le courrier, les demandes de partenariat, la création de mon site Internet... Comme ma carrière a décollé à ce moment-là, elle a pu trouver une nouvelle fonction, certes non reconnue mais infiniment précieuse. Au final, elle s'occupe de toute la partie administrative, de mon agenda et de mes déplacements. Je n'ai jamais eu recours à une tierce personne pour gérer mes affaires, si ce n'est à un avocat pour finaliser les contrats. Toutes les décisions se prennent en famille. Grâce à ma femme, je suis débarrassé de toutes ces contraintes quand je rentre à la maison. Je peux me consacrer exclusivement à elle et à ma fille.

Nous nous sommes mariés le 10 septembre 2005, six mois après le décès de papa. Richard et Monique, les parents de Séverine, avaient tout organisé de main de maître. Ils avaient vu les choses en grand : cérémonie en l'église de Toul, où il y avait foule, même sur le parvis ; noces au château d'Haroué, un somptueux édifice du XVIIIe siècle à côté de Nancy. Si cela n'avait tenu qu'à moi, une petite fête avec la famille proche et les amis dans un resto du coin aurait amplement fait l'affaire. À vrai dire, j'avais une opinion du mariage assez réductrice. Ben quoi, cela ne va pas changer le monde ! Mais quand mon pote Pierre a lu durant l'office une émouvante « lettre à un ami » de sa composition puis quand le curé nous a passé les bagues aux doigts, j'ai saisi toute l'importance de cet engagement réciproque. J'ai frissonné dans mon impeccable costume noir.

En plus d'une épouse, j'ai gagné ce jour-là une belle-famille en or. Je me suis toujours parfaitement entendu avec Monique et Richard. À vrai dire, mon beau-père est devenu un ami. C'était un homme discret, réservé, tout à fait simple en dépit de ses responsabilités professionnelles qui avaient fait de lui un acteur économique incontournable de Toul et de toute la région. Richard venait me suivre en course, quand son emploi du temps le lui permettait. Il vibrait au rythme du rallye. Je n'arrive pas encore à m'y faire, mais c'est désormais au passé que je dois parler de lui. Richard nous a quittés sans crier gare, le dimanche 1er août 2010, au petit matin. Son cœur, si généreux, si bon, si honnête, l'a lâché à l'âge de cinquante-sept ans, plongeant tous ceux qui l'aimaient dans une insondable peine. Je suis encore sous le choc de sa disparition brutale. Pour moi, il était autant mon beau-père qu'un ami, à la fois sérieux, bon conseiller, décontracté, jeune dans sa tête et fêtard à ses heures. Au moins est-il parti sans souffrir.

Je me rassure un peu en me disant que Richard a vécu une existence pleine, riche, heureuse. Il a su profiter de la vie, jusqu'à ce que celle-ci s'éteigne tout au bout d'une douce nuit. Une de ces nuits qu'il affectionnait tant, à jouir de chaque instant. Je le revois encore aux côtés de mes copains, qui le considéraient tous comme un des leurs, après le rallye du Portugal. C'était au printemps. Tout était joyeux, fringant, vivant. Richard était juste heureux d'être là, au milieu de gens qu'il appréciait énormément.

Je suis très proche de mon beau-frère, Dominique « Titi » Rebout, qui a épousé Sandra, la sœur de Séverine. Je l'ai quasiment tous les jours au téléphone. Nous nous sommes vraiment bien trouvés. Nous nourrissons la même passion pour les choses qui bougent, du rallye aux virées en bécanes, de jour comme de nuit. J'ai sympathisé avec toute sa bande de copains, de sacrés déconneurs, dans un autre registre que les miens, à Nancy et à Toul. Monique et Séverine estiment même que « Titi » est un peu comme le petit frère que je n'ai jamais eu. Mais je n'en suis plus à rechercher de liens de fraternité. C'est avant tout un ami avec qui j'aime partager de bons moments.

Si le mariage a initié le mouvement, la naissance de Valentine, le 19 novembre 2007, m'a propulsé définitivement dans la vie d'adulte. Du jeune insouciant disposé à faire des clins d'œil aux jolies filles, il ne reste pas grand-chose. Je suis devenu un père responsable après avoir gagné mes galons de mari aimant. Aimant, mais peut-être pas assez attentionné, comme le regrette parfois Séverine. Mes facettes exaspérantes de fils unique peuvent resurgir à tout moment, selon elle.

– Tu n'as besoin de personne d'autre que de toi-même, mon chéri ! lui arrive-t-il de soupirer.

C'est exagéré, même si je ne lui donne pas d'ardentes preuves d'amour à tout bout de champ. Cela dit, Séverine ne supporterait pas non plus que je sois scotché à elle ou que je lui tienne la main en permanence. Avec l'irruption de Valentine dans notre foyer, mon comportement a quand même évolué. « En positif », comme dirait Séverine. Pourtant, avant de connaître le sexe de notre bébé, elle pensait que j'espérais avoir un garçon. Quelle drôle d'idée ! Pourquoi aurais-je été plus content d'avoir un gars ? Pour partir dans des délires motorisés quand il aurait l'âge requis ? Ça va, mes copains me suffisent amplement. Je me suis d'ailleurs renseigné auprès de ceux qui avaient une fille. Tous m'ont dit que je tomberais instantanément sous le charme de mon bout de chou et que je me laisserais attendrir par ses câlins. Cela n'a pas loupé. Dès l'instant où je l'ai prise dans mes bras pour l'emmener prendre son premier bain, à la maternité de Genève, j'ai été foudroyé.

Je suis heureux d'avoir pu accompagner Séverine dans sa grossesse et assister à l'accouchement. J'ai eu de la chance. La veille, j'étais encore en train de me battre pour m'imposer au rallye d'Irlande. Et quelques jours après, je suis reparti au pays de Galles assurer mon quatrième titre de champion du monde. Le jour J, je me suis intéressé dans les plus petits détails au long processus de mise au monde. Ce lundi-là, de 6 heures à 17 h 30, j'ai bombardé la sage-femme de mille questions et observé toutes les oscillations de courbes, celles des battements du cœur, sur les écrans de contrôle. Séverine avait l'impression que j'étais en discussion avec mon ingénieur Didier Clément, en train de décortiquer les acquisitions télémétriques de ma voiture !

Valentine va bientôt avoir trois ans. C'est une petite demoiselle au caractère bien trempé. Séverine est aussi rassurée : bébé, notre fille était mon portrait craché, maintenant, elle commence à ressembler un peu plus à sa maman. Je regrette de ne pas pouvoir être à son côté plus souvent. Mais quand je suis à la maison, je me consacre à elle. Séverine me dit souvent que je suis un papa idéal et que la qualité du temps passé avec la petite compte plus que la quantité. Certes, j'ai conscience d'avoir le bon rôle, celui du papa gâteau qui profite des câlins, des jeux, des rigolades avec son enfant, sans avoir à sévir. C'est dérangeant par rapport à Séverine, qui porte du coup la responsabilité de l'autorité. Je comprends que le rôle de père n'est pas du tout évident.

J'ai désormais deux femmes dans mon existence : Séverine et Valentine. C'est auprès d'elles que je trouve mon équilibre, ma raison d'être. Je n'aurais pas pu rêver d'une vie plus pleine, aboutie, accomplie. Si j'ai pu m'épanouir tant dans ma carrière que sur le plan familial, je le dois aussi à mon épouse. Elle m'a toujours encouragé, soutenu, épaulé dans tout ce que j'ai entrepris. Elle n'a jamais voulu influencer mes décisions, même quand celles-ci amputaient encore un peu plus mon temps libre. Je l'aime tendrement. Je ne le lui dis certainement pas assez souvent… Séverine a su me cerner et me comprendre sans chercher à me brider. Elle respecte mon jardin secret. Car si je ne prends pas régulièrement ma « respiration » auprès de mes potes, je suis malheureux.

*
* *

Je sais d'où je viens. Je n'ai pas oublié les galères que j'ai vécues pour en arriver là. Aujourd'hui, je suis un privilégié. Je roule dans le dernier modèle Ferrari, je pilote mon propre hélicoptère, un rêve de gosse que je peux désormais m'offrir, et je viens d'investir, à parts égales avec le président d'un club de foot suisse, dans un avion privé pour me simplifier la vie. Je n'ai a priori plus à me soucier du lendemain. Celui-ci devrait être assuré pour longtemps. Je compte parmi les sportifs français les mieux payés. Une fois, je me suis amusé à calculer, en partant de mon salaire à l'année, ce que je gagnais en une nuit de sommeil. J'en ai eu le vertige. Pourtant, l'argent n'a été ni un moteur ni un accomplissement. C'est peut-être facile à dire dans ma situation, on peut ne pas me croire, mais c'est ainsi. J'ai toujours considéré que pour être heureux, il suffisait de réunir quelques éléments basiques : avoir une femme bienveillante et tolérante, des enfants en bonne santé, un boulot pour lequel tu te lèves le matin sans souffrance – ce qui n'était pas le cas à l'époque des chantiers –, une bagnole qui te permet d'aller voir les copains et un peu d'argent pour te payer quelques loisirs. Ma conception du bonheur est simple, voire simpliste. Mais elle me correspond. Je ne l'ai jamais modifiée.

Comme ma vie est quelque peu bousculée et mouvementée, j'ai besoin de repères fixes. Mon foyer en est un. L'autre repose sur le socle de l'amitié. Celle-ci est précieuse et indéfectible, à mes yeux. Elle ne se fabrique pas dans le superflu. Pourtant, depuis que je suis connu, c'est fou le nombre de gens qui ont essayé de se rappeler à mon bon souvenir.

– Seb, tu te rappelles, quand mon cousin jouait aux billes avec toi dans la cour de récré, au CP ? Mais si, une fois, je t'ai même échangé un boulet contre quatre « pirates ». Ça te dit, de passer à la maison pour parler du bon vieux temps ?

Ben voyons. Mes amis, ceux avec qui je me sens bien, ne sont pas nombreux. Au cours de ma carrière, j'ai eu la chance de rencontrer des gens hors du commun, des passionnés, des gars en or : Dominique Heintz, Daniel Elena et Guy Fréquelin, bien sûr, « Jef » Bérenguer, premier rival en Championnat de France, Jean-Pierre Champeau, le mécène qui a déboursé sans compter pour me lancer au plus haut niveau... Tous me sont devenus chers.

Mais les potes les plus proches, je les compte sur les doigts d'une main. J'ai grandi à leurs côtés à Oberhoffen, je les ai rencontrés au lycée, dans mes premiers boulots ou grâce à Séverine. Pour être exact, ils sont cinq, chacun différent, tous complémentaires : Den's, Fred, Pierre, Philippe et Titi. Den's, c'est mon pote d'enfance, mon confident, un mec de confiance. Il est encore moins bavard que moi. Mais nous n'avons pas besoin de causer pour nous entendre. Naturellement, Den's a été mon témoin de mariage. C'est aussi lui qui a esquissé « Scratch », le personnage en forme de chronomètre, un pistolet dans chaque main, ma mascotte placée sur mon casque de compétition. Fred, je l'ai connu à l'époque des premières virées en bagnole. C'est un gars extrême, les nerfs toujours à vif. Il avait aussi un réel talent de pilotage. C'est le seul de la bande qui comprenne vraiment ce que je ressens au volant. Il nous arrive de discuter à bâtons rompus de technique et du comportement de ma voiture de course durant deux heures au téléphone, puis de ne plus nous donner de nouvelles pendant trois mois. Pierre, mon pote du lycée, évolue encore dans un autre registre. Il a un côté « commère » assez rigolo. C'est l'homme du détail, curieux de tout, qui te posera dix mille questions pour en savoir plus, de manière passionnée et enflammée. Même quand il traverse des moments difficiles, Pierre a toujours une vision résolument optimiste du monde. Pour être de mauvaise humeur à son côté, il faut vraiment le faire exprès. C'est rafraîchissant. Je suis le parrain de sa fille,

Mado. Philippe, enfin, je le connais depuis moins longtemps. Pourtant, il a grandi à Oberhoffen, à deux rues de chez moi, pratiqué la gym, fréquenté plus ou moins les mêmes copains. Mais comme il est un peu plus âgé que moi, nous ne nous croisions pas à l'époque. J'ai fini par le rencontrer voilà quelques années. C'est le plus motivé des quatre quand il s'agit de partir en virée, que ce soit sur un mur d'escalade, une selle de moto, au volant d'un kart ou tout simplement pour aller boire un verre. « Zabou », la femme de « Philou », est aussi l'une des meilleures amies de Séverine.

Quand nous parvenons à accorder nos emplois du temps et à nous retrouver en Suisse ou dans le coin de Haguenau, je suis le plus heureux des hommes. Ils ont toujours été là pour moi, dans les bons comme dans les mauvais moments. Je suis présent pour eux, à leur écoute, prêt à être chez eux dans les deux heures s'ils ont besoin de moi. Ils ne me considèrent pas comme le champion du monde des rallyes. Ils n'attendent rien de particulier de moi. Je suis juste leur ami. Je peux parler librement sans que mes propos ne soient interprétés. Je peux déconner, rire, pleurer, me confier sans être jugé. Je peux me tromper sans être critiqué.

Mais ces moments de partage sont rares. À un moment, j'ai même craint qu'ils s'estompent. Je redoutais que le décalage dans nos vies n'érige peu à peu un mur invisible d'incompréhension. Car mes amis ne roulent pas sur l'or. Ils ne sont pas chefs d'entreprise, ils bossent comme soudeur, magasinier, monteur de pneus à domicile… Ils se lèvent tôt et se couchent tard pour gagner un salaire modeste. Forcément, mes émoluments sont démesurés par rapport aux leurs. Si Séverine ne me freinait pas, j'aurais tendance à leur filer un peu de pognon. J'en gagne bien assez. Mais ma femme a pourtant raison. Pourquoi donner à l'un et pas à l'autre ? Même à l'extérieur de ce premier cercle d'amis, cela risquerait de faire des jaloux ou des envieux. Plus que l'argent, je préfère leur offrir du bon temps que je partage en leur compagnie : un saut en parachute, une *via ferrata* dans les Alpes, un week-end dans un gîte ou au bord d'un circuit… Je les ai emmenés en mai dernier au Grand Prix de Formule 1 à Monaco pour vivre la course de l'intérieur, dans les paddocks et le stand de Red Bull. Cet été, je les ai invités sur un yacht que j'ai loué. Cela me fait plaisir de pouvoir leur faire profiter de quelques avantages. Je ne sais pas exactement comment ils le considèrent. Mais je ne pense pas avoir à « acheter » leur amitié. Ils n'en ont pas besoin, puisqu'ils sont heureux dans leur vie. Ils se comportent de la même manière qu'au moment où je les ai connus. Je crois ne pas avoir trop changé moi-même. Les liens qui nous unissent sont inaltérables.

Leur situation me ramène aussi à une certaine réalité, dont je ne me suis jamais vraiment éloigné. Le clinquant ne m'attire pas du tout. Je ne dilapide pas mes sous dans des choses que j'estime futiles. Mes excentricités sont concentrées dans le domaine des engins motorisés. Là, je commets quelques folies. Mais je n'achèterai jamais des fringues à mille euros.

J'aurai l'impression de jeter l'argent par les fenêtres. Le gadget dernier cri que tout le monde s'arrache me laisse insensible. Je ne déjeune que rarement dans les grands restaurants, je n'arpente pas les boutiques de Genève ou de Paris, je ne m'offre pas de vacances luxueuses dans des palaces aux Seychelles ou je ne sais où. Je préfère être auprès de mes amis.

Après avoir rechargé les batteries chez moi auprès de Séverine et de Valentine, il m'arrive aussi d'avoir un petit coup de blues. Je m'assois alors sur la terrasse, quand la maison est endormie. Ma vue est peut-être imprenable, ma maison spacieuse et coquette, mon garage plein de belles voitures. Plutôt que d'avoir une Ferrari rutilante bien au chaud, je préférerais pourtant partir en virée dans une caisse pourrie, avec mes quatre amis à mes côtés.

– À quoi bon posséder tout ça s'ils ne sont pas là pour en profiter ?

Le seul truc qui me manque, c'est leur présence. S'ils pouvaient habiter en Suisse, près de chez moi, jamais je ne déménagerais. J'ai besoin d'eux pour être pleinement épanoui.

– 12 –

LE JOUR D'APRÈS

Que ferai-je, le jour où j'aurai définitivement raccroché mon casque et ma combinaison ? Qu'adviendra-t-il quand je ne me battrai plus perpétuellement contre les secondes qui défilent, quand l'ivresse de la vitesse et le besoin de maîtrise n'auront plus de finalité concrète ? Quelle sera ma vie dans six mois, un an, dix ans ? Je n'en ai aucune idée. Je peine déjà à me projeter jusqu'au lendemain, alors aussi loin…

Parfois, dans les moments de découragement ou de grande fatigue, je me dis que ce serait tellement simple si je mettais un point final à ma carrière, là, maintenant, tout de suite. Rendu à une existence normale, je pourrais m'occuper pleinement de Valentine. Les années que j'ai perdues à sillonner le monde, loin d'elle, je ne les rattraperai plus. Ce constat me chagrine. J'ai envie de voir grandir ma fille, de participer pleinement à son éducation, de la ramener à la raison quand elle joue à l'enfant gâtée, couverte de cadeaux par les mamies, les amies… C'est quelque chose qui me tient vraiment à cœur. Si je suis devenu un sportif accompli, un mari et un père heureux qui ne se crée pas de problèmes inutiles, c'est que mes parents m'ont inculqué des valeurs saines : la simplicité, l'honnêteté, la franchise. Je ne veux pas que Valentine s'écarte de ce chemin-là. Je sais déjà que pour elle, ce ne sera pas évident. À l'école, elle sera forcément « la fille de... » aux yeux de ses petits camarades. J'espère qu'elle développera une force de caractère suffisante pour utiliser de façon positive tous les inconvénients d'avoir un père comme moi. Je souhaite qu'elle n'ait qu'une envie, plus tard : réussir par elle-même, avec ses convictions et ses propres idées. Pour l'heure, je cherche à me rassurer en me disant que j'ai quand même du temps à lui consacrer, en dépit de mes déplacements incessants. Au moins Valentine est-elle contente de me voir quand je rentre ! D'autres papas n'en profitent pas forcément plus. Je vois mes potes qui bossent tous les jours et qui rentrent tard : ils se contentent de faire un bisou à leurs enfants avant le coucher. Ce n'est pas pour autant que les petits sont malheureux ou mal éduqués. Avec Séverine, nous évoquons parfois la possibilité de mettre en route le petit frère ou la petite sœur. Je n'y suis pas opposé, ma femme non plus. J'estime juste que le moment n'est pas encore venu. Pas tant que je serai en activité, en tout cas. Je ne suis déjà pas assez disponible pour une enfant, alors pour deux...

Quand le sentiment de ras-le-bol affleure, je me dis aussi que sportivement, je n'ai plus rien à prouver. J'ai tout gagné en rallye. Je suis champion du monde six fois de suite, peut-être sept cette saison si le sort veut bien me sourire. J'ai eu la chance de piloter les voitures les plus sophistiquées dans ma discipline, mais aussi des machines hallucinantes comme la Peugeot 908 ou la Red Bull F1. J'ai eu une carrière trépidante, j'ai découvert des endroits magiques et rencontré des gens formidables. Je peux désormais assouvir toutes mes passions de pilotage, au sol comme dans les airs, sans avoir à regarder à la dépense. Je bénéficie de faveurs rares, voire exclusives, à l'image de ma petite virée au côté d'un des trois seuls pilotes au monde à effectuer des loopings en hélicoptère ou mon baptême de l'air avec l'armée française en Rafale, le nec plus ultra des avions de chasse. J'ai adoré. Je suis vraiment un privilégié.

*
* *

J'ai conscience d'être parti de très loin et même de rien pour accéder à une certaine forme de plénitude. Le rallye m'a tout donné. Pourtant, je ne m'étais pas fixé de plan de carrière. J'ai abordé les événements comme ils se sont présentés, avec humilité. En réalité, je n'ai jamais vraiment voulu m'inscrire dans la durée. À l'issue de ma première saison pro, en 2001, ma mère, pas franchement rassurée, m'avait demandé combien de temps j'envisageais de prendre autant de risques.

– Ne t'inquiète pas, maman, dans deux ou trois ans, je serai passé à autre chose, lui avais-je répondu.

Les saisons ont défilé sans que je m'en rende vraiment compte. Ce n'est pas l'ambition d'établir une ribambelle de records qui m'a incité à prolonger l'aventure et contraint à maintenir ma mère dans l'incertitude. La victoire n'est qu'une conséquence indirecte, certes grisante, de ce que j'éprouve au volant : le plaisir. Grâce à Citroën, son professionnalisme, son état d'esprit, celui-ci ne s'est jamais estompé. J'ai toujours l'impression d'être ce jeune sans-grade fougueux et impétueux qui ne veut pas s'en laisser conter par les vieux loups du plateau, au départ de ma première saison complète en Championnat du monde, en 2003. Dans l'esprit, je suis encore « ce gardon » insouciant, comme le dit Daniel pour se moquer de moi quand il m'aperçoit vêtu d'un jean troué, des baskets aux pieds.

En février prochain, j'aurai trente-sept ans. Cela fait un bail que mes adversaires de la première heure, les Mäkinen, Sainz ou Grönholm, sont rangés des voitures de rallye. Je fais presque figure de vétéran, aujourd'hui. Les jeunes qui suivent ne rêvent que d'une chose : m'envoyer à la retraite. Sébastien Ogier, que l'on présente comme mon successeur, est déjà parvenu à me battre. Ce jour-là, à l'arrivée du rallye du Portugal, j'ai constaté que malgré les années et les succès, je n'aime toujours pas perdre. Tôt ou tard, Ogier ou un autre va finir par me déloger de la première place. Je ne m'accrocherai pas pour l'argent ou la gloire. Le jour où j'aurai le sentiment de ne plus être dans le coup, je dirai stop, car seule la victoire m'intéresse. Marc Germain, mon ostéopathe, doit avoir raison quand il dit que je vis à la façon de Descartes : aujourd'hui, ici et maintenant, sans me soucier du passé ni de l'avenir.

C'est pour cette raison que je n'appréhende pas spécialement le moment où mon nom ne sera plus en haut de l'affiche. Je sais pourtant que le cap sera difficile à franchir. Comme souvent, je me dis : « On verra bien… »

Mon contrat avec Citroën court encore sur un an. En 2011, je dois participer à un challenge exaltant : mener la DS3 sur le même chemin victorieux que ses « grandes sœurs », la Xsara et la C4. Je serai certainement heureux de développer le potentiel de cette nouvelle voiture, de corriger ses défauts, de peaufiner encore et encore, d'en tirer le maximum sur terre comme sur asphalte. Mais aujourd'hui, je ne suis toujours pas sûr d'avoir fait le bon choix. Je me laisse la possibilité de me rétracter, si d'aventure je sens que la petite flamme qui crépite en moi se met à vaciller. D'un autre côté, je ne me vois pas prendre une décision aussi radicale dans un ou deux mois. Mais cela fait tellement longtemps que j'envisage cette perspective qu'elle va finir par se réaliser.

*
* *

Le jour d'après, rien ne sera facile. Retrouver la montée d'adrénaline qui m'accompagne en rallye sera impossible. Depuis maintenant quatorze ans, le pilotage est ma drogue. Je ne sais faire que ça. Les émotions et les sensations que j'éprouve en course sont devenues presque naturelles. J'aurai besoin d'un substitut pour que ma chimie interne ne soit pas trop perturbée. La retraite du sportif de haut niveau est souvent comparée à une petite mort. Cela m'effraie un peu. Il faudra que je m'invente des occupations qui me fassent encore vibrer, que je donne un nouveau sens à ma vie. Je ne suis quand même pas trop inquiet.

Je ne me vois pas rester oisif, à siroter à longueur de journée des cafés sur la terrasse de ma maison. La vitesse restera assurément un de mes principaux centres d'intérêt. Je constate d'ailleurs que dans ma corporation, personne ne coupe définitivement les ponts avec la compétition. Michael Schumacher est sorti de sa retraite en Formule 1, Carlos Sainz a fini par inscrire son nom au palmarès du Dakar, Marcus Grönholm fait son petit rallye par an et même Alain Prost s'amuse encore sur la glace du Trophée Andros. Je pense que je serai dans le même état d'esprit.

J'aurai aussi envie de m'éclater dans quelques courses sans pression. J'ai découvert voilà deux ans les joies des épreuves « Grand Tourisme » organisées par la Fédération française. Sur un circuit, en peloton, tu dépasses, tu te fais rattraper et bousculer, parfois même sortir de la piste, le tout à des vitesses raisonnables dans une ambiance détendue. Cet été, j'ai couru une manche du championnat de France GT3, sur le circuit du Val-de-Vienne, en binôme avec Jean-Pierre Champeau. Nous ne disposions pas de la meilleure voiture du plateau, nous n'avions aucune chance de bien figurer au classement, mais nous nous sommes éclatés comme des gamins. Je prends du plaisir à côtoyer mon « bienfaiteur » dans une ambiance détendue, à partager avec

Jean-Pierre des tranches de bonheur autour d'une passion commune. Je me dis que pour rester actif, ce genre de courses serait tout à fait adapté. À la seule condition de disposer d'une voiture compétitive ! En circuit, il existe toutes sortes de championnats qui pourraient faire mon bonheur : le DTM en Allemagne, le Grand Tourisme FIA ou les Le Mans Series à travers le monde… Je trouverai chaussure à mon pied.

Éloigné des exigences inhérentes à la compétition, j'imagine déjà la journée parfaite : une matinée au côté de Séverine à m'occuper de Valentine, à bondir sur le trampoline que j'ai installé dans le jardin ou à lui lire quelques « Tchoupi », une après-midi sportive entre copains, que ce soit en karting ou sur une moto de circuit, comme à Bourg-en-Bresse où je croise déjà de temps à autre Schumacher, puis une soirée récréative chez moi, autour du barbecue, jusqu'à pas d'heure, à refaire le monde. C'est la conception même de la belle vie. Et puis, je serai bien obligé d'aller disputer un rallye quelque part en France ou à l'étranger avec Daniel, histoire qu'il ne s'encroûte pas devant son ordinateur !

Pour ce qui est des occupations professionnelles, j'ai un peu anticipé ma reconversion. Dominique Heintz et moi, nous nous sommes associés avec Bernard Piallat dans la structure PH Sport, qui préparait mes premières voitures de course, les 106 et Saxo. La petite entreprise a fait son chemin entre-temps. Cette saison, elle s'occupe des C4 WRC du

Junior Team, l'équipe B de Citroën en Championnat du monde. J'ai toujours entretenu de bonnes relations avec Bernard, un gars très compétent et professionnel. Quand il nous a sollicités pour le rejoindre le jour où son associé est parti à la retraite, nous n'avons pas tergiversé. À parts égales, Dom' et moi, nous nous sommes lancés dans l'aventure, recréant ainsi la formation des débuts. Pour l'heure, je ne suis impliqué que de manière indirecte. Je donne juste mon nom, mon image et mon avis sur certaines décisions à prendre, alors que Dominique est déjà à pied d'œuvre. Du lundi au mercredi, il s'occupe de son garage à Soultz-sous-Forêts, puis passe le reste de la semaine en Haute-Marne chez PH Sport. Dom' affiche le même enthousiasme qu'au moment où il avait décidé de me donner ma chance. Je suis prêt à m'investir dans le futur, peut-être comme *team manager* ou conseiller technique. Cela me permettrait de garder un pied dans le milieu.

J'aimerais aussi pouvoir aider des jeunes, les faire profiter de mon expérience, organiser des séances d'essais avec eux. Comme ça, la boucle serait bouclée. La vie m'a souri. Autant le partager avec un gamin talentueux. Qui sait, peut-être découvrirons-nous un nouveau Sébastien Loeb !

*
* *

La seule chose qui m'effraie, finalement, est de vieillir. Je redoute le jour où je ne pourrai plus pratiquer mes activités habituelles et quotidiennes, parce que mon corps ne suivra plus. Beaucoup de gens attendent impatiemment la retraite pour profiter enfin de la vie. Moi, c'est un peu l'inverse. Je veux tout prendre avant qu'il ne soit trop tard. Je pense que je n'arrêterai jamais de me battre contre le défilement du temps, tout en croquant à pleines dents dans la vie.

Avec Séverine, nous aurions envie de voyager, de découvrir plus en profondeur tous les pays qui nous ont plu lors de nos pérégrinations en rallyes : le Kenya, l'Australie, l'Argentine, le Mexique... Je me trouverai peut-être de nouveaux centres d'intérêt, maintenant que je me suis enfin plongé dans l'informatique et que je termine d'écrire mon premier livre !

Dans nos discussions de couple, nous avons déjà évoqué un projet commun à long terme, en complément de mes activités mécaniques. Pourquoi ne pas ouvrir un hôtel quelque part dans le sud de la France, en surplomb des calanques ou au bord d'une plage de sable fin ? Cela correspondrait assez à l'image rêvée d'une reconversion semi-active : avoir des obligations, mais pas trop quand même en ce qui me concerne... Certes, les clients ne devront pas s'attendre à ce que je leur serve un petit déjeuner avant 11 heures ! Mais comme Séverine est matinale, il ne devrait pas y avoir de souci. En revanche, ils pourront compter sur moi pour une petite virée en bécane sur les chemins rocailleux de l'arrière-pays. Peut-être même trouverai-je parmi mes clients un jeune pilote vaillant qui soit enclin à me défier. Je taquinerai alors la poignée de gaz et filerai à vive allure, histoire de prouver que j'ai encore quelques beaux restes. Je ne me laisserai pas semer par le premier venu ! À l'arrivée, le plus beau des compliments pourrait ressembler à ça :

– Ça, alors, vous maîtrisez à mort ! Dites, monsieur, vous n'étiez pas champion de quelque chose, il y a longtemps ?

Comme je suis encore dans le feu de l'action, complètement immergé dans le milieu du sport auto, je ne distingue pas avec netteté de quoi demain sera fait. Aujourd'hui, je suis encore ce pilote qui cherche perpétuellement à donner le meilleur de lui-même. Quand je me présente sur la ligne de départ, toutes mes interrogations concernant mon avenir ou ma motivation, mes doutes du moment, le poids des ans, la lassitude et la monotonie dues à la répétition des mêmes gestes, paroles et actes à l'infini, s'effacent en un instant. J'oublie les adversaires, les enjeux, la pression. Je ne suis pas dans le rôle du champion du monde qui entend défendre chèrement son statut. Je redeviens ce gamin en culotte courte qui met tout son cœur à l'ouvrage pour maîtriser au mieux les éléments sur un engin roulant, toujours à fond. Elle vaut ce qu'elle vaut, mais c'est ma philosophie, ma ligne de conduite. Celle dont je ne me suis jamais écarté.

En mémoire de Richard Mény, mon beau-père
qui est parti bien trop tôt, le 1er août 2010.
Ta gentillesse, ta discrétion, ta joie de vivre et ta générosité
vont me manquer.

REMERCIEMENTS

Sébastien Loeb remercie :

Sa femme Séverine, qui s'est plongée avec passion dans la lecture de ce livre ;

Guy Fréquelin, dont les conseils sont toujours aussi avisés.

Sébastien Loeb et Sébastien Keller remercient :

Dominique Heintz et Pierre Lambert, disponibles de jour comme de nuit, grâce à qui tout a commencé ;

Ingrid Loeb qui a rouvert avec tendresse l'album à souvenirs ;

Den's Jodin, le taiseux qui sait être bavard, Philippe « Schluri » Birgel et toute la joyeuse clique d'Oberhoffen ;

Daniel Elena, Marc « Centurion » Germain, Didier Clément, Marie-Pierre Rossi et Olivier Quesnel, l'intarissable « Armée rouge » de Citroën ;

Jean-Pierre Champeau et Richard Parisot, les mécènes de la première heure ;

Gérard Bridier, puits de science du rallye.

Sébastien Keller remercie :

Sa femme Virginie, qui l'a épaulé, encouragé, soutenu de bout en bout, partageant ses doutes et endurant ses sautes d'humeur !

Elsa Lafon, devenue prosélyte du rallye, à l'enthousiasme communicatif ;

Huguette Maure et Estelle Flory, indispensables tutrices dans cette aventure inédite.

TABLE DES MATIÈRES

Hors-texte photographique :
Collection privée de l'auteur

Direction littéraire
Huguette Maure
et
Estelle Flory

Composition : Compo-Méca sarl
64990 Mouguerre

Imprimé en Espagne
Dépôt légal : septembre 2010
ISBN : 978-2-7499-1267-7
LAF 1329